조선정벌

기획에서 병탄, 패전까지 1854~1945

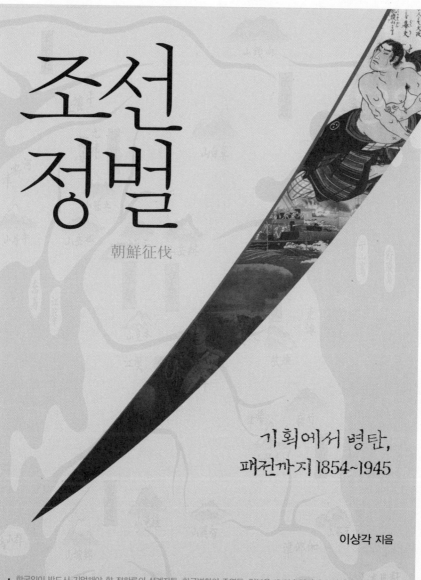

조선
정벌

朝鮮征伐

기획에서 병탄,
패전까지 1854~1945

이상각 지음

- 한국인이 반드시 기억해야 할 정한론의 설계자들. 한국병합의 주역들. 일본은 1910년 갑자기 조선에 온 것이 아니다. 1854년 개항 이후 서구 열강으로부터 제국주의를 학습했고, 조선정벌의 꿈을 키워나갔다. 조선을 딛고 동아시아 제국을 건설하겠다는 것. 태평양 전쟁 패전으로 잠시 움츠렸지만, 아베 신조 총리로 대표되는 일본 군국주의자들은 다시 패를 만지작거리고 있다. 끝없는 역사 왜곡과 망언, 독도 도발을 보라.

유리창

그들은 아직 변하지 않았다

가장 가까우면서도 먼 나라 한국과 일본, 두 나라 국민의 애증은 오랜 역사 속에서 실타래처럼 엉켜있다. 그것은 전통적으로 일본을 야만시했던 조선인의 문화우월주의, 조선을 자국의 흥망성쇠의 기준이자 대륙 진출의 교두보로 인식했던 일본인의 패권주의가 빚어낸 결과이다. 그런 양국의 불편한 상호 인식이 오늘날까지도 완전히 해소되지 않고 있다는 점은 매우 안타까운 일이다.

19세기 후반, 개항과 함께 메이지 유신을 통해 근대화에 성공한 일본은 대륙 침략의 전단계로서 조선을 병탄하기 위해 총력을 기울였다. 청일전쟁과 러일전쟁의 결과 동아시아에서 서구 열강과 어깨를 나란히 하게 된 일본은 막강한 무력과 외교력을 동원해 조선을 식민지로 삼는데 성공했다. 그 후 일제는 조선인의 자주독립 의지를 무자비하게 탄압하며 갖은 악행과 수탈을 자행했다.

제1차 세계대전이 끝난 뒤 파리강화회담을 통해 조선과 타이완에 대한 지배체제를 확고히 다진 일본은 만주사변과 중일전쟁, 태평양전쟁을 통해 아시아 전역을 망라하는 대일본제국 건설에 광분하다가 미국이 떨어뜨린 두 발의 원자폭탄에 거꾸러졌다. 하지만 전후 일본은 동서냉전의 산물이었던 한국전쟁과 베트남전쟁 특수에 편승해 세계적인 경제대국이 되었다. 반면 한국은 해방 이후에도 국토의 분단에 이은 한국전쟁으로 인해 남북이 함께 깊은 상처를 입었다.

현재 한국과 일본은 활발한 교역과 문화교류를 통해 불행했던 과거를 덮을 만큼 밀접한 사이가 되었다. 그러나 한국인은 미래의 적국으로 호전적인 북한보다 일본을 상정하는 데 주저하지 않는다. 그것은 식민지 시절 일본인이 행한 압제와 횡포가 도를 넘었고, 문화와 언어까지 말살하려 했던 극단적인 동화정책으로 인해 일본에 대한 증오심이 뼛속 깊이 새겨진 까닭이다.

조선 망국 100년을 훌쩍 넘어선 현재까지도 일본에서는 역사 교과서 왜곡, 독도 자국 영토 주장, 군사대국화 등을 외치는 우익들의 목소리가 드높다. 그런데 한국에서는 소위 뉴 라이트를 표방하는 단체와 학자들이 과거 일제의 행적을 비호하면서 근대화의 공적을 칭송하는 어처구니없는 사태가 벌어지고 있다.

이런 비정상적인 상황은 한국이 아직까지 내면적으로 완전한 독립을 이루지 못했다는 반증이기도 하다. 때문에 오늘 우리는 과거 제국주의 일본의 역사와 그 시대를 이끌었던 다양한 일본인의 정체성과 행동양식을 점검함으로써 일각에서 비어져 나오는 제국주의의 망령을 척결하고 유비무환의 동인으로 삼아야 할 당위성을 갖게 되었다.

이 책은 최신의 각종 연구 자료와 서적들을 통해 조선의 망국과 병탄 시기에 활약했던 주요 일본인 19명의 실체를 추적하고 있다. 근세 한일관계의 주역이었던 그들의 삶을 뒤쫓다 보면 독자들은 자연스럽게 악연이 중첩된 양국의 근대사까지도 에둘러 목도하게 될 것이다.

그들 중에는 메이지 유신 초기 존왕양이와 정한론을 주창했던 조슈 번 출신의 국학자 요시다 쇼인, 정한을 평생의 신조로 삼았던 사이고 다카모리, 조선의 급진 개화파를 육성하면서 탈아론을 부르짖은 후쿠자와 유키치 등이 있는가 하면, 전쟁과 외교, 왕비 살해 등 수단과 방법을 가리지 않고 한국병합이라는 목적을 추구했던 야마가타 아리토모, 이토 히로부미, 이노우에 가오루와 같은 인물들도 있다. 그들과 함께 침략의 전위대로 활약했던 대륙 낭인 우치다 료헤이의 이름도 빠뜨릴 수 없다.

그 시절 제국주의 국가의 막내로 등장한 사무라이의 나라 일본에 문화국가의 제복을 입힌 니토베 이나조 같은 일본 근대 지식인들의 투철한 애국주의는 2·8독립선언서와 3·1독립선언서를 기초한 이광수나 최남선 같은 인물의 변절을 경험했던 조선인으로서 불편한 반면교사이기도 하다.

그 외에도 우리는 20세기 초반 식민지의 독재자로서 잔혹한 무단통치를 자행했던 데라우치 마사타케, 3·1독립만세운동의 학살자 하세가와 요시미치, 문화 통치라는 당근으로 조선인을 속여 넘겼던 사이토 마코토, 조선인에게 창씨개명을 강요하고 황민화정책을 추진했으며 마침내 전쟁의 생지옥으로 밀어 넣었던 미나미 지로와 고이소 구니아키 등 역대 조선 총독의 이름을 낱낱이 기억해야 한다. 또 그들의 배후에서 악행을 조장하며 대일본제국의 축배를 들었던 천황 메이지 무쓰히토와 쇼와 히로히토를 결코 잊을 수 없다.

물론 그 시대의 일본인이 날카로운 칼만 휘두른 것은 아니다. 조선의 전통문화를 지키기 위해 애썼던 야나기 무네요시와 아사카와 다쿠미, 핍박받는 사람들의 수호천사로 활약한 변호사 후세 다쓰지 등 따뜻한 표정의 일본인도 있었다. 그러나 전 일본이 하나 되어 대동아공영을 꿈꾸고 있을 때 시혜자의 입장이었던 그들의 시선에 비친 조선과 조선인은 과연 무엇이었는지를 짚어보는 것도 의미 있는 일이다. 조선인 아나키스트 박열과 함께 제국주의 일본과 정면으로 맞섰던 일본 여인 가네코 후미코의 경우도 예외가 아니다.

의심암귀疑心暗鬼라고 했던가. 누군가에게는 이 책이 동반자적인 한일관계를 어깃장 놓으려는 불초한 시도로 보일 수도 있을 것이다. 그러나 가해자의 반성과 사과가 없는 상태에서 피해자가 먼저 손을 내미는 일은 결코 할 수 없는 일이다. 우리들은 오른뺨을 맞고 왼뺨까지 내주는 멍청이가 아니기 때문이다. 더군다나 우리는 아직도 일본인이 그때 그 시절의 그들로 돌아가지 않으리라는 확신을 갖고 있지 않다. 역사적으로 조선이 자립자강에 빈틈을 보였을 때 가장 심대한 타격을 가했던 존재가 바로 그들이었기 때문이다. 성찰하지 않고 대비하지 않는 민족에게는 미래가 없다.

2015년 여름
이상각

일본의 오랜 꿈, 조선정벌론

격동의 에도 시대 말기, 오랜 막부의 봉건체제를 해체하고 천황 친정 체제를 확립한 일본은 유신維新을 통해 서구적 근대화를 달성했다. 그 과정에서 막강한 국력을 축적한 일본은 청일전쟁, 러일전쟁에서 잇달아 승리하면서 타이완과 조선을 병탄하고 만주까지 세력을 뻗치는 등 제국주의 막내로서의 능력을 유감없이 발휘했다.

제국에 영광! 아시아에 재앙!

일본 근대화의 상징, 메이지 무쓰히토

격동의 에도 시대 말기, 오랜 막부의 봉건체제를 해체하고 천황 친정 체제를 확립한 일본은 유신維新을 통해 서구적 근대화를 달성했다. 그 과정에서 막강한 국력을 축적한 일본은 청일전쟁, 러일전쟁에서 잇달아 승리하면서 타이완과 조선을 병탄하고 만주까지 세력을 뻗치는 등 제국주의 막내로서의 능력을 유감없이 발휘했다. 동아시아의 변방에 불과했던 일본을 짧은 기간 동안에 세계열강의 반열로 끌어올린 일본의 상징적인 인물이 메이지 무쓰히토明治睦仁(1852~1912)이다.

재위 당시 메이지는 일본인에게 아시아 최강국의 국민이라는 자부심을 안겨주었지만, 반대로 주변국 국민들에게는 막심한 고통과 굴욕을 안겨주었다. 특히 메이지 시대 교활한 일본 정객들에게 희롱당하고 포악한 군대에 시달리다가 끝내 망국의 화를 당한 조선, 조선인의 입장에서 볼 때는 실로 최악의 인물이 아닐 수 없다. 오늘날까지도 한일 양국의 국민들의 뇌리에 영광과 재앙의 상반된 두 얼굴로 각인되어 있는 인물 메이지 무쓰히토, 그의 삶은 바로 근대 일본의 역사였다.

19세기 말 일본은 상징적 최고지도자인 교토의 천황, 에도에서 중

메이지 무쓰히토. 사진 찍는 것을 싫어
한 것으로 알려져 전하는 사진이 별로
없다. 궁정 개혁 전후의 사진을 제외한
나머지 초상은 화가가 몰래 스케치했
다가 완성했다. 천황은 신으로 인식돼
불타는 학교에서 교사가 천황의 어진
을 꺼내다가 죽는 사건도 일어났다.

양통치권을 행사하던 막부幕府* 그리고 지방의 약 275개 번을 분할 지
배하는 번주라는 세 개의 권력체제를 바탕으로 유지되었다. 그러나
천황을 대리하여 일본을 실체적으로 다스리던 막부의 우두머리는 세
이이타이쇼군[征夷大將軍]**이었다. 약칭 쇼군의 직위는 무력한 천황의

---

* 막부는 중국에서 천자를 대신하는 지휘관의 진지를 일컫는 말로 쇼군의 진영, 나아가 무관의 임시
정청으로까지 쓰였다. 가마쿠라 시대에 미나모토노 요리모토가 쇼군이 된 이후, 무가 정권의 정청을
부르는 말로 고착되었다. 막부의 역사는 가마쿠라 막부로부터 무로마치 막부, 에도 막부로 이어졌다.

** 세이이타이쇼군은 일본어로 간략히 쇼군[將軍], 구보[公方], 다이주쇼군[大樹將軍], 다이주, 다이주
공, 고쇼[御所] 등으로 불리기도 한다. 나라 시대, 헤이안 시대에는 동쪽 지역에서 반기를 든 에미시 정
벌을 위해 파견된 장군의 명칭이었다. '세이이征夷'는 그로부터 비롯되었다. 형식적으로는 천황의 신
하지만 실질적인 일본의 통치자였으므로, 외국에서는 쇼군을 국왕으로 간주했고 '황제emperor'라 칭

형식적인 임명 절차에 따라 가문 대대로 세습되었다. 한편, 번주는 저마다의 영지와 무사, 독자적인 법체계와 세제를 가지고 막부와 독립된 위치에서 자치권을 행사했다. 원칙적으로 막부는 각 번의 내정에 간섭할 수 없었지만 강력한 재정과 무력을 토대로 이들을 지휘·감독했다. 일본의 역사학자들은 이런 도쿠가와막부(德川幕府)를 중앙의 '쇼군(막부)'과 지방의 '다이묘(번)'라는 이중구조를 가진 막번 국가로 규정하고 있다. 일본의 실질적인 지배자였던 막부의 쇼군도 따지고 보면 하나의 봉건영주일 뿐이었다. 하지만 쇼군은 전국 토지의 4분의 1에 달하는 700만 석 가량의 직할령에 8만 기의 병력을 보유했고, 1000만 석에 달하는 가신그룹 후다이다이묘(譜代大名)의 충성을 등에 업고 있었다.

일본의 욱일승천을 이끌었던 메이지 천황의 황금시대는 이처럼 막강했던 막부의 붕괴로부터 시작되었다.

흑선의 출현과 일본의 개항

막부가 정치를 주도했던 260여 년 동안 일본은 원칙적으로 쇄국주의를 고수했다. 16세기 후반 예외적으로 규슈(九州)의 나가사키(長崎)와 히라토(平戶)를 중심으로 네덜란드 및 포르투갈 상인과 국지적인 범위의 단순한 교역이 있었을 뿐이다. 그러다 18세기 말부터 서양인들의 개항 요구가 줄을 잇기 시작했다.

1792년 러시아 선박이 처음으로 북해도 시레도코(知床) 반도 동쪽

하기도 했다. 반면 교토에 있는 천황은 의례를 거행하는 '교황a pope'으로 인식되었다. 쇼군은 에도시대까지 최고 권력자로 군림하였으나 메이지 유신 이후 폐지되었다.

에 위치한 구나시리〔國後〕섬에 접안했고, 1808년에는 영국 선박이 나가사키에 들어와 개항을 요구했다. 이처럼 이양선의 출몰이 잦아지자 막부에서는 1806년 러시아 선박 격퇴령을 내렸고, 1825년에는 영국 선박에 대하여 포격하여 격퇴하라는 '이국선타불령異國船打拂令'을 내리기에 이른다. 하지만 아편전쟁에서 청이 영국에 패했다는 소식을 듣자 이국선타불령을 폐지하고 유화책으로 선회했다.

1837년에는 미국 선박 모리슨호가 지금의 도쿄 남쪽 미우라〔三浦〕반도 우라가〔浦賀〕항에, 1844년에는 네덜란드 군함이 나가사키에 출현하기도 했다. 1846년 미국은 정식사절단을 일본에 파견해 개항을 요구했지만 막부는 아무런 반응도 보이지 않았다. 당시 아시아로 세력을 확장하기 위해 태평양 연안 개발을 추진했던 미국은 아직 유럽 열강의 손길이 미치지 않은 일본에 개항을 요구했다.

1853년 7월 3일, 우라가항에 거대한 군함 4척*이 출현했다. 페리Metthew C. Perry 제독이 이끄는 미국의 동인도 함대였다. 페리는 7월 8일 아침, 에도만〔江戶湾〕입구에 닻을 내린 다음 일본 정부에 개항을 요구했다. 일본인은 대규모 함대의 위용에 기겁하며 흑선**이 나타났다고 부산을 떨었다. 그때 페리는 막부에 다음과 같은 미국 대통령 밀러드 필모어Millard Filmore(1800~1874)의 친서를 전달했다.

미국 대통령이 강력한 함대와 함께 페리 제독을 귀국에 파견하여 귀국

---

* 제1차 페리 함대는 기함 미시시피 호를 비롯해 서스퀘해나, 플리머스, 새러토가 호 4척이었다.

** 일본인은 페리가 끌고 온 함대를 구로후네〔黑船〕라고 불렀다. 그 명칭에는 특별한 뜻이 있었던 것이 아니라 목재로 건조된 선박이 바닷물에 나무가 썩거나 해조류가 달라붙는 것을 방지하기 위해 검은 콜타르로 만든 도료를 칠해서 붙여진 이름이었다. 1543년 8월 25일 사쓰마 번의 다네가시마〔種子島〕도주 도키다카時堯에게 화승총을 전해준 포르투갈 상인들이 타고 온 배도 구로후네였다.

의 유명한 에도를 방문케 하는 목적은 다음과 같다. 첫째 교우, 둘째 통상, 셋째 석탄과 식량의 공급, 마지막으로 우리 측 난파민의 보호다.

페리 제독과 그들이 일본에 보여준 소형 기차. 페리가 2500톤급 흑선과 대포를 장착한 증기선을 이끌고 나타나자 일본 조야는 발칵 뒤집혔다. 이로부터 일본의 개항과 근대화가 시작됐다.

페리는 막부의 회답을 기다리면서 육지에 선원들을 하선시켜 물과 보급품을 조달했고, 몰려든 구경꾼들에게 서양 문명의 총아라고 할 수 있는 기차와 유선 통신 기술을 보여주었다. 주함인 미시시피 호의 기관장 게이와 부기관장 댄비가 일본 관리들의 도움을 받아 선로를 깔고 소형 기차를 운행하자 일본인이 감탄사를 연발했다. 그들은 두 건물 사이에 전선을 연결하고 전신기사끼리 영어, 화란어, 일본어로 교신하는 시범을 보였다. 갑작스런 미국의 개항 요구에 직면한 막부의 노중老中 아베 마사히로阿部正弘(1819~1857)는 1년 뒤 답을 줄 것을 약속하고 일단 돌려보냈다.

이듬해 1854년 2월 13일, 두 번째로 일본을 찾은 페리는 1차 내항 때보다 증강된 함대를 이끌고 시모다 항을 거쳐 재차 에도만에 나타났다. 이때 미국 함대의 규모는 2450톤 급이 포함된 대형 군함 7척에 승선병력도 1200명이 넘었다. 그들은 막부의 결정을 재촉하기 위해 연일 함포를 쏘아대며 공포 분위기를 조성했다.

아베 마사히로는 정세로 보아 더 이상 쇄국정책을 고집하는 것은 일본에 이롭지 않다고 판단하고, 일단 미국 함대의 기항을 허락하는 미일화친조약을 체결했다. 이것이 일본이 구미제국과 최초로 맺은 가나가와(神奈川)조약이다. 이 조약으로 시모다(下田)와 북해도의 하코다데(函館)를 개항했다. 2년 뒤인 1856년, 미국은 시모다에 최초의 영사관을 열고 타운젠트 해리스를 초대 주일 영사로 발령했다.

1858년 아베 마사히로에 이어 막부의 실권자로 등장한 대로大老 이이 나오스케井伊直弼(1815~1860)는 한 발 더 나아가 미국과의 교역을 골자로 하는 미일수호통상조약에 서명했다. 이 조약은 절차상 천황의 칙허勅許를 필요로 하는 주요 외교사항이었으나, 교토에서 미온적인 태도를 보이자 이이 나오스케가 일방적으로 조약을 체결함으로써 문제를 일으켰다.

어쨌든 미·일 양국의 통상조약이 체결됨에 따라 1860년 1월 미일수호통상조약의 비준을 위해 정사 신미 마사오키新見正興, 부사 무라가키 노리마사村垣範正, 감찰관 오구리 타다마사小栗忠順 등의 77명으로 이루어진 견미사절단을 미국에 파견했다. 이들은 미국 군함 포화탄Pawhatan 호를 타고 태평양을 건넜는데, 제독 기무라 요시다케와 선장 가쓰 가이슈가 간린마루 호를 이끌고 이들을 수행했다. 사절단은 뷰캐넌James Buchanan(1791~1868) 미국 대통령을 접견하는 등 외교절차를 성공적으로 마치고 9월에 귀국했다.

미일수호통상조약은 일본 내 미국인의 치외법권을 인정한 반면 일본은 미국으로부터 관세자주권을 인정받지 못했고, 최혜국 대우조차 주어지지 않은 불평등조약이었다. 그럼에도 막부가 미국의 요구를 수용한 것은 그들의 막강한 무력을 두려워했기 때문이다. 러일전쟁이 끝난 1911년이 되어서야 비로소 불평등조약을 바로잡을 수 있었다.

오랜 쇄국의 문을 활짝 연 일본은 영국·프랑스·러시아·네덜란드와도 미국과 똑같은 조건으로 조약을 체결한 다음, 1861년 12월 23일 다케노우치 야스노리竹內保德(1807~1867)를 정사로 하는 38명의 견구사절단을 유럽에 파견했다. 사절단에는 일본의 대표적인 지식인 후쿠자와 유키치도 포함되었다. 이들은 프랑스에서 나폴레옹 3세를 접견하고 쇼군의 국서를 바쳤으며, 영국에 가서 개항을 5년 동안 연기하는 런던각서에 서명했다. 이어서 프랑스·프로이센·러시아 등 유럽 각국들과도 개항 및 개시의 연기를 승낙 받기에 이르렀다. 사절단은 마지막으로 러시아를 방문하고 1862년 12월에 귀국했다.

그 무렵 일본의 지도층은 개항에 대한 찬반양론으로 극도의 혼란에 빠져있었다. 교토에 칩거하고 있던 고메이 천황은 양이론에 매몰되어 막부의 개항에 반감을 품고 있었고, 각 지방 영주들은 각자의 이해타산에 따라 의견이 분분했다. 역사상 유례없는 국론분열의 와중에 막부가 중심을 잡지 못하자, 일본의 지식인들이 봉건적인 막부 체제의 해체와 강력한 중앙집권국가 수립을 주장하고 나섰다. 그와 같은 논의에 공감한 인물들이 세력을 결집하면서 일본은 엄청난 변혁의 소용돌이에 휩싸였다.

당시 변혁의 주역은 구태의연한 권력자가 아니라 각 지방의 봉건 영주에 속해있던 하급무사와 중류 지식인층이었다. 그 중에 대표적인 인물로 유신3걸로 불리는 사쓰마 번의 사이고 다카모리西鄕隆盛(1827~1877)와 오쿠보 도시미치大久保利通(1830~1878), 조슈 번의 기도 다카요시木戶孝允(1833~1877)가 있고, 시코쿠의 도사 번 출신으로 국제정세에 밝았던 사카모토 료마坂本龍馬(1836~1867), 도쿠가와 막부의 중신 가쓰 가이슈勝海舟(1823~1899), 문사 이와쿠라 도모미岩倉具視(1825~1883) 등이 중요한 역할을 담당했다. 이들 가운데 가쓰 가이슈는 어린 시절 난학蘭學을 공부했으며 도미 경험을 통해 국제적인 감각을 지닌 지식인이었다. 그는 뛰어난 과학 지식으로 대포와 철포의 포대를 설계하여 막부의 신료로 중임되었다.

삿초동맹과 대정봉환

1864년 9월, 가쓰 가이슈는 강성했던 사쓰마 번의 대표자 격인 사이고 다카모리를 만나 열강들의 압박에 갈피를 잡지 못하는 막부의 내정을 설명하면서 조슈 번과 연합해 외세의 압력에 대처하자고 설득했다. 일본 남부 지역의 웅번이었던 사쓰마 번과 조슈 번은 오랜 세월 앙숙이었다. 그러나 일본의 위기를 절감한 사이고는 막부 체제를 극복하자는 그의 말에 공감하고 조슈 번에 대한 경쟁심을 과감히 떨쳐냈다.

그 무렵 도사 번의 지식인 사카모토 료마 역시 자신의 선중팔책船中八策*에 입각한 새 국가 건설을 목표로 사이고 다카모리와 기도 다카

---

* 사카모토 료마의 '선중팔책'은 평화적 대정봉환을 위한 계책으로 그 내용은 다음과 같다. 첫째, 정권을 조정(천황)에게 봉환할 것. 둘째, 조정과 정부는 상하의 의정국을 설치하고 만기(정치상의 제 문제)를 공의에 의해서 결정할 것. 셋째, 천하의 인재를 등용할 것. 넷째, 외교는 공의에 의해 결정할 것. 다섯째, 불후의 헌법을 제정할 것. 여섯째, 해군을 확장할 것. 일곱째, 친병(천황이 친히 거느리는 군사) 직할군을 설치할 것. 여덟째, 외국 화폐의 교환을 제도화할 것.

요시를 은밀히 찾아가 동맹을 종용했다. 그리하여 1866년 1월 22일 역사적인 삿초동맹(薩長同盟)이 체결되었다. 그들이 막부 타도를 목표로 군사행동에 나설 조짐을 보이자 도사 번은 쇼군 도쿠가와 요시노부德川慶喜(1837~1913)에게 일단 교토의 천황에게 통치권을 반환하여 위기를 넘기라고 종용했다.

세가 불리함을 직감한 쇼군 도쿠가와는 새로운 정치 체제 아래서도 다시 권력을 장악할 수 있다고 판단하고, 10월 12일 니조 성(二條城)에서 메이지 천황에게 통치권 반환을 신청하자 10월 14일 천황이 이를 윤허했다. 이것이 '대정봉환大政奉還'으로 불리는 역사적인 사건이다. 막부와 삿초동맹 측은 교토에서 제후회의를 열기로 합의했으나 양측의 상호견제로 무산되면서 정상적인 권력 이양이 지연되었고 더욱 팽팽한 긴장 상황이 이어졌다.

1867년 12월 9일, 삿초동맹과 도사 번의 개혁파 인사들은 교토에서 왕정복고 쿠데타를 일으켜 막부를 지지하는 번벌藩閥들과 신료들을 제거하고 대정봉환에 따른 천황 직접 통치를 선언하고 나섰다. 하지만 도쿠가와가 그 결과에 순응하지 않음으로써 에도와 교토에 두 개의 정부가 양립하는 꼴이 되었다. 얼마 후 삿초동맹 측에서 쇼군 도쿠가와 요시노부의 사임과 영지의 반납을 종용하자 막부는 드디어 군사를 동원해 반군 정벌에 나섰다.

양군은 교토 부근의 도바 후시미 부근에서 처음으로 조우했다. 격렬한 전투 끝에 막부군을 궤멸시킨 삿초동맹군은 여세를 몰아 에도까지 짓쳐 들어갔다. 분개한 도쿠가와 요시노부가 일대 결전을 준비하자 가쓰 가이슈는 전국의 대세를 설명하며 그를 설득했다. 결국 그의 진언을 받아들인 요시노부가 미도 성으로 물러남으로써 쿠데타군은 피 한 방울 흘리지 않고 에도를 점령했다. 260년 동안 열도를 지배했던 막부 시대가 끝나고 메이지 유신의 새벽이 시작되었다.

메이지 유신의 개막

제122대 메이지 천황은 1852년 11월 3일 고메이 천황의 둘째 아들로 태어났다. 이름은 무쓰히토睦仁, 궁호는 사치노미야祐宮이다. 그는 1860년 태자에 책봉되었고, 1867년 1월 고메이 천황이 36세에 천연두를 앓다가 의문의 죽음을 당하자 15세의 나이로 즉위했다. 메이지 천황은 그로부터 불과 1년 만에 존왕파들의 활약에 힘입어 상징적인 천황의 너울을 벗고, 살아있는 신으로서 일본 제국을 통치하게 되었다.

　1867년 신정부는 막부 때의 섭정, 관백 등의 관직을 폐지하고 천황 아래 총재·의정·참여의 3직을 설치했다. 참여에는 사쓰마 번의 사이고 다카모리와 오쿠보 도시미치를 비롯하여 도사 번·히젠 번 등 웅번들의 젊은 무사들을 대표자로 임명해 연합정권 형태를 취했다. 그들은 부국강병富國强兵이란 슬로건 아래 서양 열강과 어깨를 나란히 할 수 있는 일본 제국을 지향했다. 그들 가운데 특정지역 출신이 아닌 사람은 산조 사네토미三条実美와 이와쿠라 도모미 정도였다. 그들은 일차적으로 낡은 봉건체제 해체를 시도하면서 일본의 근대화를 위한 일대 유신을 도모하고자 했다. 1868년 3월 14일, 16세의 메이지 천황은 교토 어소에서 공경 제후 및 백관의 군신을 이끌고 천지신명에 서약하는 형태로 유신 정부의 5가지 기본 방침을 천명했다.

첫째, 널리 공의를 일으켜 만기를 공론에 의하여 결정한다.

둘째, 상하가 합심하여 경륜을 지속적으로 펴 나라를 번창하게 한다.

셋째, 관과 무는 물론 아래로 서민에 이르기까지 그 뜻을 수렴하여 언제나 민심을 헤아리는 데 게을리 하지 않는다.

넷째, 구래의 누습을 타파하여 천하의 공도를 세운다.

다섯째, 지식을 세계에 널리 구하고 황실의 기초를 공고히 하여 이를 번창시킨다.

이에 따라 신정부의 지도자들은 1869년 판적봉환版籍奉還을 실시하여 지방 영주들이 자진하여 영지와 백성을 천황에게 반환하게 했다. 아울러 1871년 폐번치현廢藩置縣을 실시해 막부 체제를 유지해왔던 261개의 번藩을 3부府 302개의 현縣으로 재편했다. 전국의 토지와 백성을 직접 통치하게 된 신정부는 중앙집권적 통일국가 건설의 기초를 마련했다.

1869년에는 역사적인 왕정복고를 기념하기 위해 천도를 추진했다. 조슈 번 출신의 오쿠보 도시미치 등은 오사카를 최적지로 추천했으나 교토를 사수하려는 각료들이 거세게 반발했다. 진통 끝에 새로운 수도는 오사카도 교토도 아닌 막부가 있던 에도(도쿄)로 최종 확정되었다.

1870년에는 신도神道*를 국교로 정하고 제정일치를 선언하면서 천

---

* 국가신도國家神道는 1870년부터 제2차 세계대전이 끝날 때까지 일본의 정식 국교였다. 신도는 신·천황·국민·국가의 조상을 하나로 보고 인간의 정치와 신의 뜻이 일치할 때 번영한다고 믿었다. 중세에 신도는 불교나 유교에 예속되어 불가신도, 유가신도로 발전했고 천황도 막부의 그늘에 가려졌다. 메이지 신정부는 신도를 국가종교로 제도화한 다음 신사神社를 관리하고 신도를 통해 천황에 대한 충성심을 주입시켰다. 1889년 헌법에서 종교의 자유를 보장했지만 신사 참배를 일본인의 애국적인 임무로 간주하면서 기독교, 불교, 국가신도에서 분리되어 있던 교파불교 신도들도 동참했다. 10만 개가 넘는 신사의 행정은 정부가 맡고 학교에서는 신도 수양과정인 수신修身이 필수과목으로 정해졌다. 1945년 패전 이후 국가신도는 폐지되었고 신사에 대한 정부 보조금과 지원을 끊었으며 천황의 신성은 부정되었다.

황의 신격화를 도모했다. 중앙정부 조직도 대폭 개편하여 처음에는 태정관太政官·신기관神祇官·대장성大藏省 등 과거의 명칭을 부활시켰다가 1885년 총리대신을 수상으로 하는 내각 제도를 발족시켰다. 1873년 에는 징병령을 내려 20세 이상의 남자에게 병역을 부과함으로써 국민개병시대의 막을 열었고, 지조개정地租改正을 통해 농민들에게 세금을 현금으로 내게 했다.

신분 제도의 개혁도 이루어졌다. 1876년 폐도령을 내려 무사들의 도검 휴대를 금지함으로써 무사 신분을 사실상 해체한 다음, 전통적인 사농공상士農工商 구별을 폐지하고 구 무사 계급을 사족士族, 그 이외를 평민平民으로 단순화했다. 또한 번주와 승려 계급을 화족華族으로 편입시키고 궁내성에서 관할하게 했다. 이에 따라 궁중에서도 궁중직과 궁녀직을 폐지하고 사족 계급의 시종들이 천황을 보위하게 했다. 메이지 천황은 그런 변화에 순응해 서양식 입헌군주로서의 위상을 과시했고, 헌법 제정 과정에서 추밀원 심의에 빠지지 않는 등 적극적으로 정사에 참여했다.

근대화에 박차를 가하다

1192년 가마쿠라 막부가 성립된 이래 675년 만에 통치권을 회복한 메이지 천황의 당면과제는 일차적으로 국력을 일신하여 서구 열강의 위협으로부터 벗어나는 것이었다. 그러기 위해서는 무엇보다도 그들의 앞선 과학기술과 군사제도, 정치체계 등을 받아들이는 일이 급선무였다.

때마침 네덜란드 선교사 귀도 베르덱Guido Herman Fridolin Verbeck(1830~1898)
이 러시아의 피터 대제가 서유럽으로 보낸 대사절단을 예로 들며 사
절단 파견을 종용했다. 유신 이전에 막부에서 1860년 미국, 1862년과
1863년에 유럽으로 두 차례 사절단을 보낸 적이 있었지만 형식적인
것이었다. 이 문제가 공론화되자 신정부의 각료들도 대체적으로 찬성
했다. 그리하여 1871년 메이지 천황은 이와쿠라 도모미를 정사, 오쿠
보 도시미치·기도 다카요시·이토 히로부미 등을 부사로 하는 49명의
사절단을 유럽에 파견했다. 사절단은 구 막부 시대에 체결된 불평등
조약 개정과 서구의 과학기술·군사·문화·정치 체계에 대한 정보 수
집의 사명을 부여받고 2년에 걸쳐 유럽 각국을 순방했다.

당시 이와쿠라 사절단에는 정부 요인들이 대거 포함되었는데, 그들
이 자리를 비우는 동안 국내에 남아있는 참의 사이고 다카모리와 이
타가키 다이스케가 태정대신 산조 사네토미를 보좌하기로 했다. 또
사절단이 귀국할 때까지 정치개혁 부문은 유예하고 주요 직책의 인사
는 바꾸지 않기로 합의했다.

그 후 개혁은 사이고 다카모리·이노우에 가오루·오쿠마 시게노부·
이타가키 다이스케·에토 신페이·오키 다카토 등에 의해 순조롭게 진
행되었다. 정부의 지원으로 민간에 육식肉食을 권장하고, 철도를 개통
했다. 산업 분야에서는 '부국강병, 식산흥업'이란 슬로건 아래, 도미
오카 제사장을 비롯한 관영공장이 가동되었고 서양의 근대적인 공업
기술이 도입되었다. 금융 분야에서는 1871년 통화단위로 엔(円)을 확
정했고, 1882년에 중앙은행인 일본은행을 설립했다. 또 유통 분야에
서는 우편제도, 전신망의 정비, 철도 및 선박 운수업계의 정비가 이루
어졌다. 이와 같은 개혁에는 장관급 수준의 급여를 보장하고 초빙한

이와쿠라 사절단은 막부 시절의 불평등조약을 개정하는 임무와 서구의 발전된 문명을 견학하고 정보를 수집하는 임무를 맡았다. 실세 장관과 행정가, 학자가 망라된 49명의 대규모 사절단. 이들이 돌아와 메이지 정부의 요직을 차지했고, 이후 '존왕'은 남고, '양이'는 사라졌다.

'오야토이〔御雇〕', 곧 서양인 전문가들이 적극 참여했다.

1873년, 이와쿠라 사절단이 귀국하면서 사이고 다카모리가 추진하던 정한론征韓論을 둘러싸고 극심한 대립양상이 벌어졌다. 그때 메이지 천황은 칙서를 통해 예정된 사이고의 조선 파견을 중지함으로써 분쟁의 확산을 막았다. 그러자 사이고 다카모리는 사직한 뒤 본거지인 가고시마로 돌아가 독자적으로 조선 정벌을 추진했다. 그러나 정부의 견제로 난관에 봉착하자 현지의 사족들과 함께 세이난 전쟁〔西南戰爭〕을 일으켰지만 곧 진압되었다. 이같은 내부의 갈등에도 불구하고 메이지 신정부는 근대화의 행보를 늦추지 않았다.

아시아 최초로 입헌민주국가를 수립하다

메이지 유신의 개혁 가운데 입법부 설립은 가장 핵심적인 사안 중에 하나였다. 유신 초기에 기도 다카요시가 의회 개설을 적극 추진했지만 이를 뒷받침하기 위한 관제 개혁·민도民度 향상·국민 교육 등이 발목을 잡았다. 그리하여 정부는 우선 오쿠보 도시미치를 중심으로 유사 전제有司專制라 불리는 사쓰마 번과 조슈 번 파벌의 관료를 중심으로 한 개혁체제를 유지해 나갔다.

1874년부터 민간에 자유민권운동이 고조되었다. 이에 메이지 천황은 내각의 소청을 받아들여 1881년 국회 개설의 칙유를 통해 의회 창설 시기를 명시했다. 또 1882년에는 군대를 천황의 군대로 규정한 '군인칙유軍人勅諭'를 내려 군비 증강에 박차를 가했다. 그로부터 수면 아래 잠겨있던 정한론이 고개를 쳐들면서 조선을 향한 예리한 발톱을 갈게 되었다.

다양한 체제의 정비가 마무리된 1881년, 이토 히로부미의 주도로 신헌법 제정이 추진되었고, 헌법 심의를 위한 추밀원도 설치되었다. 1889년 일본 제국 헌법이 공포되었고, 헌법 조항에 따라 1890년 11월 29일 귀족원과 중의원으로 이루어진 제국의회가 발족했다. 아시아 최초로 입헌군주제·의회제 민주주의 국가가 탄생하는 순간이었다. 때맞춰 메이지 천황은 교육칙어敎育勅語를 공포함으로써 입헌민주국가로 거듭난 일본인의 맹성猛省과 자신에 대한 충성을 촉구했다.

짐이 생각건대, 나의 황조황종께서 널리 나라를 세웠고 깊고 두텁게 덕을 베풀었다. 나의 신민들은 마땅히 충효를 다해야 하고 모든 사람이 한 마음으로 대대로 아름다움을 이루어야 한다. 이는 우리 국체의 정화이며 교육의 연원은 바로 여기에 있다. 신민들은 부모에 효하고 형제간에 우애하며, 부부가 화목하고 친구는 서로 믿으며, 공검하게 자신을 지키고 이웃을 박애하며, 학문을 닦고 기예를 배우며, 지능을 계발하고 덕을 이루고 공익을 넓히며, 국헌을 존중하고 국법을 준수하여야 한다. 위급할 때에는 스스로 몸을 바쳐 천지간의 무궁한 황운을 부익해야 한다. 이렇게 할 때 짐의 충량한 신민이 될 수 있으며, 선조의 유풍을 현창하게 된다. 이러한 도리는 실로 황조황종의 유훈으로서 자손과 신민이 모두 준수해야 할 바이며, 고금을 통해 그르치지 않고 이를 세상에 펼쳐 어긋남이 없는 것이다. 짐은 그대들 신민과 함께 진심으로 한시도 잊지 않고 그 덕을 하나로 하기를 바란다.

그때부터 각급 학교에서는 조회 때마다 천황의 초상에 경례하고 교육칙어를 봉독해야 했다. 특히 3대 명절인 설날·건국기념일·천황탄생일에는 반드시 그와 같은 의례를 행했다. 당시 행사에서 불리던 창가 '기미가요(君が代)'는 한참 뒤인 1999년 '국기와 국가에 관한 법률'에 따라 일본 국가(國歌)가 되었다.

욱일승천의 길을 떠나다

일본은 근대화의 목표를 달성하자마자 제국주의 열강들이 가르쳐준 대로 적극적인 식민지 개척에 나섰다. 이미 1879년 동중국해 서남부에 자리한 섬나라 류큐(流球)를 오키나와 현으로 편입시킨 일본은 타이완과 조선을 목표로 청일전쟁을 일으켰다. 이어서 러일전쟁을 통해 조선과 랴오둥반도, 사할린 남부 지역을 빼앗아 영토를 두 배 이상 늘림으로써 일약 동아시아의 최강국으로 자리매김했다. 당시 메이지 천황은 호전적인 내각의 침략정책을 적극 추인해 주었을 뿐만 아니라 대본영에 나와 각료들을 격려하고 전황을 직접 살피기까지 했다.

일본이 처음으로 서구 열강과 겨루었던 러일전쟁은 많은 행운이 따랐다. 개전 당시 일본은 5억 엔 정도의 전비를 예상했지만 실제로는 종전 무렵 20억 엔이나 소모되어 재정이 바닥을 드러냈다. 또 일본군은 육전과 해전에서 연승을 거두었지만 그 과정에서 정예병력 20만 명 중 12만 명이 희생됨으로써 장기전을 치를 여력이 없었다. 러시아의 상황을 감안한다면 일본은 겨우 그들의 발등을 찍어 누른 정도에 불과했다. 그때까지 러시아 본토에는 100만 대군이 대기하고 있었다.

다행히 만주 지역에서 양국의 세력균형을 원하던 미국의 중재로 포츠머스 강화회담이 성립되었다. 호전적인 일본 군부도 수긍할 수밖에 없던 강화였다. 일본 대표 고무라 주타로小村壽太郎 외상과 다카하라 고고로 주미공사는 러시아의 세르게이 비테Sergei Witte(1849~1915) 전권공사, 로만 로마노비치 로젠Roman Romanovich Rosen 주일공사와 기나긴 협상 끝에 뤼순 항과 다롄 항의 조차권租借權, 남만주 철도에 대한 권리, 남부 사할린의 할양割讓, 조선에 대한 절대적 권리를 얻어냈다. 그 뒤 일본은 조선의 외교권을 강탈했고, 1910년 드디어 숙원이던 조선 강제병합을 마무리했다. 또 1911년에는 개항 이래 초미의 과제였던 미일수호조약을 비롯한 각국과의 불평등조약을 개정하는 데 성공했다.

욱일승천하는 일본 제국의 영화를 만끽하던 메이지 천황은 1912년 7월 30일, 지병인 당뇨병이 악화되어 59세를 일기로 사망했다. 그러자 육군 대장 노기 마레스케乃木希典(1849~1912) 부부를 비롯해 많은 광신도의 동반자살이 줄을 이었다. 메이지 천황이 개인숭배와 군국주의의 '몸통'이었음을 증명하는 대목이다.

진구황후와 도요토미 히데요시의
꿈을 이루자

대륙 진출을 열망한 정한론의 효시, 요시다 쇼인

근대 일본의 조선에 대한 침략 의지와 조선인 멸시는 메이지 유신 초기에 논란을 일으킨 정한론과 조선 식민지화 과정에서 극단적으로 확산되었다. 특히 4세기 경 일본이 신라를 정벌하고 임나일본부를 설치하여 삼한을 지배했다는 진구황후 전설은 당대의 일본인에게 있어 정한론을 합리화하는 최상의 교본이었다.

진구황후神功皇后는 주아이仲哀 천황의 부인인데, 구마소(일본 규슈 남부의 소수 민족)가 거역했으므로 천황이 황후와 함께 그를 치러 규슈에 갔다. 당시 조선에는 신라·백제·고구려의 삼국이 있어 삼한이라 했는데 신라를 치라는 신탁이 있었다. 이를 믿지 않은 천황이 신의 노여움을 사서 목숨을 잃었다. 그러자 진구황후는 신라를 정벌하면 구마소도 자연히 평정될 것이라 여기고 다케노우치 노스쿠네와 도모하여 신라를 쳤다. 그녀가 하늘의 도움을 받아 군선을 거느리고 포구를 출발하니 풍신風神은 바람을 일게 하고 파신波神은 물결을 일으켜, 함대는 돛을 올리거나 노를 저을 필요조차 없이 신라 땅에 당도하니, 군선은 바다를 덮고 깃발은 일광에 빛나며 고적 소리는 산천을 뒤흔들었다. 신라의 왕은 벌벌 떨면서 해가 서쪽에서 뜨고 알천 강물이 거꾸로 흐르지 않는 한 봄과 가을 두 차례의 조공을 거르지 않겠노라고 맹세했다. 신라가 일본에 항복했다는 말을 들은 백제와 고구려의 왕들이 진영 밖에서 머리를 숙여 일본을 섬기는 서쪽의 속국으로서 조공을 바치겠노라고 맹세했다.

일본의 개국시조로 여겨지는 진구황후는 군국주의자들이 조선 침략 근거로 가장 많이 인용하는 인물이다. 1881년 일본 정부는 그녀의 초상이 들어간 십 원짜리 지폐를 발행하면서까지 정한론을 민간에 전파했다

일본의 역사서인《고사기古事記》와《일본서기日本書紀》*에 실린 이 이야기는 누가 봐도 역사적인 사실이라기보다는 과장과 허구가 뒤섞인 신화임을 알 수 있다. 실제로 진구황후가 활약했다는 일본의 4세기는 역사상 통일국가의 존재조차 알려지지 않은 수수께끼의 시대였다. 그러나 근대 일본의 지식인들은 이 내용을 역사적 사실로 규정하고 확대재생산하면서 중앙집권적 통일국가의 수립과 천황 신격화의 도구, 정한론으로까지 발전시켰다.

---

* 초대 천황인 진무神武부터 제41대 지토持統까지 서술한 역사서. 일본 와세다대학의 사학자 쓰다 소키치津田左右吉(1873~1961)는《일본서기》에서 사실로 인정할 수 있는 것은 15대 이후부터이며, 이전의 서술은 신화라고 주장했다. 그러므로 진구황후(14대 천황의 왕비)의 '삼한정벌'은 허황된 얘기라는 것. 이후 쓰다 교수는 천황의 존엄을 모독했다는 혐의로 체포되기도 했다.

존왕 사상과 정한론을 부르짖다

진구황후의 역사를 회복하여 도요토미 히데요시豊臣秀吉(1536~1598)의 좌절을 극복해야 한다는 정한론을 구체적으로 발전시킨 인물이 바로 요시다 쇼인吉田松陰(1830~1859)이다. 자신이 운영하는 학당 쇼카손주 쿠(松下村塾)에 모여든 제자들에게 일본이 서구 열강을 극복할 수 있는 방법으로 정한론을 주입시켰고, 일본의 정체성을 확립하는 방편으로 써 극단적인 존왕사상을 전파했다.

요시다 쇼인은 존왕사상의 당위성을 설파하는 과정에서 천황이 중국의 천자보다 훨씬 우수하다고 역설했다. 중국에서는 거듭된 역성혁명으로 수많은 왕조가 명멸했지만 일본은 건국 이래 한 차례도 황통이 끊어지지 않았다는 사실 자체가 상대적으로 천황제天皇制의 우월성을 증명한다는 논리였다. 그는 중국의 천하는 '천하의 천하'이지만 일본의 천하는 '한 사람의 천하', 곧 천황 일인만의 천하라고 부르짖었다. 그와 같은 요시다 쇼인의 궤변은 천황을 위해서라면 신민들은 얼마든지 희생될 수 있다는 광적인 논리로 이어진다.

중국에는 인민이 있고 그 다음 천자가 있지만, 일본에는 신성이 있고 나서 창생이 있다. 때문에 일본은 모두가 대대로 내려오는 신하로서 주군과 생사를 같이하며, 죽으라면 기꺼이 죽는 군신관계의 미를 가지고 있다. 때문에 만일 일본에 폭군이 나타나면 역성혁명을 일으키는 것이 아니라 주군이 깨달을 때까지 다만 충성을 다하는 것이 일본식이다.

요시다 쇼인은 현재 열강들이 일본의 개항을 강제하는 상황에서 사직을 지키려면 신료들이 오랑캐에 대하여 분노하고 마침내 굴종시켜야 한다고 역설했다. 한데 그가 말한 오랑캐는 일본을 다그치는 서구 열강이 아니라 인접국인 중국과 조선이었다. 그야말로 종로에서 뺨 맞고 한강에서 눈 흘기는 격이다. 어쨌든 요시다 쇼인의 예로부터 일본이 중국과 조선을 정복하여 국체를 단단히 했다면 현재와 같이 서구 열강에 굴종하는 치욕적인 사태를 겪지 않았을 것이라고 부르짖으며 예의 진구황후 전설을 다시 무대 위에 올렸다.

과거 일본의 국체가 온전하고 천황이 굳건했던 고대에는 임나일본부가 제 기능을 발휘하여 조선 땅의 여러 나라가 신민으로 복속하여 조공했다. 멀리 있는 자는 긴 밧줄을 걸어서 끌어당기는 것이 일본의 체제다. 옛날 진구황후는 신명을 받고 몸소 해외를 정벌하는 데 망설임이 없었다. 그처럼 천황이 조선을 신속하는 것은 일본의 국체를 바로 세우는 절대불가결의 진리였는데, 현실에 안주한 무인들이 그 사명을 외면한 탓에 일본의 국력이 쇠미해지고 오늘과 같은 사태에 이르렀다. 그러므로 이제부터라도 일본의 정체성을 훼손시킨 막부를 토멸하고 천황에게 국가의 통치권을 돌려줌으로써 국체를 바로 세워야 한다.

요시다 쇼인이 가장 신랄하게 비판한 막부는 1336년 아시카가 다카우지足利尊氏(1305~1358)가 고다이고 천황後醍醐天皇을 축출하고 지묘인토(持明院統)의 하나조노 천황花園天皇을 옹립한 뒤 성립시킨 무로마치 막부*였다. 그 시대는 오닌의 난, 메이오 정변 등 거듭된 내란으로

---

* 무로마치 막부는 3대 쇼군 아시카가 요시미츠 대에 이어 남북조를 통일한 다음 교토의 무로마치에 꽃의 저택을 만든 이후 쇼군을 무로마치도노(室町殿)라 부른 데서 유래한다. 막부라는 명칭은 후대에

요시다 쇼인. 아베 신조安倍晋三 총리가 가장 존경하는 인물이 요시다 쇼인이다. 에도시대 도쿠가와 막부 말기의 급진 사상가이자 교육자이다. '천하는 천황이 지배하고, 그 아래 만민은 평등하다'는 '일군만민론'을 주창했다. '존왕양이'를 위해서라면 극단적인 행동도 서슴지 않았다.

인해 '전국시대'로 일컬어졌다.

무로마치 막부는 명나라의 신하를 자칭하면서 대외적인 안정을 모색했는데, 쇼인은 그때의 잘못된 정치 때문에 천황의 위신이 추락했고 일본의 국체가 모호해졌다고 강조했다. 더군다나 당시 조선과 일본의 외교관계가 천황과 쇼군의 군신관계를 명시하지 않은 채 이루어져 조선에서 쇼군의 승계를 축하하는 사절은 보내면서도 천황에 대해서는 예를 표하지 않는 참담한 사태가 벌어졌다고 분개했다.

이와 같은 관점에서 요시다 쇼인은 임진왜란의 원흉인 도요토미 히데요시를 일세의 영걸로 떠받들었다. 무가 정권 시기, 천조를 받들고

생긴 것이다.

황은에 깊이 감명하여 조선 정벌을 감행했던 토요토미의 행로야말로 '신성의 길'이었다고 주장했다.

열강의 무력을 동경하다

요시다 쇼인은 일본의 교육자이자 사상가, 철학자, 혁명가로서 정한론자들의 지낭이자 향도였다. 쇼인松陰은 그의 아호이고, 본명은 노리가타矩方이다. 1830년 8월 4일 일본 조슈 번 하기(萩)의 하급무사인 스기 요리네스케杉三百合之助의 차남으로 태어났다.

쇼인의 숙부인 스기 다이스케는 번의 병학 사범 요시다吉田가의 양자로 들어갔는데 아들을 얻지 못하자 조카 쇼인을 양자로 받아들여 요시다 가문의 병학을 잇고자 했다. 그런데 요시다 쇼인이 여섯 살 때 다이스케가 사망하면서 동생이자 제자인 타마키 분노신玉木文之進이 그 임무를 떠맡았다.

타마키 분노신은 자신이 개설한 쇼카손주쿠(松下村塾)에서 요시다 쇼인을 가르치며 하루빨리 요시다 가문의 당주에 걸맞은 인물이 되라고 다그쳤다. 당시 일본의 무가에서는 서당에 칼과 송곳을 비치하고 학생들에게 이렇게 강요했다고 한다.

> 너는 무사의 아들이다. 공부를 하면서 스승 앞에서 조는 것은 수치스러운 일이다. 만일 졸리면 이 송곳으로 무릎을 찔러라. 이 칼을 앞에 두고 책을 읽어라. 깜박하면 네 이마가 베일 것이다.

요시다 쇼인 역시 그처럼 엄숙한 분위기 속에서 철저한 교육을 받았을 것이다. 그 결과 쇼인은 1839년 10세 때 조슈 번의 교육기관 메이론칸(明倫館)의 교단에서 학생들을 가르쳤고, 11세 때는 번주 모리 다카치카毛利敬親 앞에서 《무교전서武敎全書》와 《전법편戰法編》을 강의했다. 그때부터 마쓰모토(松本) 촌에서 천재가 나왔다는 소문이 널리 퍼졌다.

18세기 중반, 일본에서는 막부의 굳건한 통치력을 뒤흔드는 사건이 연일 발생했다. 대기근으로 전국 각처에서 무사와 농민의 반란이 끝도 없이 이어졌고, 1837년 막부의 관리 오시오 헤이하치로大塩平八郎(1793~1837)가 오사카에서 반란을 일으키기도 했다. 외부 정세도 심상찮았다. 나가사키, 우라가(浦賀) 등 여러 항구에 화친과 통상을 요구하는 서양의 선박들이 끊임없이 출몰했다.

1850년, 21세의 요시다 쇼인은 구식 병학으로는 일본을 지키는 데 한계가 있다고 판단하고 규슈(九州)에 유학해 난학蘭學을 배웠다. 이듬해에는 에도에 가서 사쿠마 쇼잔佐久間象山(1811~1864)에게 서양 학문을 배웠다. 그는 또 번의 허가 없이 동북지방을 탐사하러 갔다가 사무라이 적이 삭제되고 녹이 몰수되는 처분을 받았다. 당시 탈번은 망명 행위로 간주되어 사형을 받을 수도 있는 죄목이었다. 그러나 요시다 쇼인의 열정을 높이 평가한 조슈 번주는 그에게 10년 동안 전국을 여행할 수 있는 특혜를 베풀어주었다.

1853년 1월, 요시다 쇼인은 페리 제독의 내항 사실을 전해 듣고 급히 우라가로 달려갔다. 하지만 페리는 이미 개항을 요구하는 국서를 막부에 전달한 다음 1년 뒤를 기약하고 떠나버린 뒤였다. 쇼인은 페리가 다시 오면 막부가 궤멸할 것이라고 예측하고 '장급사언將及私言'이라는 보고서를 번주에게 제출했다. 보고서에서 그는 막부 체제를 전면 부정하면서 적극적인 서양병법의 도입과 유능한 인재의 해외파견을 통해 조슈 번이 독자적으로 일본을 이끌어나가야 한다고 진언했다.

천하는 천조의 천하이다. 천하는 천하의 천하이지 막부의 사유가 아니다.

이윽고 1854년 1월 더욱 강력한 규모로 시모다(下田) 앞바다에 나타난 페리 함대는 함포를 쏘면서 막부의 회답을 요구했다. 그 무렵 요시다 쇼인은 조슈 번청이 서양에 유학생을 보내라는 자신의 진언을 받아들이지 않자 흑선을 타고 미국으로 건너가 직접 열강들의 병법과 기술을 배워 그들과 맞서겠다고 결심했다.

그해 3월 요시다 쇼인은 동지 가네코 겐타로(金子堅太郎)와 함께 페리 함대의 미시시피 호에 잠입한 뒤 밀항을 요구했다. 하지만 페리 제독은 남루한 행색의 떠돌이 사무라이를 배 밖으로 쫓아버렸다. 뒤늦게 그 사실을 알게 된 막부에서는 금령을 범한 혐의로 그를 체포해 덴마쵸(傳馬町) 옥에 가두었다가 조슈 번의 노야마 옥(野山獄)으로 이감시켰다.

쇼카손주쿠에서 미래를 키우다

요시다 쇼인은 노야마 옥에 수감된 뒤부터 철학·역사·지리·병학·의학 분야의 서적 600여 권을 독파하는 등 서양 학문에 무서운 집념을 보였다. 조슈 번이나 서양 세력에 기댈 수 없다면 자신의 힘으로 현실을 극복하겠다는 뜨거운 의지였다.

1854년 10월부터 요시다 쇼인은 옥중에서 동료 죄수들에게 하이쿠 〔俳句〕와 서도, 《맹자》 등을 가르쳤다. 훗날 《강맹여화講孟余話》로 정리된 강의록에서 그는 막부의 무능을 비판하며 "정이대장군이라는 것은 본래 오랑캐를 정벌하라고 조정으로부터 임명을 받은 직책이다. 그러므로 무력한 쇼군과 막부는 즉각 폐지돼야 한다."고 주장했다.

얼마 후 조슈 번에서는 요시다 쇼인을 더 이상 가두어두면 안 된다는 여론이 일어났다. 그러자 조슈 번주는 1855년 11월 15일 요시다 쇼인이 병에 걸렸다는 명목으로 출옥시켜 본가인 스기 가의 유인실 幽人室로 주거를 제한했다. 다다미 세 장 반짜리 방에서 제한적이나마 자유를 얻은 요시다 쇼인은 친척들을 상대로 《맹자》를 강의했다. 얼

야마구치 현 하기의 쇼카손주쿠. 조선 통감을 지낸 이토 히로부미와 소네 아라스케, 조선 총독을 지낸 데라우치 마사타케 등 조선 침략자들이 여기서 요시다 쇼인의 가르침을 받고 '정한론'을 가슴에 새겼다.

마 후 숙부 타마키 분노신의 쇼카손주쿠를 인수했던 사람이 청강생으로 들어오면서 쇼인은 자연스럽게 쇼카손주쿠의 주인이 되었다.

소문을 듣고 학생들이 몰려들자 요시다 쇼인은 "이곳 마쓰모토 촌에서 많은 인재가 나올 것이다."라며 즐거워했다.

요시다 쇼인은 제자들에게 특유의 존왕양이론과 함께 천하는 천황이 지배하고 그 아래 만민은 평등하다는 일군만민론, 조선을 정벌하여 국체를 바로잡아야 한다는 정한론 등을 집중적으로 가르쳤다. 그의 교육 철학은 '혼과 혼을 통한다'는 것이다. 때문에 그는 강의실에서 상류계급인 사무라이와 병졸인 아시가루[足輕], 평민 등의 차별을 금지했다. 쇼카손주쿠의 강의는 요시다 쇼인 뿐만 아니라 수감되어 있을 때 알게 된 도미나가富永有隣, 사촌인 구보久保淸太郎, 숙생 중 최고 우등생인 구사카 겐즈이久坂玄瑞 등이 함께 맡았다.

쇼카손주쿠의 기둥에는 '비이장목장飛耳長目帳'이라는 공책이 걸려 있었다. 학교의 방문객이나 오사카를 다녀온 상인 등을 통해 수집한 정보를 기록하는 일종의 정보 노트였다. 그것을 통해 학생들은 세상의 다양한 사건을 속속들이 파악할 수 있었다. 요시다 쇼인은 그와 같은 정보의 수집과 분석이 앞날을 좌우할 것이라고 믿었다. 조슈 번에서는 요시다 쇼인의 조언에 따라 숙생 4명을 포함한 6명의 첩자를 교토에 파견하기도 했다.

요시다 쇼인이 쇼카손주쿠에서 제자들을 육성한 기간은 2년여에 불과하다. 하지만 훗날 메이지 시대를 풍미한 수많은 인물들이 그곳에서 배웠다. 삿초동맹의 주역 기도 다카요시, 막부 타도의 선봉 다카스키 신사쿠, 군부 최고의 실력자로 군림한 야마가타 아리토모, 조선병합의 원흉 이토 히로부미, 명성왕후 암살의 배후인물인 이노우에 가오루 등이 그들이었다.

근대 일본의 야망을 그리다

요시다 쇼인이 노야마 옥에 수감되어 있을 때 쓴 《유수록幽囚錄》은 존왕 사상에 입각한 동아시아 침략론의 개괄서다. 그는 이 책의 전반부에서 자신이 미국으로 밀항하려 했던 이유를 설명했고, 후반부에는 과거 진구황후가 모범을 보였듯이 내치를 다진 다음 무위를 해외에 떨쳐 일본의 영광을 되살리자고 주장했다.

> 일본의 무사들은 의지를 단련하여 포砲를 대신하고, 기를 길러 함艦을 대신해야 한다. 무비를 정비하기 전에 주체성을 확립하자. 적을 알기 전에 나를 알아야 한다.

1855년에 그는 조선을 취하고 만주를 거두고자 원한다면 군함이 아니면 불가능하므로 거함이 완성될 때까지 기다려야 한다고 강조했다. 조선과 만주 등 근린지역에 대한 침략은 어디까지나 천하 만세에 승계되어야 할 과업이니 지금은 좀 참으면서 단련의 기회로 삼자는 것이었다. 그가 형 스기 우메타로에게 보낸 편지 속에도 그와 같은 내용이 담겨있다.

> 러시아, 미국과의 강화가 이루어졌다. 우리가 이를 깨서 저들에게 믿음을 잃어서는 안 된다. 규정을 엄수하고 신의를 두텁게 하면서 국력을 길

러 손쉬운 조선, 만주, 중국을 취함으로써 잃은 것을 보상받아야 한다.

가까운 지역이므로 취하기 쉬워 침략한다는 개념이 아니라, 일본이 일본답기 위해서 정벌해야 한다는 것이다. 일본인인 그로서는 진구황후와 토요토미 히데요시의 사업을 이어받아 국체를 온전히 하는 것이야말로 지고지상의 사명이었다.

그는 《외정론外征論》에서 '지맥이 이어진 오우(도호쿠 지방), 호쿠에쓰(니가타 현) 등을 합쳐야 하는 것처럼 일본과 조선도 합쳐져야 한다.'라고 주장했다. 이처럼 그에게 조선은 일본이 치열한 목적의식을 가지고 병합해야 할 대상이었다. 1856년 요시다 쇼인은 제자이며 자형인 구사카 겐즈이에게 장차 조선을 넘어 인도에 이르기까지 아시아 전역을 병탄하는 일대 거사를 획책해야 한다는 내용의 편지를 썼다.

조속히 무비를 정비하고 에조(홋카이도)를 개간한 다음 류큐를 거두고 조선을 취해야 한다. 만주를 꺾고 지나를 누르며 인도에 임하는 진취의 기세를 펴고, 물러나서 굳게 지켜야 한다. 그것은 진구황후와 도요토미가 이루지 못한 바를 이루는 것과 같다.

야마토 타마시!

1858년 6월, 일본은 미국과 미일수호통상조약을 체결하고 요코하마·나가사키·하코다테·니가타·효고(兵庫) 항을 개항했으며 에도, 오사카 등지에서의 무역 행위를 허용했다. 이어서 영국·러시아·네덜란드·프랑스와도 같은 내용의 통상조약을 체결했다. 하지만 그 과정에서 막부의 대로 이이 나오스케가 천황의 칙허 없이 조약을 비준하여 일본 조야가 시끄러웠다.

그해 11월, 요시다 쇼인은 교토에 다녀온 제자로부터 이이 나오스케의 지위를 물려받은 노중 마나베 아키카스間部詮勝가 양이파를 엄중히 단속한다는 말을 듣고 격노했다. 그는 곧 마나베를 암살하기로 결심하고 조슈 번청에 무기와 탄약을 요구하면서 제자들을 모아 요격대를 편성했다. 그는 또 에도에 머물고 있던 구사카 겐즈이久坂玄瑞와 다카스키 신사쿠高杉晋作에게도 편지를 보내 거사에 합류할 것을 지시했다. 그러자 당황한 에도의 제자들은 편지를 보내 거사가 시기상조라며 만류했다.

그 소문이 퍼지자 조슈 번의 상역上役인 스후 마사노케周布政之助가 요시다 쇼인을 찾아와 과격한 행동을 포기하라고 종용했다. 하지만 쇼인은 이듬해 1월 1일 교토의 후시미 거리에서 거사를 강행하겠다고 고집했다. 그러자 문제가 확산될 것을 우려한 조슈 번은 쇼카손주쿠를 폐쇄한 다음 1858년 12월 5일, 그를 노야마 옥에 재수감했다.

옥중에서도 그의 태도는 변함이 없었다. 그는 1859년 제자들에게 노중 마나베의 가마를 요격하라는 지시를 내렸다. 그런데 갑자기 막부에서 그를 에도로 호송하라는 명령이 내려왔다. 1858년에 벌어진 안세이의 대옥* 과정에서 체포된 우메다 운빙梅田雲浜이 처형되기 전

---

* 1858년 도쿠가와 막부의 쇼군 도쿠가와 이에사다가 죽자 14대 쇼군 계승문제를 놓고 막부와 존왕파인 사쓰마, 조슈 등 웅번 세력 사이에 분쟁이 일어났다. 그때 막부 내의 보수파인 대로 이이 나오스케가 막부 내의 히토쓰바시 요시노부파 관료들을 일소하고 요시토미를 쇼군 후계자로 정했다. 이때 요시다 쇼인을 비롯한 100여 명이 처형되었는데 이를 안세이의 대옥이라고 부른다. 그러자 웅번 출신 무사들이 1860년 통상조약 서명 당사자이며 쇼군 계승문제를 독단적으로 처리한 이이 나오스케를

하기에서 요시다 쇼인과 만났다고 자백했기 때문이다. 자신의 운명을 예감한 요시다 쇼인은 에도 호송 직전 옥중에서 제자들에게 '초망굴기'라는 제목의 편지를 보냈다.

> 막부와 여러 번의 무사들은 믿지 말라. 신분에 관계없이 풀숲과 같은 곳에 사는 민초를 일으켜 세워 체제를 바꾸어야 한다.

며칠 후 막부의 최고재판소인 평정소評定所에 끌려간 요시다 쇼인은 1856년 겨울에 우메다 운빙과 만나 대화한 내용과 교토의 천황 거소에 막부 타도를 선동한 편지를 투입했는지를 심문받았다. 그때 요시다 쇼인은 발뺌하지 않고 당당하게 대답했다.

"나는 막부 타도를 촉구하기 위해 공경대신에게 편지를 보냈으며, 노중 마나베 암살을 계획했다."

그해 10월 27일 일세의 재인으로 알려졌던 요시다 쇼인에게 사형이 선고되었다. 판결 당일 그는 29세의 젊은 나이로 에도의 덴마쵸 옥에서 참수형에 처해졌다. 그의 시체는 벌거벗겨져 나무통에 넣어진 채로 아무렇게나 매장되었다. 그러자 제자들은 막부에 항의하여 시체를 돌려받은 뒤 예를 갖추어 장사지냈다.

요시다 쇼인은 평생 막부와 정면 대결을 펼쳤지만 실제로는 천황을 앞세운 막부 정권의 강화를 통해 일본을 안정시키는 존왕개국적 양이론의 실현이 주목적이었다. 하지만 메이지 시대의 주역으로 성장한 제자들은 스승의 죽음 이후 양이를 버리고 존왕만을 살려냈다. 어쨌

에도성의 사쿠라다몬 밖에서 살해했다.

든 그들이 미흡하나마 자신의 가르침대로 내치에 정한까지 이루어냈으니 요시다 쇼인은 저승에서도 행복했을 것이다. 그는 죽기 전날 밤 감옥에서 이렇게 노래했다고 한다.

그렇게 하면 그렇게 되는 줄 뻔히 알면서
어쩔 수 없는 야마토 타마시〔大和魂〕!

울지 않는 새는 울게 하라

정한론으로 성했다가 정한론으로 망한 사이고 다카모리

'꽃이라면 사쿠라, 인간이라면 사무라이'라는 일본속담이 있다. 학문보다는 미적인 아름다움과 무예를 우선시하던 일본인의 사고방식을 잘 표현한 말이다. 근대 일본에서 이 속담에 가장 잘 들어맞는 사람이 있다면 바로 사이고 다카모리西郷隆盛(1828~1877)일 것이다.

메이지 정부 수립의 일등공신이었던 그는 이와쿠라 도모미를 비롯한 정적들이 자신의 급진적인 정한 정책을 공박하자 분개하며 사임한 뒤 세이난 전쟁을 일으켰던 강골이었다. 그의 최후에 시도했던 무모한 도전과 실패는 결과적으로 일본 내에서 더 이상 지방 세력의 힘이 중앙 세력을 꺾을 수 없다는 사실을 증명해 주었다. 메이지 신정부의 막강한 위상이 그로부터 확인된 셈이다.

2004년, 가고시마의 용장 사이고 다카모리의 비장한 스토리는 할리우드에서 영화로 제작되어 세계인들의 주목을 받았다. 바로 에드워드 즈윅 감독, 톰 크루즈 주연의 '라스트 사무라이'가 바로 그것이다. 당시 사이고의 배역을 맡은 일본의 배우 와타나베 켄은 일본 전통 사무라이의 무사도와 장렬한 죽음을 실감나게 연기함으로써 관객들의 찬사를 받았다. 그렇지만 사이고 다카모리라는 인간이 평생 어떤 마음가짐으로 조선과 조선인을 바라보았는지를 알게 된다면 그 뚜렷한 의지와 집념이 우리에게 얼마나 치명적인 것이었는지 깨닫게 된다.

문사, 무사로 거듭나다

사이고 다카모리는 1828년 1월 23일 사쓰마 번의 가고시마에서 하급 무사 사이고 기치베 다카모리의 6남매 중 맏아들로 태어났다. 그는 소년 시절 동작이 느리고 얌전해서 친구들 사이에서 얼간이로 통했고, 눈이 커서 두릅나무라는 별명을 얻었다. 원래 이름은 다카나가隆永였지만 어렸을 때는 고키치小吉, 기치노스케吉之介, 젠베에善兵衛, 기치노스케吉之助 등으로 불렸고, 장성한 뒤 다케오武雄로 불리다 마지막으로 다카모리가 되었다. 그의 이름이 아버지와 같아진 것은 왕정복고의 식전에서 위계를 수여받을 때, 친구 요시이 도모자네가 실수로 아버지의 이름을 올렸기 때문이다.

고향에서 국학자인 스승 후지타 도코藤田東湖(1806~1855)에게 무사도와 대륙 침략 사상을 주입받은 그는 열여덟 살부터 10여 년 동안 농민들로부터 세금을 징수하는 일을 했다. 스물여덟 살 때 사쓰마 번주 시마즈 나리아키라島津斉彬(1809~1858)를 따라 에도에 가서 번주의 비밀 대외연락책과 비서를 겸하는 니와가타[庭方]가 되었다. 사이고는 이 무렵부터 자신의 능력을 발휘하여 내외의 주목을 받기 시작했다.

사이고 다카모리에게 가장 큰 영향을 준 인물은 스승 도코와 사쓰마 번주 나리아키라였다. 미토 번[水戶藩]의 후지타 도코는 정계에 나

사이고 다카모리. 키 180센티미터에 몸무게 90킬로그램의 거구. 인상은 사납게 보이지만 자상하고 소탈한 성격으로 알려졌다. 정한론으로 무장하고 사무라이로 살다 갔다.

서지는 않았지만 정한이야말로 일본의 한계를 뛰어넘는 유일한 길이라고 믿는 학자였다. 도코는 자신이 꿈꾸는 정한의 과업을 이루어줄 수 있는 사람은 사이고 다카모리밖에 없다고 공언했고, 사이고는 천하에 자신이 경외할 만한 인물은 오직 도코 선생뿐이라며 맞장구를 쳤다. 그러나 도코는 50세 때인 1854년 제자의 성공을 보지 못하고 지진으로 목숨을 잃었다.

한편 사쓰마 번주 나리아키라는 서세동점西勢東漸의 국제정세를 예감하고 영내의 방비를 굳건히 하여 1863년 영국 함대의 가고시마 공격을 막아냈다. 그는 서양인에 대한 반감이 컸음에도 불구하고 번 내에 프랑스인을 상륙시키는 등 유연하게 정국을 운영했다. 사이고는 그런 나리아키라에게 큰 감명을 받았다.

사이고 다카모리는 번주 나리아키라가 죽은 뒤 3년 동안 아마미오시마, 도코노시마, 오키노에라부지마 등지에서 세 차례나 유배 생활을 했는데, 사면될 때마다 중요부서에 배치되곤 했다. 특히 두 번째 유배가 풀린 뒤에는 번주 시마즈 히사미쓰에 의해 번의 군부역軍賦役에 임명되면서 군인으로 거듭나게 되었다. 그 후 사이고는 막부의 1차 조슈 정벌 때 막부군의 총참모가 되었고, 보신전쟁〔戊辰戰爭〕때는 반대로 관군의 참모장으로 활약했다.

1868년 대정봉환을 통해 성립된 메이지 신정부가 막부에 실질적인 권력의 반환을 요구하자 쇼군 도쿠가와 요시노부와 그를 지지하던 여러 번들이 이에 불복하면서 일본 전역을 무대로 일으킨 전쟁이 보신전쟁이다. 당시 사이고 다카모리는 오무라 마스지로, 아리스가와 타루히토 친왕有栖川宮熾仁親王(1835~1895)과 함께 규슈에서 북동쪽으로 진군해 에도를 압박했다. 그때 막부군에 가담한 기타시라카와 요시히사 친왕北白川宮能久親王(1847~1895)이 지휘하는 호쿠리쿠〔北陸〕 지방과 동북 지방의 오우에쓰 열번 동맹군을 격파하는 전공을 세웠다.

정부군이 에도에 다다르자 막부의 쇼군 도쿠가와 요시노부가 정예 병력을 모아 대항했지만 대패하고 항복했다. 결국 전쟁은 존왕파의 완전한 승리로 귀결되었다.

조선과 외교적 마찰을 빚다

1868년 1월, 메이지 신정부는 주변국들과의 외교관계에 대한 전면 재검토에 들어갔다. 그 결과 조선과의 통교는 기존 방식대로 쓰시마 번의 역할을 인정하기로 하고 근대적 외교관계를 수립하고자 했다. 그런데 조선에서는 대마도주의 직함이 종래와 다르다는 것을 이유로 서계書契*의 수령을 거부하고 되돌려 보냈다.

1867년 10월 1일자 《조선왕조실록》에 따르면 대마도주 평의달이 두 차례 회답서계를 보내왔는데 그 내용에는 프랑스군에 의한 병인양요를 위로하면서, 다음과 같이 군비 강화를 종용하는 등 매우 우호적인 내용이었다.

일본 조정이 옛 폐단을 제거하고 모든 법도를 일신했는데, 모든 관리들이 논의를 도와 밤낮으로 나라의 위력을 펼칠 것을 생각하며, 당장의 급선무는 해외에서 대포가 달린 전함과 무기를 구입해 나라를 부강하게 하고 군사를 강화하는 밑천으로 삼아야 할 것입니다. …(중략)… 귀국으로 하여금 영영 뒤에 있을 우환에서 벗어나게 하고자 하므로, 이번에 특별히 명하여 사절이 멀리 경기京畿에 가서 나라 안의 형편을 진술하게 했으니, 귀국에서도 또한 응당 당면한 일을 참작하여 적당하게 처치處置하여야 할 것입니다. 이것은 동무東武의 성의에서 나온 것입니다.

그런데 일본에 메이지 신정부가 들어서고 난 1869년 12월 13일의 실록에 따르면, 대마도주 평의달이 보내온 서계 형식이 갑자기 바뀌

---

* 서계書契란 조선이 일본과 왕래할 때 교환하던 공식 외교문서로서 막부 쇼군에게는 조선 국왕의 명의로 국서國書가 작성되었고, 그 밖에 쓰시마 번주나 막부의 관리들에게는 예조 참판 또는 참의, 좌랑 등 상대방의 직위에 따라 그에 상응한 직명으로 서계가 작성되었다. 서계는 그 규모나 격식이 엄격하게 정해져 있었다. 국서의 경우 주첩周帖의 길이는 2척 4촌, 너비는 5촌 5푼이고, 매첩에 4행씩 썼다. 겉의 오른편에 '봉서奉書'라고 쓰고, 원편에는 '일본국대군전하日本國大君殿下'라고 썼다. 인조 때와 숙종 때 잠시 국왕으로 쓴 적도 있었다.

었다. 이전까지는 좌근위소장左近衛少將이라고 써오다가 갑자기 평平자 아래에 조신朝臣이라는 두 글자를 썼던 것이다. 조선 정부에서는 전례에 어긋난 서계를 일본에 돌려보내면서 동래부사 정현덕에게 통역을 엄히 추궁하고 타일러 수정하여 바치게 하라고 엄명했다. 직명職名을 이전과 다르게 쓴 것은 양국이 300년 동안 지켜온 약조를 어긴 무례한 행위였다.

조선으로부터 서계가 반환되어 오자 흥분한 신정부의 사이고 다카모리 등 강경파는 그 동안 품고 있던 정한론을 여과 없이 내비쳤다. 그들은 조선이 청국의 속국이므로 청국의 천자와 대등한 천황을 모시는 일본에 복종해야 한다고 주장했다. 만일 조선이 천황 중심의 국체를 거부한다면 그 불손함을 벌해야 한다고 목소리를 높였다. 이와 같은 정한론이 공론화되자 많은 일본인이 동조했다. 서계 문제가 표면화된 1869년에 이미 외무관리 미야모토 고이치의 보고서 '조선론'에 정한론이 등장했다.

왕정이 복고되어 천황폐하로부터 직접 명령이 떨어지는 이상, 조선은 과거와 마찬가지로 속국이 되어 신하로서의 예를 갖추게 해야 한다. 하루빨리 천황의 사절을 파견해 조선의 불순함을 꾸짖어야 한다.

메이지 초기의 정한론은 사이고 다카모리와 기도 다카요시가 선봉이고 사다 하쿠보佐田白茅(1833~1907)가 한껏 분위기를 고양시켰다. 하쿠보는 1870년 은밀히 조선을 정탐하고 돌아온 뒤 조선의 군비가 보잘 것 없으므로 정예병력 30개 대대만 동원해도 충분히 병탄할 수 있다고 큰소리쳤다. 하지만 당시 일본 지식인들이 모두 정한론에 매몰된 것은 아니었다. 요코야마 쇼타로滰山正太郞 같은 인물은 구 막부의 악폐가 메이지 정부에 옮겨져 대신들을 비롯한 대소관원들이 부귀영화를 누리면서 만민의 괴로운 실정을 외면하고 있다고 비판했다. 하지만 아무도 귀를 기울여주지 않자 그는 다음과 같은 '정한론 반대 건백서'를 쓰고 할복자살했다.

민간에서 조선 정벌론이 왕성하게 일어나는 이유는 필경 황국의 부진을 개탄하여 분격했기 때문이다. 하지만 군대를 일으키는 데는 명분과 의가 있어야 한다. 특히 해외의 일에서는 한번 명분을 잃어버리면 대승을 거둔다 해도 천하 만세의 비방을 면키 어렵다. …(중략)… 조선을 소국이라고 모욕하고 함부로 명분 없는 군대를 일으켰다가 차질을 빚게 되면 천하 억조에게 무엇이라고 말할 것인가. …(중략)… 자기를 속이고 남을 속이며, 나라를 가지고 희롱한다는 것은 바로 사다 하쿠보와 같은 자를 일컫는 것이다.

조선에서 반송한 서계를 둘러싸고 일본 내부의 논란이 극에 달한 상황에서 사이고 다카모리는 갑자기 고향 가고시마로 돌아가 한동안 모습을 드러내지 않았다. 1871년 7월, 중앙무대에 다시 등장한 사이고는 동지들과 함께 폐번치현 단행에 반발하는 사족들을 무력으로 억누르고 강력한 중앙집권체제 국가를 완성했다.

조선 정벌의 명분을 노리다

1871년 11월 이와쿠라 도모미를 대표로 하는 이른바 이와쿠라 사절단이 요코하마 항을 출발했다. 사절단은 메이지 정부 전체 관리의 절반에 가까운 고위관리 49명과, 여학생 5명을 포함한 58명의 유학생으로 구성되었다. 메이지 정부는 당시 재정수입의 2퍼센트에 해당하는 엄청난 비용을 사절단에 쏟아부었다. 그들은 유럽을 순회하면서 서양의 근대 과학지식과 실용적인 학문을 살피고 그들의 모든 것을 온전히 받아들이고자 했다. 특히 국가 주도로 산업발전을 이룬 독일에 주목했다. 독일의 재상 비스마르크Otto Eduard Leopold von Bismarck(1815~1898)는 일본의 대규모 사절단을 만난 자리에서 '약소국이 자주적으로 독립하고자 한다면 반드시 군사력을 증강해야 하고 우선 외무보다는 내무를 돌봐야 한다.'고 조언했다.

사절단은 1년 10개월 동안 구미 12개국을 돌며 100권에 달하는 견학 실록을 작성했다. 막강한 서구 열강의 실체를 파악하고 새로운 문명을 받아들이는 데 당시 일본이 얼마나 심혈을 기울였는지 알 수 있는 대목이다.

이와 같은 상황에서 국내에 남아 내정을 책임지게 된 사이고 다카모리는 징병령을 제정하여 군사력을 강화하는 한편 심복 벳푸 신스케를 조선에 밀파해 군사력을 탐색했다. 그때 벳푸는 조선인처럼 한복에 갓을 쓰고 조선을 두루 정탐하고 돌아온 뒤 조선의 군사력은 실로 보잘 것 없으므로 2, 3개 대대로 충분히 취할 수 있다고 큰소리쳤다.

1873년 부산 왜관의 일본공관에 주재하던 히로쓰 히로노부에게서 급보가 전해졌다. 동래부에서 공관 정문 앞에 일본은 무법지국이라는 내용의 반일전단을 게시했다는 것이다. 내각은 발끈하여 일본을 욕되게 한 조선에 당장 무력을 행사해야 한다고 분개했다.

사이고 다카모리는 군대파견보다는 먼저 사절을 보내 자초지종을 캐는 것이 먼저라면서 자신을 사절로 보내달라고 청했다. 만일 조선 조정이 자신을 죽이면 그 일을 빌미로 삼아 출병하라는 것이다. 다카모리의 비장한 정한론에 감동한 내각은 그를 조선에 파견하기로 하고 천황의 재가까지 받았다. 그런데 9월 중순 이와쿠라 사절단이 귀국하면서 정세가 일변했다.

일본에 도착하자마자 내각에 복귀한 뒤 정세를 파악한 오쿠보 도시미치는 강경파들의 무모한 정한 시도를 극력 반대했다. 그는 불확실한 군사행동보다는 일본의 내정개혁을 통한 선진화가 당면과제라고 주장했다. 먼저 국력을 단단히 다져놓고 다음 일을 도모해도 늦지 않다는 것이다. 그때부터 사절 파견을 재촉하는 사이고 다카모리 파와 사절 파견 연기를 주장하는 오쿠보 도시미치 파가 정면으로 충돌했다. 겉으로 볼 때는 조선 정벌 시기에 대한 이견이었지만 실상은 신정부의 주도권을 잡기 위한 권력 다툼이었다.

치열한 논쟁 와중에 사이고 다카모리는 아타가키 다이스케板垣退助 (1837~1919) 등의 군대 파견 주장을 대치하는 형식으로 사절 파견을 제시했다. 군대를 보내면 당연히 전쟁이 발생할 것이므로 자신이 조선에 가서 외교 관계를 정상화하겠다는 것이다. 태정대신 산조 사네토미에게 보낸 편지에 드러난 사이고의 생각은 예전과 달라진 바 없었다.

조선에 대해서는 우선 친목을 요구하는 것이 적절한 계략이다. 오늘날 조선이 오만불손해졌다고 해서 지금까지의 논리만을 주장하는 것은 천하의 조롱거리가 될 뿐 아무도 국가를 부흥시키는 일이라고 생각하지 않을 것이다.

라이벌 오쿠보, 내치를 완성하다

사이고 다카모리의 끈질긴 야망은 같은 사쓰마 번 출신의 동지였다가 정적으로 변신한 오쿠보 도시미치의 견제로 벽에 부딪쳤다. 그 와중에 다카모리를 지지하던 태정대신 산조 사네토미가 갑자기 병을 얻어 사임하자 메이지 천황은 이와쿠라 도모미에게 정무를 대행시켰다. 천황의 신임을 잃었다고 여긴 다카모리와 이타카키 다이스케, 에토 신페이, 고토 쇼지로, 소에지마 다네오미 등 이와쿠라 사절단에 포함되지 않았던 잔류파 5참의는 사직할 수밖에 없었다. 다카모리의 완벽한 패배였다.

그 결과 신정부의 실권자로서 참의 겸 내무경에 임명된 오쿠보 도시미치는 서양에서 배운 지식과 경륜을 내치에 쏟아붓기 시작했다. 그는 부국강병·식산흥업·문명개화라는 메이지 유신의 3대 목표를 실현하기 위해 획기적인 개혁정책을 실시했다.

일차적으로 그는 식산흥업계획에 따라 프랑스식 제사공장과 독일식 광산제련소, 영국식 군수공장을 도입했다. 또 최신식 기계를 도입하고 서양의 기술자들을 초빙했다. 당시 외국인 기술자들의 월급은 최고 2000엔이었는데 메이지 정부 고위관리의 세 배가 넘는 수준이었다. 당시 정부 지출의 5분의 1을 기업을 세우는데 투입했는데, 초기에는 정부가 직접 경영하여 사업이 안정되면 민간에 매각하는 방식으로 민간 기업의 발전을 도모했다. 그와 같은 정부의 지원에 힘입어 미쓰비시·미쓰이·스미토모 등이 비약적으로 성장했다.

일본의 문명개화는 의식주도 변화시켰다. 음력을 폐지하고 양력을 사용했다. 어류와 채소 위주의 식습관을 고치기 위해 메이지 천황부터 솔선수범하여 쇠고기를 먹고, 관리들은 서양식 예복 차림에 단발을 하도록 규정했다. 또 도쿄의 긴자에 서양식 거리를 조성하고 가로등을 밝혔으며 길 양편에 서양식 건물을 지었다. 큰길 중앙에는 철로가 깔리고 전차를 운행했다. 천지개벽이라 느껴질 정도로 오쿠보 도시미치는 일본의 면모를 완전히 바꾸어놓았다.

그와 같은 급진적인 개혁의 와중에 어처구니없는 일도 많이 벌어졌다. 성급한 서양화 정책에 고무된 일부 인사들은 영어를 공용화하고, 서양인들과 결혼하여 민족 자체를 개량하자는 주장까지 서슴지 않았다. 어쨌든 메이지 정부는 의도했던 식산흥업과 문명개화라는 목적을 달성함으로써 최고의 목표였던 부국강병이라는 결실을 얻었다.

조선의 빗장을 열어젖히다

일본을 서양식 국가 체계로 재편하고 일신한 국력을 바탕으로 군비를 확충한 오쿠보 정권은 드디어 오랫동안 묵혀두었던 정한의 기치를 높이 내걸었다. 조선은 그때까지 열강들의 사나운 개항 요구를 끈질기게 버텨내며 쇄국의 어둠속에 도사리고 있었다. 병인양요와 신미양요를 통해 조선의 역량을 과시했다지만 당시 일본의 시각으로 볼 때는 어설픈 몸부림에 지나지 않았다.

오쿠보 도시미치는 우선 3척의 군함을 조선으로 보내 부산항에서 함포 사격을 하며 조선의 반응을 떠보았다. 조선이 무기력한 태도를 보이자 1875년 5월에는 운요 호와 다이니테이보 호를 재차 파견했다. 그해 8월 운요 호는 서울의 관문인 강화도에 나타나 연안포대의 포격을 유발시켰고, 이 사건을 빌미삼아 일본은 조선에 강력한 개항 공세를 펼치기 시작했다. 1876년 1월, 구로다 기요타카黑田淸隆(1840~1900)와 이노우에 가오루井上馨(1836~1915)가 8척의 군함을 이끌고 부산항에 들어온 뒤 조선 조정에 사신을 보내 운요 호 사건의 평화적 해결과 통상수호조약 체결을 요구했다.

그 무렵 조선은 흥선대원군이 물러나고 고종이 정치 전면에 등장하면서 개항의 필요성을 깊이 인식하고 있었다. 이미 열강의 침탈에 시달리고 있던 청의 북양대신 리훙장李鴻章(1823~1901)도 조선 조정에 프랑스, 미국과의 국교를 수차례 권고하는 상황이었다. 한편 일본의 타이완 정벌 소식이 전해지면서 대일본정책의 전환을 촉구하는 분위기도 팽배했다.

이와 같은 상황에서 일본의 개항 요구가 전해지자 고종은 급히 시원임대신회의時原任大臣會議를 열어 대책을 토의했다. 영의정 이유원과 개화파의 거두인 우의정 박규수는 더 이상 외국의 통교를 거절하는 것은 국가의 이익에 도움이 되지 않는다고 간언했다. 반대의견도 많았지만 고종은 회담을 열기로 결정했고, 장소는 강화도로 정해졌다. 무력으로 적을 꺾을 자신이 없다면 외교를 통해 위기를 극복하고 그 틈에 부국강병을 꾀하는 수밖에 없었다. 일본이 메이지 유신을 통해 그 시범을 조선에게 보여준 바 있었다.

구로다와 이노우에는 고대하던 조선의 회답을 받자 기뻐하면서도 교섭의 결렬로 전투가 일어날 것에 대비해 본국에 육군의 증파를 요구한 다음 강화도로 향했다. 그들은 모리야마 시게루를 먼저 강화도에 보내 예비교섭을 진행하도록 했다. 그 결과 1876년 2월 27일 강화도 연무당에서 조선의 전권대신 신헌과 부관 윤자승, 일본의 특명전권판리대신 구로다 기요다카黑田淸隆와 부대신 이노우에 가오루井上馨 사이에 12조로 된 강화도조약(조일수호조규)이 체결되었다.

강화도조약은 조선과 청국의 전통적인 관계를 악화시키려는 일본의 속셈이 1조에 드러나 있다. '부록'과 '통상장정'을 통해 일본은 조차지의 설정, 관세권의 부인, 일본화폐의 유통, 해안 측량의 자유, 치외법권의 인정 등, 과거 일본이 미국에게 당했던 것과 비슷한 불평등 조약을 그대로 조선에 강요하여 통과시켰다. 일본으로서는 정한의 첫걸음이었고, 조선으로서는 미진하나마 근대화를 향한 열망의 첫걸음이었다.

일본은 강화도조약의 후속조치로 부산 이외에도 항구 두 곳의 개항과 사신 파견을 요구했다. 그리하여 1876년 4월 조선은 예조참의 김기수를 수신사로 파견했다. 사절단은 두 달 동안 메이지 천황과 정계의 실력자들을 두루 만나는 한편 근대화된 일본의 산업체와 군사 시설 등을 견학한 뒤 귀국했다. 그 뒤 조선은 1880년에 원산, 1883년에 인천을 차례로 개항했다. 그 무렵 가고시마에 칩거하고 있던 사이고 다카모리는 가고시마의 사학교 간부 시노하라 구니모토에게 보낸 편지에서 오쿠보 정권의 조선에 대한 군함외교를 비난했다.

저들을 멸시하고 발포했기 때문에 대응 포격에 이르렀다고 말하는 것은 이제까지 양국 간의 우의로 볼 때 실로 부끄러워해야 할 일입니다.

사이고는 신정부의 관료들이 정한론을 실천하고 있었음에도 불구하고 갑자기 도덕군자와 같은 목소리로 비판의 화살을 날린 것이다. 이는 그가 필생의 목표로 삼고 있던 정한론이 사실은 자신의 권력 유지를 위한 정치적 야심이었음을 스스로 자인한 꼴이었다.

정한의 화신, 불꽃처럼 지다

사이고 다카모리는 1874년의 권력투쟁에서 패배하고 낙향한 다음부터 내각에서 밀려난 사족들과 손잡고 가고시마 현 전역에 사학교를 창설했다. 그는 외국인 강사를 채용하고 청년인재들을 유럽에 유학시키는 등 적극적으로 서양 문물을 받아들이며 자신의 소신인 정한론 실천의 역량을 닦는데 주력했다. 전형적인 사무라이였던 그는 도요토미 히데요시가 남긴 계명처럼 울지 않는 새를 울게 하기 위해 자신의 모든 것을 쏟아부었다. 얼마 지나지 않아 사이고를 추종하는 사학교당은 오야마 쓰나요시 지사의 협력 아래 가고시마 현의 정치를 좌우하는 세력으로 성장했다.

1876년 3월 8일 오쿠보 내각은 폐도령, 8월 5일에는 금녹공채증서 발행조서를 선포해 무사가 칼을 차는 특권과 녹봉 지급을 금지하는 조치를 취했다. 전통적인 일본의 무사계급을 부정하는 조치였다. 그로 인해 10월 24일 구마모토 현에서 신푸렌의 난, 27일 후쿠오카 현에서 아키즈키의 난, 28일 야마구치 현에서 바키의 난이 연이어 일어났지만 모조리 진압되었다.

그 무렵 오쿠보 도시미치는 가고시마에서 형성된 사학교당의 움직임에 주목했다. 강경파인 사이고 다카모리의 존재는 여전히 입 안의 가시였던 것이다. 그는 내각 고문 기도 다카요시를 중심으로 하는 조슈 번벌의 제안에 따라 가고시마 현의 정치개혁안을 통과시켰다. 또 그의 지시에 따라 경시청의 가와지 도시요시 대총경은 사학교당의 정찰과 이간공작을 위해 나카하라 나오오 등 24명의 경리를 귀향 명분으로 가고시마에 파견했다.

한편 육군성의 조슈 번벌 대표자 야마가타 아리토모山縣有朋(1838~1922)와 사쓰마 번벌 대표자 오야마 이와오大山巖(1842~1916)는 가고시마 현에 있는 육군성 포병 창고에 있는 무기와 탄약, 장비를 오사카로 반출하기로 합의했다. 그 가운데 제일 중요한 것은 일본 육군의 주력 장비였던 최신식 스나이더 총의 탄약 제조설비였다. 가뜩이나 정부의 통제 조치에 분개하고 있던 사학교 학생들은 그 소식을 듣자마자 소모타(草牟田) 화약 창고를 습격하는 등 일전불사를 외치고 나섰다.

1877년 1월 30일, 사학교 간부 시노하라 구니모토, 고노 슈이치로, 다키 시치노조 등 7명은 경시청에서 파견한 나카하라 일행의 귀향 목적이 사이고 다카모리 암살이라는 사실을 알아냈다. 사이고가 직접 나카하라를 심문한 결과 가와지 대총경의 밀계가 낱낱이 드러났다. 마침내 분노한 사이고와 사학교 학생들은 중앙정부 문책의 기치를 내걸고 1만 3000여 명의 군대를 모아 일시에 구마모토 성을 점령해 버렸다. 메이지 시대 최대·최후의 반란으로 일컬어지는 세이난 전쟁이다.

사이고 다카모리의 거병 소식을 들은 고치 현(高知縣)의 하야시 유조 등 릿시샤(立志社) 일파가 합세하려 했지만, 낌새를 알아챈 정부군에 의해 일망타진되었다. 그해 4월 메이지 내각은 다루히토 친왕을 토벌대 대총독으로 삼고 전국에서 모집한 5만 명의 진대병鎭臺兵과 군함 11척을 구마모토 성으로 보냈다.

전쟁이 치열하게 전개되던 그해 5월, 메이지 유신의 동지였던 기도 다카요시는 45세의 나이로 숨을 거두었다. 그는 다카모리의 반란이 뚜렷한 명분에도 불구하고 부질없는 싸움이란 것을 잘 알고 있었다. 일본의 부국강병을 주도했던 사람이 앞장서서 그 바위에 계란을 던지고 있는 격이었다. 때문에 그는 죽어가면서 이렇게 소리쳤다.

"사이고. 이젠 그만두게.'

가고시마의 반란군은 그해 9월까지 끈질기게 저항했지만 이미 근

미국 할리우드에서 제작된 톰 크루즈 주연 영화 '라스트 사무라이'. 이 영화의 실제 모델이 사이고 다카모리이다. 메이지 시대 최대·최후의 반란 '세이난 전쟁'을 배경으로 했다.

대적인 장비를 갖추고 신식 훈련까지 받은 정부군을 이길 수는 없었다. 결국 일대 결전이었던 다바루자카(田原坂) 전투에서 대패하자 9월 24일 사이고 다카모리는 최후의 거점인 가고시마의 성산城山에서 할복자살로 생을 마감했다.

다카모리를 수령에 몰아넣었던 오쿠보 도시미치의 생애도 길지 않았다. 그는 이듬해인 1878년 5월 14일 아침 도쿄 한복판에서 이시카와 현 가나자와 출신의 시마다 이치로 등 6명의 무사에게 피습을 당해 목숨을 잃었다. 세이난 전쟁의 여파로 일본 최후의 사무라이와 사무라이 시대의 조종을 울렸던 동지들이 썰물처럼 사라져갔다.

조선인은 미개하고 포악하다

민주주의자와 제국주의자의 두 얼굴, 후쿠자와 유키치

근대 일본의 계몽주의자로서 민주주의 사상의 전파자, 합리주의자, 여성해방론자 등으로 추앙받는 후쿠자와 유키치福澤諭吉(1835~1901)는 메이지 시대에 정부 요인인 아닌 민간인으로써 가장 큰 영향력을 발휘했고, 서구 열강의 침탈 시기에 유신을 통한 신일본의 창조와 독립, 군비 강화를 가능하게 했던 일등공신이었다. 더군다나 그는 일본의 동아시아 패권주의를 정당화하는 탈아론脫亞論의 주창자이기도 하다.

야심가 이토 히로부미가 정계에서 대일본제국의 건설을 위해 매진했다면 후쿠자와 유키치는 학계와 교육계에서 그 야심을 뒷받침할 수 있는 굳건한 토대를 마련한 인물이다. 그는 수차례에 걸친 정부 관계자의 입각 요구를 거절하며 일본 사회 내부에 독자적인 지식층을 육성하는 것이 시급하다고 역설했다.

한 나라가 독립하려면 신체가 독립해야 하고, 신체가 독립하려면 배움이 가장 시급하다. 사람은 본래 빈부귀천의 차이가 없다. 열심히 배워서 사물을 잘 아는 사람이 귀인이고 부자가 될 것이며, 배우지 않으면 빈자

후쿠자와 유키치. 명문 게이오대학교를 설립한 근대 일본의 대표적인 계몽주의자. 민주주의 사상을 전파하고 여성해방을 외쳤다. 그러나 조선을 미개하고 포악한 야만국으로 규정하고 일본 식민지가 되는 것이 마땅하다고 주장한 제국주의자. 한국에도 그를 존경하는 사람들이 있지만, 뼛속 깊이 정한론자였다는 사실은 모른 체 한다.

이자 천인이 된다.

후쿠자와는 뛰어난 필치로 당대의 일본인에게 정한론을 바탕으로 한 아시아 침략 전쟁의 당위성을 세뇌시킨 반면 조선과 중국에 대해서는 노골적인 적대감을 표출했다. 실로 그는 일본의 펜으로 서양의 잉크를 찍어 동양에 사형선고를 내렸던 비정한 인물이다. 그럼에도 오늘날 한국의 일부 몰지각한 인사들은 그를 '근대화의 아버지'로 추켜세우고 있으니 한심한 노릇이다. 혹시라도 저승에서 후쿠자와가 그 광경을 보고 있다면 과거에 소설가 이광수가 자신의 무덤을 참배하면서 내뱉었던 말을 떠올리며 폭소를 터트리지 않을까.

하늘이 일본을 축복하셔서 이런 위인을 내리셨는가.

서양을 배워야 일본이 산다

후쿠자와 유키치는 1834년 1월 10일 오사카의 나카쓰 번(中津藩)의 하급무사 후쿠자와 야쿠스케(福澤百助)의 차남으로 태어났다. 장서가였던 야쿠스케는 희귀본인 명률(明律)의 《상유조례(上諭條例)》를 구입한 날 아들이 태어나자 몹시 기뻐하며 유키치(諭吉)라는 이름을 지어주었다.

두 살 때 아버지를 잃은 후쿠자와는 한학을 배우며 소년기를 보냈다. 그 무렵 나카쓰 번은 신분 차별이 심해서 하급무사의 자녀는 상급무사의 자녀와 어울릴 수 없었다.* 그로 인해 반항심을 품게 된 후쿠자와는 열두 살 때 신이 정말로 벌을 내리는지 알아보려고 신사에 있던 부적을 짓밟고, 화장실에 낙서를 하기도 했다. 이런 유년기의 기억은 그의 학문 활동에 많은 영향을 주었다.

1854년, 페리의 흑선이 에도만에 나타나 무력으로 개항을 요구했다는 소문이 들려왔다. 당시 스무 살 청년이었던 후쿠자와는 조국이 자칫하면 열강의 식민지가 될 것이라는 위기의식을 품었다. 그리하여 이듬해인 1855년 형과 함께 나가사키(長崎)로 가서 네덜란드어와 포술을 익혀 외세에 대항하고자 했다. 그러나 1년 뒤 형이 갑자기 죽자

---

* 에도 시대에 상급무사와 하급무사 사이에는 서열이 매우 많았다. 센다이 번은 34계급, 야마구치 번은 59계급이었다. 후쿠자와가 속한 규슈의 작은 번 나카쓰에는 100계급이 있었는데 하급무사는 상급무사와 마주치면 신발을 벗고 절을 해야 했다. 후쿠자와의 표현에 따르면 그 시대에 하급무사는 겸손한 일꾼 같았고 상급무사는 귀족적인 풍모에 교양 있고 세련된 신사 같았다. 막부 말기 하급무사들의 개혁의식이 높았던 것은 바로 그런 배경 때문이었다.

후쿠자와는 고향에서 가업을 이으라는 압박에 시달렸다. 하지만 후쿠자와는 미련 없이 가업을 포기하고 아버지가 남긴 장서를 팔아 유학 비용을 마련한 다음 오사카에 가서 오가타 코안緖方洪庵(1810~1863)에게 정식으로 난학蘭學*을 공부했다.

1858년 그는 나카쓰 번의 명을 받아 에도에 있는 나카쓰 번저에 난학숙을 열고 학생들을 가르쳤다. 1859년 요코하마〔橫浜〕에서 외국인들과 교류하며 영어의 중요성을 깨닫고 영학으로 과감하게 진로를 바꾸었다. 훗날 후쿠자와는 그때의 상황을 몇 년 동안 수영을 배워 간신히 헤엄칠 수 있게 되자 수영을 포기하고 나무타기를 하는 것과 마찬가지였다고 술회했다. 하지만 그 선택은 매우 현명한 것이었다. 메이지 유신 이전에 그는 막부의 명으로 세 차례 외국을 순방하면서 그때 배운 영어를 매우 유용하게 사용했다.

일본 최초의 계몽사상가

후쿠자와 유키치는 1860년 막부의 견미사절단 수행단을 태운 간린마루〔咸臨丸〕 호 선장 가쓰 가이슈의 시종 신분으로 미국을 여행했고, 1862년에는 견구사절단의 정식 일원이 되어 프랑스·영국·네덜란드·

---

* 일본의 난학은 1649년부터 2년 동안 일본에 체류했던 네덜란드 의사 카스파르 샴베르거에 의해 싹텄다. 1720년부터는 서양의 많은 책들이 출간되었는데 특히 1774년 스기타 겐파쿠가 네덜란드 해부학서를 번역한《해체신서解體新書》, 1798년 유럽의 고전물리학을 번역한《역상신서曆象新書》가 주목을 끌었다. 18세기 중엽 이후 일본의 난학서는 일본인이 골라 번역한 책이었다. 그 후 1823년부터 6년간 일본에 머물렀던 의사 폰 지볼트는 1824년 나루타키숙(鳴瀧塾)을 열고 막부에서 보낸 50명의 학생을 가르쳤다. 그때부터 일본에서는 박물학 분야를 중심으로 유럽 학문을 폭넓게 다루는 난학자 집단이 생겨났다. 개항 이후 일본의 지식인들은 기존의 난학에서 유럽 문화를 쉽게 흡수할 수 있는 영학으로 재빨리 방향을 전환했다.

독일·러시아·포르투갈 등 유럽 각국을 두루 순방했다. 당시 그는 같은 유럽 국가인데도 징병제나 선거법 등이 제각각인 것을 알고 몹시 놀랐다. 또 일본에서는 전혀 시행되지 않았던 우편법, 병원 관리방법 등 각종 사회제도를 이해하기 위해 무진 애를 써야 했다. 그의 눈에 비친 유럽 정치인들의 태도도 기이하기 짝이 없었다. 그들은 의회 내에서 두 당파로 갈려 서로 잡아먹을 듯이 싸우다가도 밖에 나오면 언제 그랬냐는 듯이 함께 웃고 떠들었다. 후쿠자와는 그와 같은 서양의 모든 정황을 예의 관찰하고 나서 다음과 같은 결론에 도달했다.

> 예로부터 동양에는 유형의 것으로 수리학, 무형의 것으로 독립심 이 두 가지가 없었다. 정치가가 국사를 처리하는 것도 실업가가 상거래와 공업에 종사하는 것도 국민에게 보국할 생각이 많고, 가족이 단란한 정으로 충만한 것도 그 유래를 따져보면 그 근본을 알 수 있다. 인간만사는 수리를 빼놓고는 논할 수 없으며 독립 외에는 의지할 곳이 없다는 소중한 진리를 그 동안 우리 일본에서는 좌시하고 있었다.

그는 세계사적 전환기에 일본의 국체를 온전하게 지킬 수 있는 방책이 무엇인가를 심각하게 고민했다. 일본이 강력한 서양 세력의 공세를 무력화시키기 위해서는 보다 강한 군사력과 경제력을 쌓아야만 했다. 하지만 그것은 일본 국민의 고답적인 사고방식을 바꾸어야만 가능한 것이었다. 그와 같은 상황을 직시한 후쿠자와는 1866년 출간된《서양사정》을 통해 서양 각국의 역사와 문물, 제도의 우수성을 소개함으로써 일본인의 대오각성을 촉구했다. 1867년에는 막부 최후의 견미사절단에 참여하여 미국에 다녀왔다. 귀국하자마자 그는 당국의 허가 없이 대량의 서적을 사온 죄로 3개월의 근신처분을 받기도 했다.

1868년 4월 후쿠자와는 나카쓰 번에 있는 난학숙을 개편하여 게이오의숙(慶應義塾)을 열고 사농공상의 차별 없이 양학에 뜻을 품은 사람이라면 누구라도 받아들이겠다고 선언했다. 현재 와세다대학(早稻田大學)과 함께 일본 최고의 사학으로 인정받는 게이오대학의 출발이었다. 그처럼 후쿠자와는 청년 교육에 심혈을 기울이면서, 동시에 문명개화와 독립자존을 부르짖는 수많은 저서들을 써서 일본인의 의식혁명에 전력을 기울였다.

일본인에게 서양세계를 알리는 입문서 역할을 한 《서양사정》은 서양 각국의 역사, 제도, 문물을 소개하면서 일본인의 각성을 촉구했다.

인간에게 각각의 신분이 있는 이상, 그 신분에 어울리는 재능과 인격을 갖추기 위해 노력해야 한다. 재능과 인격을 배양하려면 우선 사물의 이치를 깨달아야 하는데 그러려면 가장 먼저 책을 읽는 능력을 터득해야 한다. 학문의 중요성이 바로 여기에 있다.

1871년 후쿠자와 유키치는 메이지 신정부의 폐번치현 조치를 적극적으로 환영하면서 오바타 아츠시지로小幡篤次郎(1843~1905)*와 함께 쓴 《학문의 권장》을 통해 일본인이 서양의 선진문명을 배워 하루빨리 일신 독립, 일국 독립을 성취해야 한다고 주장했다. 이 책의 초반

---

* 오바타 아츠시지로는 1887년《소학역사》를 써서 일본사를 미화시킨 인물이다.

부에서 그는 '하늘은 사람 위의 사람을 만들지 않고, 사람 아래의 사람을 만들지 않는다.'*란 말을 통해 사람은 태어나면서부터 평등하며, 사람의 가치는 학문이 있고 없음에 따라 결정된다는 점을 전제하고, 일본이 문명이 발달한 열강에 맞서기 위해서는 한 사람 한 사람이 뚜렷한 독립심을 가져야 한다고 역설했다. 그의 대표적인 명언으로 알려진 '독립자존'은 이렇게 탄생했다.

후쿠자와는 이 책에서 또 개인과 국가의 자주 독립을 위해서는 서양 문명의 도입이 급선무라고 강조하면서 우선 일본에 영국의 입헌정치제도를 받아들이자고 제안했다. 그러면서 회계학의 기초가 되는 복식부기와 근대 보험 제도를 일본에 소개하기도 했다. 이 책은 독자의 열광적인 호응을 얻어 1876년까지 340만 권이 팔린 초베스트셀러가 되었다.

1873년, 그는 양학자들의 모임인 메이로쿠샤(明六社)에 참여하여 〈메이로쿠잡지〉 등을 발간하며 일본의 문명개화를 촉구했다. 그렇게 적극적인 계몽활동을 통해 후쿠자와 유키치는 일본의 대표적인 계몽사상가이며 민주주의의 선구자라는 명성을 얻었다.

일본의 볼테르

1875년, 후쿠자와 유키치는 자신이 일관되게 부르짖었던 일신 독립의 이상을 갑자기 포기하고, 지금은 정부와 국민이 오직 자유를 향해 함께 나아가야 할 때라고 선언했다. 메이지 내각이 추진하고 있던 타

---

* 天不生 人上之人, 地不生 人下之人

이완 정벌, 그해 9월 조선에서 벌어진 강화도 사건 등을 바라보면서 마침내 정한의 시기가 다가왔다고 판단한 것이다.

이제는 일본인을 계몽하는 것보다 국가적인 목표를 향해 일사불란한 조직을 갖추는 것이 더 중하다고 생각한 유쿠자와는 일본인에게 자유 대신 신앙을 내밀었다. 그는 100편이 넘는 논고를 통해 하층민을 위한 종교를 역설함으로써 신앙으로 자유를 상쇄하려는 태도를 취했다.

그 무렵 완성한 《문명론 개략》에서 후쿠자와 유키치는 일본의 독립 확보를 지상에서 가장 우선해야 할 민족적 과제로 설정하고, 그것을 위해 재물이나 목숨을 아끼지 말아야 한다고 주장했다. 그와 함께 '일국 독립'이란 하나의 조건에 지나지 않는다고 전제함으로써 서서히 무르익어가는 일본의 패권주의에 힘을 실어주었다.

메이지 초기 일본 문명 개화의 성전으로 평가받는 동시에 그를 '일본의 볼테르'로 불리게 했던 《문명론 개략》에서 일본 문명의 정체성은 권력의 편중에 기인한다고 전제하고 서양 문명과의 자유로운 교류와 경합을 통해 일본을 발전시켜야 한다고 역설했다. 이 책 출간 당시 후쿠자와는 조선을 일본이나 중국과 비슷한 반개화 국가로 평가했지만, 그해 10월에 발표한 글에서는 일본과 엄청난 격차가 있는 야만국으로 폄하했다.

이처럼 그의 논지가 급선회한 것은 바야흐로 조선의 개항이 임박한 시점에서 일본인의 정복 욕구와 투쟁심을 자극하려 했던 것으로 보인다. 오쿠보 도시미치의 성향과 마찬가지로 후쿠자와 역시 사이고 다카모리의 정한론에 비판적인 태도를 취하는 척하면서도 호시탐탐 조선의 허점을 노리고 있었다.

야만국 조선은 일본의 속국이 되는 것을 기뻐해야 한다

1876년 2월 27일, 조일수호조규, 일명 강화도 조약이 체결되자 후쿠자와 유키치는 일본이 벌써 조선을 정복이라도 한 것처럼 좋아했다. 그러면서 조선인을 완고한 고집쟁이라고 표현하고 그 동안의 쇄국이 과거 개항 이전의 일본을 보는 것 같다며 조소했다. 1878년에 쓴 《통속국권론》에서 후쿠자와는 드디어 조상 대대로 면면히 이어져 내려온 침략자의 근성을 여지없이 드러냈다.

> 진구황후의 삼한 정벌이 1700년 전이고, 도요토미 히데요시의 출사도 300여 년이 지났지만 일본인은 아직 그것을 잊지 못한다.

청년 시절 미국과 유럽을 섭렵하면서 합리적인 사고방식을 갖게 된 그가 과거 애국주의에 매몰된 국학자와 극렬 정한론자인 요시다 쇼인 등의 주장을 고스란히 원용한 것은 실로 놀라운 일이다. 이미 따뜻하고 다정한 인도주의자로서의 후쿠자와 유키치는 사라지고 없었다. 그는 일본의 안전을 위해서는 정한이 필수적이라며 내각의 조속한 정책 결정을 독촉했다. 1881년 간행된 《시사소언時事小言》에서 그는 중국과 조선이 서구 열강의 손에 떨어지면 일본의 독립도 위험하다며 아시아 동방의 보호는 일본의 책임이라고 주장했다. 이른바 아시아 맹주론이었다.

1882년 7월 23일, 조선에서 임오군란이 일어났다. 구식 군인들은 선혜청 당상 민겸호 등 일부 관리들을 처단하고 일본공사관을 습격해 군사교관 호리모토 레이조 소위를 비롯해 13명의 일본인을 죽였다.

그러자 일본은 조선 정부에 사건의 책임을 추궁하면서 주모자 처벌과 50만 원의 배상금, 공사관 경비를 위한 일본군 주둔 등을 골자로 한 제물포조약을 강요했다.

후쿠자와 유키치는 그해 창간한 일간지 지지신보時事新報 기고를 통해 조선인이 일본의 상징인 일장기를 욕보인 것을 용서할 수 없다며 당장 군사행동을 취해야 한다고 목소리를 높였다. 그 과정에서 청국과 분란이 생기면 시비곡직은 성하의 맹*으로 결정하고, 군란 평정 후 하나부사 공사를 조선의 국무감독관으로 겸임시킴으로써 만기를 총괄하게 하자는 등의 구체적인 프로그램까지 제시했다.

그랬던 후쿠자와 유키치는 개화승 이동인을 통해 김옥균·박영효·유길준 등 조선 귀족 출신의 개화파 인사들과 만나면서 그 동안의 무력 개입 주장을 철회했다. 조선의 독립과 근대화를 지상명제로 삼고 있는 이들 열혈 청년들을 잘만 활용한다면 일본은 커다란 희생 없이 조선을 집어삼킬 수 있으리라는 계산이었다.

정한의 새로운 방법론을 착안한 후쿠자와 유키치는 임오군란의 사죄사로 일본에 온 박영효를 적극적으로 포섭하고 후원을 아끼지 않았다. 당시 그는 자신의 제자인 우시바 다쿠조와 신문기술자 이노우에 가쿠로를 동행시켜 조선 최초의 근대신문인 한성순보를 발행하게 하는 등 조선 개화파의 후견인을 자처했다. 1881년에는 유길준을 게이

---

* 성하지맹城下之盟은 《춘추좌씨전春秋左氏傳》 환공 12년조桓公十二年條에 나온다. 춘추시대 초楚나라가 교絞를 침략하여 성 남문에 진을 치고 있을 때, 초의 굴하屈瑕는 나무꾼들에게 호위병을 붙여 내보내 유인했다. 처음에 30명의 나무꾼을 산 속으로 내보내자 교의 군사들이 그들을 추격하여 모두 잡아갔다. 다음날 더 많은 수의 인원을 산으로 내보내자 교의 많은 군사들이 성문을 열고 나와 나무꾼을 추격했다. 그 틈에 산 아래 매복하고 있던 초의 군사들이 북문을 점령하여 교의 군사들을 패배시켰다. 그리하여 초나라는 교의 성문 아래서 항복과 함께 충성의 맹세를 받고 철수했다. 후쿠자와 유키치의 진의는 일본도 초나라가 그랬던 것처럼 청을 속여 조선을 고스란히 삼키자는 것이었다.

오의숙에 입학시켜 자신의 제자로 삼았다.

과연 후쿠자와 유키치의 의도는 적중해서 김옥균·서광범·박영효 등 급진 개화파들은 고종의 적극적인 지지 속에 일본의 근대화를 모델로 조선의 개화에 박차를 가했다. 하지만 그들은 명성황후와 민씨 일문으로 대표되는 온건 개화파의 견제를 받게 되자 자신들의 야망이 무산될 것을 두려워한 나머지 정적들을 살해하려는 무모한 계획을 세웠다. 그 와중에 김옥균이 일본에 요청한 50만 원의 차관 건이 무산되자 극단적인 위기의식을 품게 되었다. 결국 그들은 1884년 12월 돌연 갑신정변을 일으켜 파국을 자초했고, 조선은 자주적인 근대화의 흐름이 단절되는 불행한 상황을 맞게 되었다.

1883년 말 갑신정변 이전에 촬영한 개화파들. 그러나 이들은 개화 방법론에 이견을 보여 갈라서게 된다. 사진첩을 든 이는 서광범, 가운데가 민영익, 맨 왼쪽이 홍영식, 뒷줄 가운데가 유길준이다.

제국주의자의 진면목을 드러내다

조선에서 열혈 개화파 청년들이 도모한 갑신정변이 청군의 개입으로 실패하자 후쿠자와 유키치는 지지신보를 통해 일본의 무력 개입을 강력히 촉구했다.

> 조선은 미개하기 때문에 우리가 이들을 이끌어주어야 하며, 그 백성들은 완고하기 짝이 없으므로 무력을 사용해서라도 진보를 도와주어야 한다.

그의 호전적인 논조에 깜짝 놀란 메이지 정부는 국제적인 물의를 우려하여 신문의 발행을 정지시켰다. 하지만 정지처분이 풀리기가 무섭게 후쿠자와는 예의 독설을 뿜어냈다. 이미 이성을 잃은 그는 역사지리적으로 긴밀했던 조선과 중국을 닥치는 대로 깔아뭉갰고, 거기에 지독한 민족적 멸시관까지 보탰다.

> 조선인은 미개한 백성으로 매우 완고하고 오만하며 포악하다. 게다가 무기력하고 안목이 부족하므로, 조선 백성들의 이해득실을 논한다면 멸망, 즉 러시아나 영국의 백성이 되는 것이 행복일 것이다. 중국인은 겁이 많고 나약하며 비굴하고 무례하면서 거지 같다.

이윽고 후쿠자와 유키치는 1885년 3월 16일자 사설을 통해 중국과 조선과의 절교를 선언하는 '탈아론脱亞論'을 발표했다. 이 글에서 후쿠자와는 서양에서 태동한 과학기술혁명을 받아들이는 것이 근대 문명사회에서 살아남는 필수조건이라고 전제하면서 자신의 논지를 풀어나갔다.

근대 문명은 독감과도 같다. 독감을 물가에서 막을 수 있을까. 나는 막을 수 없다고 단언한다. 백 가지 해로움이 있고 하나의 이익도 없는 독감도 한 번 생겨 버리면 막을 수 없다. 그것이 이익과 불이익을 동반하지만 항상 이익이 많은 근대 문명을 어떻게 물가에서 막을 수 있다는 것인가. 근대 문명의 유입을 막는 것보다는 그 유행과 감염을 재촉하면서 국민에게 면역을 주는 것이 지식인의 의무이다.

이어서 그는 페리 제독의 내항 이후 자각한 일본인의 앞길을 막은 것은 막부 체제였지만, 정의로운 무사집단이 황실의 권위를 내세워 그들을 무너뜨리고 메이지 신정부를 세웠기 때문에 독립을 쟁취할 수 있었다고 진단했다. 일본이 근대 문명을 받아들이게 된 것은 아시아에서 서양으로 과감히 눈을 돌렸기 때문이므로, 국토는 비록 아시아에 있지만 정신은 서양과 하등 다르지 않다는 것이다. 그러면서 후쿠자와는 그 동안 아시아의 중심국가로 병립했던 중국과 조선의 태도에 대해 커다란 실망감을 토로했다.

일본의 불행은 근린제국으로 중국이며 조선이다. 이 두 나라의 사람들도 일본인과 같이 한자문화권에 속해 같은 고전을 공유하고 있지만 원래 인종적으로 차이가 나는지 아니면 교육에 차이가 있는지, 두 나라와 일본과의 정신적 격차는 너무 크다. 정보가 이 정도로 빨리 왕래하는 시대에서 근대 문명이나 국제법에 대해 알면서도 과거에 계속 구애받는 중국과 조선의 정신은 1000년 전과 다르지 않다. 이 근대 문명의 경쟁 시대에 교육이라면 유교를 말하는데 겉핥기 지식이며, 현실적으로 과학적 진리를 경시하는 태도뿐만 아니라 도덕적인 퇴폐도 가져오고 있다. 예를 들면 국제적인 분쟁의 장면에서도 나쁜 것은 너희들 쪽이라고 정색하면서 부끄러워하지도 않는다.

중국과 조선의 고답적인 사고방식을 비판한 후쿠지와 유키치는 두 나라에 개혁적인 인물이 나타나 일본처럼 메이지 유신과 같은 정치개혁을 달성하면서 위로부터 근대화를 추진할 수 있다면 독립이 가능하겠지만 이미 상황은 늦었다고 단언했다. 이제 그들 앞에는 열강의 무력에 의한 망국과 국토의 분할, 분단 등이 예정되어 있다는 것이다. 그리하여 일본이 열강들에게 두 나라와 같은 비슷한 부류로 간주될 위험을 피하기 위해 과감히 그들을 버려야 한다는 결론에 도달하고 있다.

일본은 대륙이나 반도와의 관계를 끊고 선진국과 함께 나아가지 않으면 안 된다. 다만 이웃이라는 이유만으로 특별한 감정을 가지고 접해서는 안 된다. 두 나라에 대해서도 국제적인 상식에 따라 국제법에 준거하여 접하면 좋다. 나쁜 친구의 악행을 놓치는 사람은 모두 악명을 피할 수 없다. 나는 진심으로 동아시아의 나쁜 친구와 절교하는 것이다.

그처럼 일본이 서양 제국과 동조하여 아시아 분할에 참가해야 한다고 제안한 그의 주장은 일본의 양심적인 지식인들에게 커다란 충격을 주었다. 외무성에 근무하다가 그 무렵 오사카 북교회 초대 목사로 재직 중이던 요시오카 고키吉岡弘毅는 일본 제국을 강도 국가로 변모시키는 그의 논리는 구원받을 수 없는 재앙을 장래까지 남길 것이라고 맹비난했다. 하지만 이미 허물을 벗어버린 후쿠자와 유키치의 독설을 막을 수 있는 사람은 아무도 없었다.

청일전쟁의 환호와 좌절

1887년 1월, 후쿠자와 유키치는 지지신보에 일본을 지키는 방위선으로 조선을 이용해야 한다는 논설을 발표했다. 이는 제국주의의 돌격대장 야마가타 아리토모가 1890년 제1회 제국의회에서 '조선이야말로 일본의 이익선'이라면서 군비확장을 요구했던 시기보다 3년이 앞선 것이었다.

1894년 7월 청일전쟁이 발발하자 지지신보는 '국민의 전쟁'임을 역설, 전쟁 의연금을 모집하고 전장에 특파원을 파견했으며 수시로 호외를 발행하여 일본 내에 전승 분위기를 고양시켰다. 일본군이 아산 전투에서 청군을 격퇴하자 리훙장을 조롱하는 만화를 게재하고 그의 무능과 무지가 오늘의 사태를 불러왔다고 평가하기도 했다. 후쿠자와 유키치는 신문을 통해 일본 내의 반청감정을 극단적으로 고조시켰다.

그해 11월 일본이 뤼순과 펑톈 등지를 함락시키면서 청일전쟁의 승리가 가시화되자 그는 감격에 겨운 나머지 목놓아 울었다. 그것은 과거 민중의 자유를 외쳤던 민주주의자 후쿠자와 유키치가 아니라 극렬 제국주의자로서의 본색, 바로 그것이었다.

1894년 청일전쟁 때 지금의 마포 공덕동에 위치한 창고 만리창에 도착한 일본군. 후쿠자와 유키치는 일본을 지키는 방위선으로 조선을 이용해야 한다는 논설을 발표하고, 청일전쟁을 국민의 전쟁이라고 역설했다.

1895년 1월 히로시마에 청국 강화사절이 도착하면서 시작된 휴전 협상이 4월 17일 시모노세키 조약으로 일단락되자 후쿠자와 유키치는 지지신보 8월 13일자 사설에서 '조선 인민을 위해서 그 나라의 멸망을 축하한다.'라는 자극적인 제호 아래 '조선은 득의양양하게 마음껏 욕구를 채우고도 지칠 줄 모르는 지나(중국) 남자에게 아양을 떠는 성적으로 방종한 여자'라고 야유했다.

이어서 그는 일본이 아시아와 순치보거脣齒輔車 관계로 연대하는 것은 공상이라고 일축하고, 청일전쟁을 문명과 야만의 전쟁이라고 정의했다. 현대 사회에서는 문명을 개진할 구실이 있으면 다른 나라의 실권을 장악하는 것은 당연한 조치로 결코 내정간섭에 해당하지 않는다는 망언도 거리낌 없이 토해냈다. 그처럼 전쟁의 막후에서 날카로운 펜을 휘둘러 아시아를 오염시키는 데 분주했던 후쿠자와는 종전 뒤에 다음과 같은 환호작약의 감탄사를 늘어놓았다.

이번 전쟁은 일대 쾌사였다. 오래 살고 보니 이러한 황극을 볼 수 있었다. 나는 장년기부터 양학을 시작하여 매우 어려운 지경에 처한 적도 많았지만 세상의 평판에 구애받지 않고 내 멋대로 말하면서 옛날 학자들의 무용함을 주장하기도 하고, 입국의 대본은 서양의 문명주의에 있다고 떠들었던 것도 나름 기대하는 바가 있었기 때문이다. 그러나 생전에는 결코 실현되지 못할 것으로 여겼는데, 지금 눈앞에서 그 일이 이루어졌다. 이제 곧 중국과 조선이 우리 문명에 포섭되려 하고 있으니, 실로 즐거운 망외의 일이다.

하지만 이런 후쿠자와 유키치의 환희는 러시아가 주도한 삼국 간섭으로 인해 반감되고 말았다. 당시 중국 대륙에서 경쟁하고 있던 독일과 러시아, 프랑스 3국은 일본의 랴오둥반도 영유는 조선의 독립을 유명무실하게 만들고 극동의 평화에 장애가 된다는 이유로 무조건 퇴거를 종용했다. 그때까지 열강에 대한 공포가 살아있던 일본은 영국과 미국의 지원을 받아 저항했지만 결국 눈물을 머금고 군대를 철수시킬 수밖에 없었다.

조선을 내일의 발판으로 삼자

삼국 간섭으로 일본을 만주에서 축출한 뒤 러시아는 요동의 뤼순과 다롄을 1898년부터 25년간 조차함으로써 숙원이었던 부동항을 갖게 되었고, 하얼빈과 뤼순 항을 연결하는 둥칭 철도부설권을 얻었다. 프랑스는 옌안·광시·광둥으로 영향력을 확대하면서 윈난 철도부설권을 얻었다. 독일은 칭다오를 위시한 산둥지역을 확보하고 자오저우 만의 자오지 철도부설권을 얻었다. 영국은 또 1898년 웨이하이를 점령했다. 일본이 차려준 밥상을 제국주의 열강들이 맛있게 나누어먹는 형국이 전개되었던 것이다.

그럼에도 청일전쟁의 승리는 일본이 개국 이후 추진했던 근대화의 멋진 성적표였다. 그것은 동양에 청을 대신할 새로운 세력이 등장했다는 것을 국제사회에 선포한 이정표와 같은 사건이었다. 일본은 삼국 간섭으로 애써 얻은 만주를 포기해야 했지만 청으로부터 받은 엄청난 전쟁배상금으로 자국의 경제를 일신했고, 타이완과 조선에 대한 주도적 권리를 승인받기에 이르렀다. 후쿠자와 유키치는 그때부터 조선을 확고부동한 일본의 이익선으로 고착시키기 위해 또 다른 궤변을 늘어놓았다.

> 조선은 썩은 유학자들의 소굴로, 국민은 노예처럼 살고 있다. 그들은 소나 말, 돼지, 개와 다르지 않다. 조선국은 사지가 마비되어 스스로는 움직일 능력이 없는 환자와 같다. 그들의 무지몽매함은 남양의 토인에게 뒤지지 않는다.

그는 또 조선에 진주한 일본군의 행패에 대하여 본래 조선인이 연약하고 파렴치하기 때문이라고 비호했고, 동학농민운동에 참여한 백성들을 오합지졸이라고 폄하하면서 무력 진압을 부추겼다. 자국의 이익을 위해 타 민족을 비하하는 그의 변설은 훗날 아시아 전역을 피로 물들였던 군국주의자들의 표상 그 자체였다.

인생의 막바지에 이른 1899년, 후쿠자와 유키치는 지지신보사에서 간행한 자서전《복옹자전》을 통해 메이지 유신으로 봉건적 특권들을 폐지한 일, 청일전쟁을 통해 일본이 열강 대열에 끼게 된 일 등이 자신의 삶을 완성시켰다고 회고했다. 아쉬운 점이 있다면 자신의 많은 친구들이 그와 같은 일본의 영광을 보지 못하고 먼저 죽은 것이라고 밝혔다. 그처럼 민주주의자와 제국주의자의 두 얼굴로 일세를 풍미했던 그는 1901년 2월 3일 그토록 염원하던 조선 병합을 목도하지 못한 채 66세를 일기로 세상을 떠났다.

식민은 문명의 전파이다

무사도를 일본 정신으로 미화시킨 니토베 이나조

일본의 태양은 반도왕국에서 가라앉으면 떠오르고, 그곳에서 떠오르면 또 가라앉는다. 언젠가 역사가들은 일본의 조선에 대한 계획을 흥망성 쇠의 지표로 볼 것이다. 가장 현저하지만 어중간한 정복 시도는 이미 토요토미가 행한 바 있다. 그 이후 일본은 반도에 손을 댈 수가 없었지만 동면 중이었을 때조차 조선이 속국이었다는 점을 결코 잊지 않았다. 기억이 집요한 것은 일본인의 특성이라고 불러도 좋다. 일단 우리에게 가해진 악행과 모욕은 몇십 년 몇백 년이라도 머무르며 가슴을 들쑤시기 때문이다.

이 글은 일본에서 석학 대접을 받는 니토베 이나조新渡戸稲造(1862~1933)가 쓴 《조선 문제》의 한 대목이다. 그는 일본과 한국의 관계를 한쪽이 성하면 한쪽이 쇠하는 불편한 라이벌 관계로 상정하면서 도요토미 히데요시의 조선 침략이 비록 실패했지만 일본인은 언제라도 그때의 한을 풀어내야 한다고 주장하고 있다. 이어서 골수 정한론자 요시다 쇼인이 그랬던 것처럼 진구황후의 삼한 정벌과 임나일본부설을 기정사

니토베 이나조. 일본 최고의 석학이자 독실한 기독교도로 국제연맹 사무차장을 역임했다. 그러나 주변국을 미개한 족속으로 매도하고, 식민을 문명의 전파라고 주장하는 등 동아시아인 입장에서는 곡학아세를 일삼은 지식인의 전형이다.

실화하고, 조선에서 일본에 파견한 통신사의 의미까지 변질시키고 있다. 그의 궤변은 뒤에도 계속 이어진다.

> 고대에 반도에서의 모험이 성공이라고 할 수는 없지만 일본의 입장은 일단 훌륭하게 확립되었다. 1811년 이후 조선이 정기적인 조공을 끊은 것은 도전적인 행위다. 그래서 1870년대 초 국내사정이 대략 안정되자 일본의 무사들은 남아있는 원기와 자긍심으로 조선을 징계하자는 의견을 내비쳤다. 조선이 조공을 게을리 한 죄를 물어야 한다는 것이다. 비록 조선에서 거둘 수 있는 공물이 소소하다 할지라도, 그것을 통해 그들이 일본의 종주권을 인정하고 있다는 증거를 삼을 수 있다.

시종일관 현학적인 태도로 메이지 초기 발현된 정한론의 당위성을 설파함으로써 일본인에게 비뚤어진 한국관을 심어준 인물이 바로 니토베 이나조이다. 메이지 유신 이후 확산되고 있던 정한론을 뒷받침하기 위해 일본의 지식인들이 얼마나 곡학아세曲學阿世에 골몰했는지 알 수 있다.

소년들이여, 야망을 가져라

니토베 이나조는 일본 메이지 시대와 다이쇼 시대에 걸쳐 활동했던 사상가이자 기독교인·농업경제학자·작가·교육가·외교가·정치가로 도쿄여자대학의 초대학장을 지냈고 말년에 국제연맹 사무차장을 역임했던 일본 최고의 지식인이다. 1862년 9월 1일 무츠 번(현재 이와테 현)의 모리오카에서 태어나 4세 때 아버지를 잃고 편모슬하에서 자랐다. 9세 때 숙부의 양자로 들어간 그는 할아버지의 후원으로 에도의 지쿠지 외인 영어학교와 교칸의숙, 도쿄 영학교 등에서 공부했다.

그 시기 일본에서는 메이지 정부의 문명개화정책으로 영어 교육이 유행했다. 15세 때 홋카이도로 건너간 니토베는 정부의 전폭적인 후원으로 미국인 윌리엄 클라크William Smith Clark(1826~1886)가 설립한 삿포로농학교에 입학했다. 클라크는 오늘날까지도 교육계에서 자주 인용되는 'Boys, be ambitious.(소년들이여, 야망을 가져라.)'*란 명언을 남긴

---

* 이 말은 클라크가 1877년 4월 16일 귀국하면서 배웅 나온 10여 명의 학생들에게 해주었다고 한다. 삿포로의 구 현청에 걸려있는 클라크의 발언 전문은 다음과 같다. 'Boys, be ambitious. Be ambitious not for money or for selfish aggrandizement, not for that evanescent thing which men call fame. Be ambitious for that attainment of all that a man ought to be.'('소년들이여, 야망을 가져라. 돈이나 자기

바로 그 사람이다.

당시 세계적인 식물학자로 매사추세츠 공대에 봉직하던 클라크는 일본 정부의 초빙으로 삿포로농학교에 부임하자 학생들 스스로 양심에 따라 자발적인 행동을 하는 인성교육을 행했으며 성서를 바탕으로 한 윤리교육에 매진했다. 실제로 그가 학교에 머문 기간은 8개월여에 불과했지만 학생들에게 끼친 영향은 절대적이었다. 니토베 역시 그의 열성에 감화되어 기독교에 입문했다.

그 무렵 니토베의 생활은 몹시 어려워서 학비를 제대로 내지 못했다. 그런데 어느 날 그는 학교식당 벽에 붙어있는 학비체납자 명단에 자신의 이름이 있는 것을 발견하고 여러 학생들이 보는 앞에서 그 명단을 떼어 찢어 버렸다. 그 일로 니토베는 퇴학의 위기를 맞았지만 친구들의 필사적인 탄원으로 위기를 넘겼다. 당시 그와 가장 가까웠던 친구는 일본 무교회주의(기독교 믿음과 신학의 근거는 눈에 보이는 교회와 전통이 아니라 성서라는 복음주의 사상) 운동의 선구자였던 우치무라 간조内村鑑三(1861~1930)였다.

1882년 삿포로농학교를 졸업한 니토베 이나조는 농상무성의 관리로 일하면서 모교에서 교편을 잡았다. 1884년에는 미국으로 건너가 메릴랜드 주 볼티모어에 있는 존스홉킨스대学에서 경제학과 사학, 문학을 공부하면서 퀘이커 교도가 되었다. 1887년에는 독일에 있는 본 대학에서 농정과 농업경제학을 연구하고 미국으로 돌아와 1889년 존스홉킨스대학에서 문학사 학위를 받았다. 1891년 퀘이커 교도인 필라델피아 출신의 메리 P. 엘킨튼(일본 이름 마리코)과 결혼한 니토베는 8년

를 드높이기 위해서나 명성이라고 부르는 덧없는 것을 위해 야망을 가지지 말라. 사람으로서 마땅히 되어야 하는 것을 성취하기 위하여 야망을 가져라.')

동안의 유학 생활을 마치고 귀국하여 모교인 삿포로농학교에서 농정과 경제학, 식민론 등을 강의했다. 생활이 안정된 1894년부터 그는 원우야학교를 설립하고 불우한 학생들과 노동자들을 가르치는 등 적극적인 사회활동을 펼쳤다.

1897년부터 병을 앓아 공직에서 물러난 니토베는 군마 현에서 요양하면서 《농업본론》을 쓰는 등 본격적인 집필 활동에 들어갔다. 1905년 그가 영문으로 쓴 《무사도Bushido-The Spirit of Japan》는 세간에 일대 센세이션을 일으켰다. 이 책에서 니토베는 무사도 정신을 이어받은 일본인이 고상하고 이성적이며, 근본적으로 기독교적 품성을 지니고 있다는 점을 설득력 있는 문장으로 기술했다.

무사도, 일본의 혼

니토베 이나조는 《무사도》 서문에서 책을 쓰게 된 계기를 이렇게 설명했다.

> 언젠가 벨기에의 저명한 법학자 라블레와 함께 산책을 하며 대화를 나눈 적이 있다. 그때 라블레는 일본의 학교에서 종교 교육이 없다는 사실을 알고 심각한 어조로 물었다.
> "종교가 없이 어떻게 도덕교육을 합니까?"
> 그 질문에 나는 말문이 막혔다. 아내 메리도 종종 표시했던 의문이었다.

그것은 일본인에게 민족의 영혼을 지탱해 주는 정신의 부재를 의미했다. 실상 메이지 유신 이후 국교로 지정된 신도神道는 명확한 종교 개념이 아니었다. 그때부터 일본 정신의 발견이라는 커다란 화두에 부딪힌 니토베는 궁리를 거듭한 끝에 일본의 전통적인 무사도에서 그 해법을 찾아냈다.

　　무사는 일본의 꽃이었을 뿐만 아니라 그 근원이다.

　이렇게 니토베 이나조에 의해 완성된 '무사도武士道'*는 '일본인은 무엇인가'라는 근본적인 문제에 대한 해답이 되었고, 오늘날까지 일본인의 정체성을 증명하는 근거로 활용되고 있다. 그의 주장에 따르면 무사도는 사무라이 사이에서 수백 년에 걸쳐 진화된 규범이다.

　니토베 이나조가 기술한 무사도의 핵심은 타민족과의 차별성이다. 어느 나라, 어느 민족이건 예로부터 그 사회의 골격을 유지하기 위한 나름대로의 규율이 있으며, 그 근간에는 오랜 세월 그들의 정신을 지배해온 철학이나 종교가 있다. 서양의 기독교나 동양의 유교 등이 바로 그것으로 한 사회의 도덕적 가치를 유지시키는 근간이 된다. 하지만 일본의 도덕 관습이 그들과 전혀 다른 이유는 전통적인 사무라이** 의 무사도에 그 뿌리를 두었기 때문이라는 것이다.

　일본에서는 12세기 말엽 가마쿠라 막부 때부터 본격적인 직업 무사제도가 확립된 이래 1867년 도쿠가와 막부가 막을 내리기까지 약

---

* 니토베 이나조는 초기에 무사도를 'chivalry'라는 단어로 쓰다가 나중에 설명을 붙여 일본식 발음대로 'bushido'로 표기했다. 거기에는 노블레스 오블리주가 함축되어 있으므로 서양에서 기사도로 쓰이는 'Horsemanship'보다 깊은 뜻이 담겨있다고 단언했다.
** 초기 일본 무사를 일컫는 사무라이는 12세기 중엽인 헤이안 시대 말기에 출현했다. 사무라이(侍)는 영어의 'cniht'와 마찬가지로 호위나 종자를 뜻했다.

700여 년 동안 무사들이 전국을 통치했다. 일본의 무사는 의리와 협행을 중시하던 중국의 무인들과는 달리 충성과 명예를 최고의 가치로 삼았던 집단이다. 무용과 의리, 정직, 검약 등의 덕목을 갖춘 무사는 전쟁이 일어나면 친족 단위로 부대를 편성해 주군을 위해 목숨을 던졌다. 하지만 그들은 전쟁의 승패 여부보다는 얼마나 당당하고 용감하게 싸웠느냐에 따라 평가되었다.

그와 같은 일본 무사의 정체성을 가장 극적으로 표현하고 있는 사건이 억울하게 할복한 주군의 원수를 갚고 47명의 가신이 함께 할복한 충신장忠臣藏이다.

18세기 초 아코 번(赤穗藩)의 젊은 영주 아사노 나가노리淺野長矩(1667~1701)가 도검의 휴대가 금지된 에도 성에서 자신을 모욕한 막부의 원로 기라 요시나카吉良義央(1641~1703)를 공격해 상처를 입혔다. 그 죄로 나가노리는 막부의 명을 받아 할복했고 영지까지 몰수되었다. 이에 분개한 47명의 가신은 3년에 걸친 치밀한 계획 끝에 요시나카를 살해함으로써 주군의 한을 풀어주었다. 막부는 이들의 충성심을 높이 평가해 참수형 대신 명예로운 할복을 명했다. 무사 복장으로 예의를 갖추고 주군의 무덤을 찾아간 그들은 주군에게 그간의 경과를 보고한 다음 모두 할복했다.

니토베 이나조에 따르면 무사도에서 가장 중요시되는 것은 의와 명예이다. 의란 용기를 수반하여 이루어지는 결단을 말한다. 도리에 따라 결단을 내릴 때는 한 치의 주저함도 없어야 한다. 상대를 죽일 때나 자신이 죽임을 당할 때에도 망설임이 있으면 안 된다. 그와 같은 용기는 의를 바탕으로 하지 않으면 무가치하다. 인위적으로 만들어진

아사노 나가노리의 죽음에 복수를 다
짐한 부하들은 결국 원수를 갚고 주군
의 무덤에서 모두 할복자살했다. 그들
중에는 열 살 정도의 무사도 있었다.
'충신장'이란 제목의 가부키로 자주 공
연되었다.

의리는 사회의 왜곡을 조장하는 역할을 수행하기 때문이다. 이와 관
련하여 니토베는 책의 본문에서 스코틀랜드의 시인이며 문학가인 S.
W. 스코트 sir. Walter Scott(1771~1832)의 말을 인용하고 있다.

애국심은 가장 아름다운 것이지만 동시에 가장 의심스러운 것이다. 애
국심이 다른 감정의 가면일 때도 많다.

무사에게 있어 명예란 지고의 가치로서, 그것이 없으면 짐승 취급을
받았다. 때문에 무사의 명예는 목숨을 버려서라도 지켜내야 한다는 것.
그 명예의 중추에는 주군에 대한 절대적인 충성심이 자리하고 있다.

할복의 미학을 논하다

미국의 인류학자 루스 베네딕트Ruth Benedict(1887~1948) 여사는 일본인을 총체적으로 분석한 보고서 《국화와 칼》을 통해 전통적인 일본의 무사들이 검과 신체를 동일시하는 특이한 성향을 발견해 냈다.

일본의 무사들은 외출할 때는 물론, 손님을 접대할 때나 식사를 할 때도 항상 검을 휴대했으며, 밤에는 두 자루의 검을 머리맡에 있는 검걸이에 반듯하게 걸어두고 잤다. 항상 죽음을 준비하며 산다는 의미다. 일본의 도덕률은 모두 칼에서 나왔고, 선악의 기준이나 징벌의 정도 역시 검술의 강약으로 판단했다.

그런 극단적인 무력을 합리화하기 위해서는 사용자인 무사들의 엄격한 절제와 수양이 요구되는데, 니토베 이나조는 바로 그것이 무사도의 근본 원리라고 주장했다.

일본의 무사들은 자신의 실수나 타인의 오해로 명예가 더럽혀지면 스스로를 벌하거나 무죄를 증명하기 위해 참혹한 셋푸쿠(切腹)의 전통을 행했다. 예로부터 일본인은 사람의 복부에 영혼이 들어있다고 여겼다. 때문에 스스로 배를 갈라 상대에게 자신의 깨끗한 영혼을 보여줌으로써 명예를 회복한다는 것이다.

칼로 배를 가르면 엄청난 고통이 오지만 쉽게 숨이 끊어지지 않는다. 그래서 검술에 뛰어나고 덕이 있는 무사가 할복자의 목을 잘라주는 가이샤쿠(介錯)가 생겨났다. 명예를 잃고 치욕적인 최후를 마치는 이에게 주는 일종의 안식인 셈이다.

니토베는 할복이 매우 세련된 자결 방식으로 아무리 뛰어난 무사라도 냉정한 감정을 지니고 있지 않으면 실행하기 힘든 의식이라고 설명

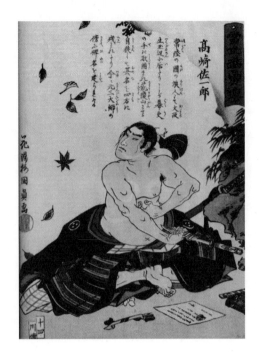

단도로 복부 왼쪽을 깊숙이 찔러 오른쪽으로 가른 다음 다시 가슴 밑을 찔러 아래로 갈라 십자 모양을 내는 것이 할복 자세다. 사무라이가 자신을 벌하거나 명예를 지키기 위한 최후의 수단이다.

한다. 그러므로 무사도에는 자신의 의와 명예를 지키기 위해서는 하나밖에 없는 목숨이라도 과감하게 버릴 수 있는 결기가 담겨있다는 것이다.

　메이지 정부는 1870년 봉건제도 폐지의 칙서와 함께 폐도령을 내림으로써 공식적으로 무사들의 시대를 종식시켰다. 따지고 보면 일본인 스스로 일본인의 혼을 꺾어버린 셈이 된다. 그러나 니토베는 일본정신의 정화를 담고 있다는 무사도의 미래에 대하여 장밋빛 진단을 내렸다.

　　활력을 가져오는 것은 정신이고, 정신이 없으면 최선의 장미도 전혀 쓸모가 없다. 최신식 총포도 스스로 불을 내뿜는 것이 아니다. 가장 진보된 근대적 교육제도일지라도 겁쟁이를 영웅으로 키울 수는 없다. 압록 강이나 조선, 만주 등지의 전쟁을 승리로 이끈 것은 우리를 계속 격려하고 있는 조상들의 영혼이다. 무용이 풍부한 선조의 영혼과 정신은 아직 죽지 않았다. 보는 눈이 있는 자에게는 명확하게 보인다. 가장 진보된 사상을 지닌 일본인일지라도 그 표피를 한 꺼풀 벗겨보면 그 피부 아래서 한 사람의 무사가 나타날 것이다.

니토베 이나조는 살인 집단의 폭력 질서에 불과한 무사도를 일본인 특유의 정신으로 승화시킴으로써 서구의 기술과 무력에 압도당하고 있던 일본인에게 긍지를 심어주었고, 장차 군국주의를 당연시하는 풍조를 낳았다.

유려한 영문으로 씌어진《무사도》는 서양인들에게 쉽게 읽히면서 일본에 대한 우호적인 분위기를 이끌어냈다. 미국 대통령 시어도어 루스벨트Theodore Roosevelt(1858~1919)는 이 책에 커다란 감명을 받고 수십 권을 구입해 친구들에게 나누어주기까지 했다. 20세기 초 미국이 일본을 친구로 받아들이고 제국주의를 가르치면서 한국을 외면한 배후에는《무사도》가 있었던 것이다.

무사도의 본질은 무엇인가?

니토베 이나조는 무사도가 동양의 전통 신앙 체계인 불교와 유교, 신도에서 연원하고 있다고 설명한다. 그는 무사도와 불교의 관계를 설명하면서 야규 무네노리柳生宗矩(1571~1646)의 예를 들었다. 뛰어난 검객 무네노리는 수제자에게 비장의 검술을 전수해 준 다음 말했다.

"더 이상은 내가 가르칠 게 없다. 나머지는 선禪을 통해 스스로 익혀야 한다."

일본인에게 검술은 강하면서도 아름다운 것이다. 상대를 죽이면서도 살려야 하기 때문이다. 그러므로 검도의 궁극적인 깨달음을 얻기 위해서는 검을 초월해야만 한다. 곧 불법에서 검도를 배우는 것이 아니라 검도를 통해 불법을 배운다는 것이다.

그런 이유로 일본의 무사들은 사찰보다는 신사에서 마음에 안정을 찾는다. 신사의 안채 깊숙한 곳에 걸려있는 거울에는 일본인의 혼이 담겨있다. 거울 앞에서의 반성은 부모에 대한 사랑, 조상에 대한 공경, 주군에 대한 충성을 낳았다. 때문에 신도야말로 '일본인의 피'라는 것이다. 그런 관점에서 일본인에게 외래종교인 불교나 기독교는 이질적일 수밖에 없다.

자기 마음에서 비롯된 사고나 선입견을 없애고 모든 것에 의문을 가질 것, 선인성현의 말이 아니고 천연천지 그 자체를 판단의 기준으로 삼을 것, 그런 다음 정확한 증거에 바탕을 두고 천지의 조리를 달관하라.

니토베는 일찍이 학문을 썩은 채소에 비유했던 에도 시대의 철학자이며 한학자 미우라 바이엔三浦梅園(1723~1789)의 말을 인용하면서 공자와 맹자의 가르침도 무사도와 크게 다르지 않다고 설명하고 있다. 그런 관점에서 니토베는 문학에 박식한 자를 책벌레라고 경멸했던 사이고 다카모리를 무사의 전형으로 떠받든다.

니토베 이나조는 이처럼 무사도를 일본 정신으로 승화하는 데 성공했지만, 실상을 파고들면 그것은 일본인의 비참한 역사를 미화시키려는 솜씨 좋은 포장술에 불과했다. 여기 무사도의 실체를 적나라하게 드러내는 예가 있다.

> 너는 내가 말하는 대로 하겠다고 결심해야 한다. …(중략)… 너는 나를 섬겨야 하며, 내 등 뒤에서 나쁜 생각을 해서는 안 된다. 나에 대한 너의 감정은 너의 발끝조차 나를 향할 수 없을 정도의 그런 것이어야 한다. 만약 네가 내 말대로 행동한다면 너는 바람직한 사무라이에게 걸맞게 영원한 번영을 누릴 것이다.

15세기 말 아시카가 막부를 파괴했던 독재자 오다 노부나가織田信長 (1534~1582)가 사무라이인 가신에게 한 말이다. 니토베가 떠받들었던 무사도란 결국 지배자인 영주의 압제에 대한 피지배자 사무라이의 굴종이었다. 그 후 일본의 무사들은 수많은 봉건 영주들의 통제 하에 번 내에서 노예와 같은 운명에 처했고, 번 밖으로 나가는 것은 반역행위로 간주되었다.* 그처럼 오갈 데 없는 상황에서 무사들은 영주들에게 무한정의 충심과 결백을 보여야만 살아남을 수 있었던 것이다. 루스 베네딕트는《국화와 칼》에서 그와 같은 한계 상황을 통해 체화된 일본인의 이중적 성향을 예리하게 꼬집었다.

---

* 도요토미 히데요시는 전국을 통일한 다음 다이묘 제도를 확립한 뒤 무사제도를 체계화했다. 1591년 그는 무사의 농촌 거주를 금지한 다음 이렇게 명령했다. "주인의 허락을 받지 않고 주인의 곁을 떠난 사무라이와 무가의 하인은 다른 주인에게 고용될 수 없다. 이전의 주인으로부터 신고가 있다면 붙잡아 양도해야 한다. 만약 이를 거역하고 도망친다면 그 한 사람 대신 세 사람의 머리를 잘라 전 주인에게 넘겨주도록 하라. 그렇지 않으면 주인을 처벌할 것이다." 이와 같은 조치로 무사들은 피난처를 잃어버리고 주인인 영주에게 충성을 다할 수밖에 없었다.

일본인은 투쟁을 좋아하면서 또 선함을 좋아한다. 무술을 숭상하면서 아름다움을 좋아한다. 그들은 야만적이고 난폭하지만 고상하다. 융통성이 없지만 임기응변에 뛰어나고 순종하는 것 같지만 지배받기 싫어한다. 충성스러워서 두 임금을 섬기지 않지만 곧잘 신의를 저버리고 의를 배반한다. 용감하지만 비겁하고 보수적이지만 새로운 사물을 잘 받아들인다. 이와 같은 일본인의 모순된 기질은 가장 높은 수준으로 표현된다.

중국의 문화학자 천산陳山은 또 생존을 위해 다양한 표정을 지을 수밖에 없었던 일본인의 숙명을 다음과 같이 설명하고 있다.

일본 무사의 문화정신은 현대 일본 민족의 영혼이다. 무사계층이 일본 사회의 중심이 되어 현대사회로 향해 움직이는 과정에서 그들의 가치관, 인격과 행동방식이 전체 사회에 파고들면서 일본 심혼의 민족정신을 응집시켰다. 현대 일본인의 윤리도덕 관념 중 보다 많은 것이 상대적이며 상황에 따라 달라진다. 그들의 탁월한 모험심, 탐색정신과 진지한 태도의 결합, 전통을 존중하고 권위에 복종하는 관념, 주동적으로 외국 문명을 받아들이는 새로운 의식의 공존, 집단적인 특징과 융통성 있게 적응하는 태도의 융합은 모두 봉건성과 현대성, 등급관념의 구속과 상무정신의 원시적인 야성이 서로 혼합된 기이한 문화성격을 드러낸다. 이는 무사도와 함께 선비의 영혼에 상인의 재주를 가졌다는 일본 국민성의 기본구조이다.

극단적인 상황 속에 태어나 일본 정신으로 거듭난 무사도는 20세기 초 일본제국의 패권주의와 겹쳐지면서 인간의 존엄성을 무참히 유린하는 기제로 작용했다. 태평양전쟁 당시 자살특공대 가미카제에 이어 '1억 옥쇄'까지 부르짖던 일본군의 생명 경시 풍조는 이미 무사도가 신의나 명예를 떠나 맹신과 탐욕의 도구로 전락했음을 증명한다.

식민은 문명의 전파이다

니토베 이나조는 20세기 초엽 국제적인 시야를 지닌 일본의 대표적인 교양인이자, 독실한 퀘이커 교도로서 경건한 삶을 살아간 인물로 오늘날까지 위인 대접을 받고 있다. 하지만 그는 조선과 타이완 병합에 적극 협력한 극렬 제국주의자였고, 심지어 자국의 원주민 아이누 족에 대하여 가혹한 통치를 조장한 국수주의자이기도 했다.

그는 일본이 홋카이도를 개척할 때 내각에 원주민 아이누 족 통치에 대하여 결정적인 아이디어를 제공했다. 에도 막부 말기부터 일본의 위정자들은 시시때때로 조정에 반기를 드는 북방의 아이누 족 문제로 인해 고심했다. 1899년 메이지 정부는 홋카이도구토인보호법〔北海道舊土人保護法〕을 제정했다. 그때 니토베는 미국에서 인디언 동화정책의 하나로 시행된 도즈 법Dawes Act*을 소개함으로써 구토인보호법의 입안에 결정적인 역할을 했다. 이 법을 통해 정부는 아이누 족 보호를 명목으로 농지를 압류하고 고유의 이름을 빼앗았으며, 그들의 전통문화를 부정하고 노예노동을 강요함으로써 민족성을 말살시켰

---

* 1887년 미국의 헨리 도즈Henry Dawes 상원의원이 체로키 인디언들이 세운 체로키국을 외해시키기 위해 공동소지인 땅에 개인적 할당을 의무화하도록 만든 법률로 도즈토지할당법이라고도 한다. 미국은 이어서 1898년 커티스법Curtis Act를 만들어 인디언 부족의 땅 소유를 아예 금지해버렸고, 1908년 오클라호마가 46번째 주가 되면서 인디언 영토Indian Territory는 완전히 소멸되었다.

다. 일본은 그때부터 훗날 타이완과 조선에서 행한 식민지 정책의 예행연습을 했던 것이다. 니토베 이나조는 도쿄제국대학의 한 강연회에서 학생들에게 그와 같은 일본의 비인도적인 식민정책을 적극 지지하고 나섰다.

"식민은 문명의 전파이다. 제군들은 비전을 잘 보지 않으면 안 된다."

1901년 니토베 이나조는 타이완 총독 고다마 겐타로兒玉源太郎(1825~1906)와 민정국장 고토 신페이後藤新平(1857~1929)의 요청으로 타이완 총독부 민정국의 식산국장으로 취임했다. 그는 타이완의 제당 생산을 독려함으로써 일본의 수탈량을 대폭 증가시키는 데 공헌했다.

이 시기는 일본이 타이완 주민 120만 명을 학살했던 무단통치기였다. 하지만 니토베는 일본의 무자비한 통치 행태에는 아무런 비판을 가하지 않았다. 마찬가지로 그는 러일전쟁이 일어나자 본토의 극렬 정한론자와 똑같이 조선을 폄하하고 조롱하며 정부 당국자들에게 조기병합을 독촉했다.

> 조선 처분의 문제는 우리의 주의를 끈다. 정치적 본능을 결하고, 경제적 상식이 부족하고, 지식적 야심이 없는 저 박약한 여성적 국민은 갈색 일본인의 무거운 짐이 되리라.

그 후 조선에 통감부가 설치되자 니토베는 초대통감 이토 히로부미의 요구에 따라 촉탁 자격으로 전국을 답사한 뒤 다음과 같은 내용의 보고서를 썼다.

> 조선인은 그 풍모로 보나 생활 상태로 보나 도저히 20세기의 인종으로는

볼 수 없을 만큼 원시적이며, 민족으로서 생존의 기한은 끝나고 있는 듯하다. 지금 조선반도에 드리우고 있는 것은 죽음의 그늘뿐이다.

얼마 후 그는 수원에서 쓴 '망국'이란 글에서 힘없는 조선 백성과 황폐해진 산하를 측은하게 여기는 듯한 태도를 보였지만 그것은 일종의 승자로서의 여유였을 뿐이다. 그는 전주에서 쓴 '고사국 조선'에서 조선인을 원시인으로 매도했다.

그들은 20세기, 아니 10세기의 사람이 아니다. 아니 1세기의 사람도 아니다. 그들은 유사전기에 속하는 것이다. …(중략)… 그들은 분묘 위에 걸터앉아 점심을 먹고, 아이들은 그 옆에서 놀고 있다. 그들이 기르는 소는 무덤가의 풀을 뜯어 먹는다. 이름도 없는 조상의 두개골이 길가에서 행인들의 발길에 차여 나뒹군다.

이와 같은 조선인 비하를 통해 니토베 이나조는 조선 망국의 책임을 가해자인 일본인이 아니라 전적으로 피해자인 조선인에게 뒤집어 씌웠다. 그는 을사늑약*의 부당성을 알리기 위해 헤이그로 달려갔던 미국인 선교사 호머 헐버트를 향해 '천하고 혐오스러우며 경멸한다.'라고 말하기도 했다. 일본의 역사적인 과업에 방해가 되는 인물이라면 미국인이건 기독교도이건 모두가 그의 눈 밖에 났다.

실로 니토베는 자유민주사상이 만개했던 미국에서 공부했고 자유

---

* 일명 을사조약으로 불러온 이것은 고종의 위임도, 주무대신의 조인도 없는 '조약안'에 불과하고 일본은 힘으로 조선의 외교권을 빼앗았을 뿐이라는 것이 서울대 이상찬 교수의 주장이다. '한일외교권위탁조약안'으로 불러야 한다는 것. 이 책은 강제적으로 조약을 맺었다는 의미의 '을사늑약'으로 쓴다.

로운 신앙심을 존중하는 퀘이커교도였으며 미국 여인과 결혼했던 개방주의자였지만, 조국 일본의 국익과 관련된 문제에 대해서만큼은 철저히 국수적인 일본인이었다.

꿈속에 꿈이로다

제국주의의 함정에 빠진 일본 근대 지식인의 처참한 본색을 보여주었던 니토베 이나조. 하지만 일본 제국의 약진과 함께 그의 인생도 찬란히 빛났다.

　1911년 최초의 미·일 교환교수가 되어 미국의 6개 대학에서 강의했고, 1920년부터 1926년까지 국제연맹 사무차장으로 재임하는 등 국제적으로 명성을 떨쳤다. 임기를 마치고 귀국한 뒤에는 제국학사원帝國學士院 회원, 귀족원 의원으로 선임되는 등 원로 대접을 받았고, 태평양문제조사회IPR 이사장으로서 일본의 국제적 지위를 드높였다. 더불어 일본의 유력 일간지인 마이니치신문 오사카 지사의 고문을 맡았으며, 일본 문화부 연맹의 대표를 역임했다.

　'일본의 퀘이커'라는 별칭으로 불리며 미국 상류 사회의 수많은 자본가, 기독교계 인사들과 교류했던 그는 미국 관리와 국민들을 대상으로 1931년 9월 18일로 예정된 일본의 만주 침공에 대한 의견을 조사했다. 그는 보고서에서 '개인적 상해의 위험이 있을 지라도, 언제나 일본을 옹호하는 미국인들이 많이 있다.'며 미국이 결코 일본의 이익을 침해하지 않을 것이라고 결론지었다.

　니토베 이나조의 보고서를 받아든 일본의 군부는 안심하고 중국에 대한 도발을 감행했을 것이다. 이처럼 군국주의자들의 대륙 침략 야욕을 열정적으로 지원하던 니토베는 1933년 캐나다에서 열린 태평양회의에 참석했다가 갑자기 쓰러져 병원으로 옮겨졌다가 72세의 나이로 사망했다.《무사도》에 인용된 도요토미 히데요시의 절명시絶命詩처럼 그의 영광은 한순간에 사라졌다.

몸이여, 이슬로 와서 이슬로 가니,
오사카의 영화여, 꿈 속에 꿈이로다.

조선인은
복종할 것이냐,
죽음을 택할 것이냐

"조선인은 복종할 것이냐, 죽음을 택할 것이냐." 데라우치의 강경 발언과 함께 조선의 암흑기가 시작되었다. 조선인에게 집회와 결사의 자유를 금지했고, 조금이라도 일본에 비타협적인 태도를 보이면 불령선인不逞鮮人으로 규정해 검거·투옥했다. 일제는 조선 병탄을 마무리하기 위해 헌병과 경찰 기구망을 이용하여 조선을 완벽하게 옭아매놓았던 것이다.

조선은 일본의 이익선이다

동아시아 침략 전쟁의 선봉장, 야마가타 아리토모

일명 일본 육군의 교황, 야마가타 아리토모山県有朋(1838~1922). 메이지 시대 일본의 군부와 내각에 최대의 영향력을 행사했던 그는 일본 제국 육군 원수로 군림했고, 대정봉환 이후 천황 친정 체제 하에서 두 차례나 총리를 지냈으며, 의회제도가 수립되면서 최초의 총리대신을 역임했다.

그는 근대 일본의 군사와 정치 토대를 마련했으며, 그로부터 축적된 무력을 조선 침략과 대륙 경영에 쏟아부음으로써 일본 군국주의의 아버지로 불렸다. 제국주의적이며 국가주의적인 그의 성향은 메이지 유신 이후의 일본의 국가 성격에 뚜렷이 각인되었고, 군인칙유나 교육칙어 등을 통해 일본인에게 천황에 대한 맹목적인 충성심과 국가주의를 불어넣었다.

특히 그는 라이벌 이토 히로부미가 안중근에게 사살당한 뒤 일본 정계의 최고 권력자로 군림하면서 미국과 러시아를 가상적국으로 상정한 '제국국방방침帝國國防方針'이란 전시비상작전계획을 수립했고, 군인들의 내각 참여를 허용함으로써 훗날 일본이 군부의 주동으로 제2차 세계대전을 도발하는 근본요인을 제공했다. 평소 그는 권력과 재

야마가타 아리토모. 일본을 군국주의로 이끈 동아시아 침략 전쟁의 선봉장이다. 청일전쟁과 러일전쟁을 총지휘하는 등 메이지 정부의 최고 공신이지만 추문에 휩싸여 말년을 쓸쓸하게 보냈다.

물에 대한 집착 때문에 정계와 언론계 인사들의 조소를 받았다. 활동적이고 명랑한 이토 히로부미를 총애했던 메이지 무쓰히토 천황은 그를 경멸하면서도 군인으로서의 역량만큼은 높게 평가했다고 한다.

미친 창잡이 세상에 나오다

야마가타 아리토모는 1838년 6월 14일 조슈 번의 창고지기인 나카마中間의 아들로 태어났다. 어릴 때의 이름은 다쓰노스케辰之助, 창술을 연마해 '창의 소조小造'란 별명을 들었던 그는 에도에서 창술도장을 여는 것이 꿈이었다고 한다. 장성한 뒤에는 고스케小輔, 군대에 있을 때는 교스케狂介로 불렸다. 이름만으로 본다면 당대에 최하층 계급이었던 그는 미친 듯이 창을 휘두르며 불우한 처지를 극복하고자 했던 것으로 보인다.

1858년, 조슈 번에서는 미일통상조약의 체결로 국내 정세가 혼미해지자 야마가타를 포함한 여섯 명의 청년을 정보 수집꾼인 비이장목飛耳長目으로 교토에 파견했다. 그곳에서 야나가와 세이칸, 우메다 운빈 등 존왕양이론자들과 교류했던 그는 조슈로 돌아온 뒤 요시다 쇼인의 쇼카손주쿠에 들어갔다. 그때 야마가타는 기도 다카요시·다카스키 신사쿠·이토 히로부미·이리에 규이치·시나가와 야지로 등 장차 메이지 시대를 이끌어갈 인물들과 어울렸다.

1863년에 야마가타는 다카스키 신사쿠가 조직한 기병대奇兵隊에 들어가 2인자인 군감軍監이 되어 막부와 싸웠다. 그러나 신사쿠가 막부의 압력에 굴복한 조슈 번의 공순파恭順派 정권을 타도하기 위해 병력을 규합할 때는 차갑게 외면했다. 그로 인해 낙심한 신사쿠가 후쿠오카로 망명했다가 시모노세키로 돌아와 공산사功山寺에서 거사의 동참을 요구하자 한동안 망설이다가 뒤늦게 합세했다. 당시 이토 히로부미는 역사대力士隊의 부하 30명을 이끌고 가장 먼저 가담해 그와 극명한 대조를 보였다. 그 후 야마가타는 1866년 막부의 2차 조슈 정벌전과 2년 뒤에 벌어진 보신전쟁에 참가해 많은 전공을 세웠다.

불퇴전의 황군을 만들자

야마가타 아리토모는 1868년 중반 유럽 각국을 시찰하고 돌아온 다음 메이지 정부의 국방차관 격인 병부대보兵部大輔에 임명되어 군제 개혁 부문을 담당했다. 같은 시기에 이토 히로부미는 제국헌법을 제정하는 등 정부 개조 작업에 박차를 가하고 있었다. 이듬해 그는 다시 사이고 쓰구미치와 함께 유럽으로 가서 관심을 두고 있던 독일식 군제를 구체적으로 연구했다. 그는 프로이센의 공업을 기초로 하는 군국주의와 팽창주의는 일본이 지향해야 할 최고의 모델이라고 생각했다.

유럽의 약소국이었던 프로이센은 강대국 프랑스를 굴복시키고 파리의 베르사유 궁전에서 독일제국 건국 기념식을 거행하는 등 유럽 최강국으로 거듭나고 있었다. 그 광경을 현장에서 목도한 야마가타는 일본도 프로이센처럼 국민을 군대식 조직으로 재편해야 한다고 생각했다. 귀국 후 일본군이 원용하던 프랑스식 군제를 폐지하고 독일식 군제를 받아들였고, 사이고 다카모리의 응원을 받아 징병제를 관철시켰다.

그 후 육군경, 참모총장을 역임하면서 육군 최고의 실력자가 된 야마가타 아리토모는 1877년 메이지 유신의 동지인 사이고 다카모리가 가고시마에서 반란을 일으키자 토벌군을 지휘해 반란군을 토벌했다. 전쟁이 끝난 뒤 그는 두 손으로 패장 사이고의 잘린 목을 들고 염불을 외우며 극락왕생을 빌어주기도 했다.

1882년 그는 메이지 천황으로 하여금 '군인칙유'를 선포하게 했다. 군의 최고통수권자인 천황에 대한 충성과 예의·무용·신의·검소 등 다섯 가지 덕목이 군인칙유 내용이다. 그때부터 일본군은 황군皇軍으로 불리게 되었다. 군부는 '상관의 명을 받드는 것을 곧 짐의 명령을 받듯이 하라.'는 군인칙유를 내세워 병사들에게 엄격한 계급 구별과 복종을 강요했고 불퇴전의 성전을 수행하도록 했다. 그해 정계에 입문한 야마카타는 참의원 의장이 되었고, 1883년부터 내무상이 되어 지방자치제를 도입하고 일본의 경찰 제도를 현대화하는 데 공헌했다.

조선을 향해 발톱을 세우다

1882년 6월 5일, 조선에서는 신식 별기군의 특별 대우에 불만을 품은 구식 군대의 군인들이 군료 배급에 불만을 품고 난을 일으켰다. 임오 군란으로 명명된 이 사태는 흥선대원군 일파의 배후 조종으로 상황이 걷잡을 수 없이 확산되었다. 이들이 대궐에 난입해 만행을 저지르는 바람에 왕비가 궁을 탈출하는 사태가 일어났다. 그들은 또 별기군 병영 하도감下都監을 습격하여 교관인 호리모토 레이조本禮造 공병 소위를 비롯해 일본인 13명을 살해하고 일본영사관까지 습격했다. 깜짝 놀란 하나부사 요시모토花房義質 일본공사는 월미도에 대피했다가 영국의 측량선을 얻어 타고 본국으로 도망쳤다.

고종은 군란을 일으킨 군인들의 요구대로 대원군을 불러들여 사태를 진정시킨 다음 장호원에 피신해 있던 명성황후의 조언에 따라 청에 구원을 요청했다. 그러자 청의 북양대신 리훙장은 즉시 군사 4500명과 함께 딩루창丁汝昌, 마젠창馬建忠, 우창징吳長慶 등을 조선으로 급파했다. 상황을 예의주시하던 일본도 자국민 보호를 핑계로 1개 중대 병력을 파견한 뒤 대원군에게 거제도나 송도 양여를 요구했다. 일본의 무리한 요구를 들어줄 수 없었던 대원군은 청에게 일본군 견제를 요청했다. 그러나 명성황후와 결탁한 청군은 방심한 대원군을 납치하여 바오딩부(保定府)에 유폐하고 주동자들을 체포함으로써 혼란은 마무리되었다.

한편 일본은 7월 17일 이유원李裕元(1814~1888), 김홍집金弘集(1842~1896)과 제물포에서 회담을 갖고 조선과 조일강화조약, 이른바 제물포조약을 체결했다. 이 조약을 통해 양국은 임오군란으로 야기된 피해의 배상과 일본인의 자유 왕래, 개항장의 확대, 사과 사절의 일본 파견 등을 합의했다. 그리하여 고종은 박영효朴泳孝(1861~1939)를 전권대신, 김만식金晩植(1834~1900)과 서광범徐光範(1859~1897)을 수행원으로 하는 수신사를 파견했다.

서울에는 청군 3000여 명이 주둔했지만 일본군은 공사관 경비를 맡은 보병 3개 중대 300여 명이 고작이었다. 야마가타 아리토모는 조선에 대한 청의 영향력 증대를 근심하며 군사력 증강에 박차를 가했다. 그해 8월 15일 '육해군 확장에 관한 상신'에서 야마가타는 일본과 청의 군사력을 비교하면서 군함 48척을 건조하여 동서 두 진수부에 배치하자고 제안했다. 그와 함께 군비확장 8개년 계획, 총액 5952만 엔을 결정하고 군사비도 세출 총액의 20퍼센트 이상으로 증액했다. 또 군제도 기동성을 갖춘 사단사령부제로 바꾸고 육군을 대외침공용으로 개편하여 청일전쟁 개전 때까지 7개 사단을 편성했다.

1883년 조선은 미국에 보빙사를 파견하는 등 적극적으로 개화를 추진했다. 그런데 1884년 김옥균金玉均(1851~1894), 박영효 등 급진개화파 인사들이 갑신정변甲申政變을 일으켰다가 사흘 만에 청군의 개입으로 실패하고 일본으로 망명하는 사태가 벌어졌다. 일본은 또다시 정변에 따른 피해보상을 요구하여 한성조약(1885)을 맺었다. 바야흐로 일본의 조선에 대한 입김이 나날이 거세지고 있었다.

1885년 4월, 일본은 이토 히로부미를 청에 파견해 양국군의 조선 철수를 조건으로 리훙장과 톈진조약*을 맺었다. 이 조약의 주요 내용

---

* 1885년 4월 청·일 간에 톈진조약이 맺어졌다. 이 조약의 주요내용은 다음과 같다. 첫째, 조선에 주둔하고 있는 양국 군대를 4개월 이내에 철군시킨다. 둘째, 조선은 스스로 군사를 조련하여 치안을 담당하도록 한다. 셋째, 다른 나라의 군사교관 고용에 관해 참견하지 않는다. 넷째, 이후 조선에 중대사태가 발생하여 중국이나 일본 어느 한 쪽에 파병을 요청하면 상대국에 문서로 알린 뒤 출동하고, 일이 진

은 청·일 두 나라가 조선에서 평등한 권리를 행사하고, 어느 한쪽이 출병하게 되면 상대국에 통보한다는 것이었다. 그 무렵 러시아가 시베리아 횡단 철도공사를 시작하면서 조선의 함흥을 조차하려다 영국의 방해로 좌절되었다. 그 사건으로 인해 일본은 북방에 짙은 경계심을 품게 되었다.

야마가타 아리토모는 1889년 새로 마련된 일본의 의회제도 아래에서 첫 총리가 되었다. 이어서 육군대장으로 승진해 군 통수권까지 움켜쥔 그는 천황에게 교육칙어를 발표하게 함으로써 메이지 시대의 정신적 지침을 마련했다. 이듬해인 1890년에는 소위 '야마가타 아리토모 의견서'를 제출했다.

한 나라가 이익선을 잃어버리면 주권선이 위태로워지고 이익선을 얻으면 주권선이 안정된다. 그러므로 이익선을 확보하는 것이야말로 일본 대외정책의 핵심이다. 시베리아 횡단철도가 완성되면 러시아는 반드시 조선을 침략할 것이다. 그러므로 일본은 이익선인 조선을 지켜야 한다.

여기에서 주권선은 자국의 영토 방위를 뜻하고, 이익선은 주권선과 밀접한 관계를 지닌 전략 요충지를 뜻했다. 야마가타는 러시아의 남하정책에 맞서 조선을 일본의 이익선으로 상정했던 것이다. 하지만 그런 일본의 정책은 미국·영국·프랑스·러시아 등 열강들의 조선에 대한 이권 개입으로 인해 정체상태에 빠졌다. 1892년 조선 남쪽에서 반일척양 성격의 동학농민전쟁이 발발하자 일본은 조선 점탈의 기회

정되면 군대를 철수한다.

를 잃을까봐 노심초사하며 전봉준에게 은밀히 사람을 보내 동맹을 요구하기도 했다.

그 무렵 고종은 동학 지도부가 대원군과 결탁하고 있음을 알고 분개하면서 청에 군사지원을 요청하는 악수를 두고 말았다. 그 결과 청군이 조선에 들어오자 톈진조약에 따라 일본도 조선에서 군사 행동을 취할 수 있는 명분을 얻게 되었다.

결코 적에게 생포되지 말라

"드디어 정한의 날이 왔다."

1894년 6월 9일, 일본은 즉시 대본영을 설치한 다음 거류민과 상인 보호를 명목으로 조선에 4000여 명의 병력을 파견했다. 당시 총리직을 사임하고 추밀원 의장에 재임하고 있던 야마가타 아리토모는 조선 원정군 사령관으로 군에 복귀하여 전군을 지휘했다. 그는 황군의 첫 번째 대외 원정으로 고무된 병사들에게 이렇게 훈시했다.

"아무리 비상한 난전이 벌어지더라도 결코 적에게 생포되어서는 안 된다. 차라리 깨끗한 죽음으로 일본 남아의 기상을 보여주고 명예를 지켜라."

그와 같은 명령은 훗날 태평양전쟁 당시 살아서 포로가 되는 치욕을 입지 말고, 죽어서 죄화의 오욕을 남기지 말라는 전진훈戰陣訓*으로 승

---

* 전진훈은 1941년 1월 8일 도조 히데키가 '군인칙유'를 구체적으로 실천한다는 명분하에 장병들이 전장에서 지켜야 할 행동규범 및 전투규범으로 공포되었다. 학자 이노우에 데츠지로, 야마다 요시오가 기초하고 문인 시마자키 도손 등이 문장을 다듬은 전진훈은 천황을 위해 목숨을 바치는 것이 군인 최고의 명예라는 점을 강조하여 전체주의적 사고를 일본군에게 주입시켰다. 제2장 8조에 있는 '살아

청일전쟁에서 가장 격렬했던 평양전투 후 의주로를 따라 패주하는 청군을 쫓아 북상하는 일본군. 내 땅에서 왜 전쟁이 벌어졌는지도 모르고 불안에 떠는 조선 백성을 르 몽드 일퀴스트레가 소개했다.

계되어 항복 대신 옥쇄를 감행하는 일본군 특유의 기질로 나타났다. 일본군은 조선에 상륙하자마자 전광석화처럼 서울로 진격하더니, 6월 21일 경복궁을 점령하고 고종과 명성황후를 연금시켜버렸다. 이제 방해꾼인 청군만 조선에서 쫓아낸다면 조선은 고스란히 일본 차지가 될 판이었다.

1894년 6월 23일, 아산만 풍도 앞바다에서 청·일 양군 함대의 포성이 울려 퍼지면서 청일전쟁이 시작되었다. 일본은 풍도 해전에서 승리하고 육전인 성환과 공주 전투에서 청군을 물리쳤다. 이어서 7월 1일 평

서 포로의 치욕을 당하지 말고 죽어서 죄화의 오명을 남기지 말라'라는 대목으로 인해 수많은 병사들이 헛되이 죽어갔다.

양에서 벌어진 대회전에서 최신식 무기를 동원해 청군을 대파했다. 청군은 오랫동안 군비를 확충하고 정예 병력을 양성한 일본군의 상대가 되지 못했다. 그때부터 일본군은 파죽지세로 북진하여 10월 24일 압록강을 넘어 중국 본토에 진입했고, 10월 26일에는 주롄청〔九連城〕을 점령하면서 전선을 확대했다. 11월에는 뤼순〔旅順〕과 옌타이〔煙臺〕에 이어 북양함대의 모항이 있는 웨이하이〔威海〕까지 공략했다.

그러나 국제사회의 여론은 일본에 등을 돌렸고, 열강들이 전쟁의 향배에 촉각을 곤두세우자 일본은 난감한 상황이 되었다. 총리 이토 히로부미가 종전을 서두르자 야마가타는 내각의 조치에 공공연히 불만을 나타냈다. 그는 '조선 정책'이란 보고서를 통해 일본은 이익선을 확장하여 동아시아의 패자가 되어야 한다고 주장했다.

부산, 의주의 도로는 곧 동아시아 대륙으로 통하는 대도이며, 장차 중국을 가로질러 인도까지 이르는 통로가 되리란 것은 추호도 의심할 여지가 없다. 우리나라가 동양에서 패권을 떨쳐 길이 열국 사이에서 응시하기를 바란다면, 모름지기 이 길을 즉각 인도에 이르는 대도로 삼지 않으면 안 된다.

야마가타는 대본영의 지시를 묵살하고 곧장 베이징까지 점령하겠다고 선언했다. 대경실색한 이토는 서둘러 그를 본국으로 소환했다. 그의 행동을 수수방관했다가는 중국에 있는 열강 전체와 대적해야 될 판이었다. 그러나 더 이상 전쟁을 계속할 수 없다고 판단한 청은 강화 전권대사 리훙장을 일본에 파견하여 굴욕적인 시모노세키조약에 조인했다. 중국 역사상 최초로 일본에 항복한 사건이었다. 그 결과 청국은 랴오둥반도와 타이완을 일본에 넘겨주고 자국의 조선에 대한 종주권을 포기해야 했다. 일본 조야는 대만족이었지만 이토의 예상대로 열강들은 아시아에서 일본의 독주를 허락하지 않았다. 프랑스·러시아·독일 등 3개국 대사가 랴오둥반도 점유에 반대하며 일본 정부를 압박하고 나섰다. 이른바 삼국 간섭이다.

여전히 열강에 대한 두려움에서 벗어나지 못했던 일본은 입맛을 다시며 랴오둥반도에서 철수할 수밖에 없었다. 하지만 타이완과 조선은 온전히 일본의 손아귀에 떨어졌고, 청국으로부터 받은 막대한 전쟁배상금으로 군비를 대폭 증강할 수 있었다. 이제 나이프와 포크를 집어들어 조선을 집어삼키면 되는 상황이었다.

러시아와 조선에서 각축전을 벌이다

청일전쟁의 결과 조선에 대한 권리를 국제적으로 보장받은 일본은 반일척양反日斥洋의 기치를 높이 든 동학농민군에 대하여 무자비한 토벌작전을 벌이는 한편, 친일 정부를 이용해 근대적 개혁을 추진함으로써 장차 조선 병탄에 유리한 환경을 조성하려고 했다. 궁지에 몰린 고종은 명성황후의 조언대로 친러 내각을 수립하여 일본의 그늘에서 벗어날 생각을 했다. 고종과 조선 정부의 속셈을 알아차린 일본공사 이노우에 가오루는 조선 병탄이 무위에 그칠 것을 우려해 고종의 배후 명성황후 제거 계획을 세우고 후임 공사 미우라 고로三浦梧樓(1847~1926)에게 그 실행을 맡겼다.

1895년 10월 8일, 미우라 고로는 대륙낭인 오카다 류노스케岡本柳之助,

토오 가츠아키藤勝顕, 친일파 훈련대 2대대장 우범선禹範善(1857~1903) 등과 함께 경복궁을 급습하여 명성황후를 참혹하게 살해하고 고종을 협박해 김홍집과 정병하, 유길준, 김윤식 등으로 구성된 친일 정부를 발족시켰다.

그때부터 연금 상태에 놓인 고종은 와신상담 끝에 측근과 정동파 인사들의 도움을 받아 러시아공사관으로 이어하는 승부수를 두었다. 고종이 일본의 영향권에서 벗어나자 친일 내각이 순식간에 붕괴되었다. 김홍집과 정병하는 군중들에게 맞아죽었고, 유길준은 일본으로 급히 망명했으며 김윤식은 제주도에 유배되었다. 그 후 조선 내각에 는 친러파 이완용李完用(1858~1926), 이범진李範晉(1853~1911), 윤치호尹致昊(1865~1945) 등이 기용되었다.

고종의 아관파천으로 조선에서 확실한 우위를 확보하게 된 러시아 는 금광과 석탄채굴권, 두만강과 압록강 상류, 울릉도의 삼림벌채권 을 확보하는 등 각종 이권을 챙겼다. 또 러시아 교관이 들어와 조선의 신식 군대를 훈련시켰다. 또한 러시아는 시베리아 철도가 완공될 때 까지 일본을 자극하지 않고 조선에 대한 권리를 일정 부분 인정해 주 었다. 그들은 일본이 조선을 이익선으로 상정했던 것처럼 만주를 방 어하기 위한 완충지대로 조선을 이용할 뿐이었다.

러시아의 입장을 간파한 야마가타 아리토모는 1896년 5월, 모스크 바에서 열린 황제 니콜라이 2세Nikolay Ⅱ(재위 1895~1917)의 대관식에 참 가해 외교수단을 통해 조선 문제를 담판 지으려 했다. 그때 청의 리홍장 은 러시아 외무장관 로바노프 로스토프스키Lobanov Rostovsky(1824~1896) 와 회담을 갖고 조선의 영토주권이 조선 정부에 있음을 확인하는 한 편, 일본이 중국이나 러시아, 조선을 공격하면 두 나라가 협력하기로 약속했다. 그 대가로 리훙장은 중국의 모든 항구를 러시아에 개방하고, 블라디보스토크에서 헤이룽장 성(黑龍江省)과 지린 성(吉林省)까지 철도를 부설하기로 합의했다. 이른바 러청비밀동맹이다.

이에 뒤질세라 로바노프와 대좌한 야마가타는 조선을 대동강과 원산만을 경계로 하는 북위 39도 지점을 나누어 남북으로 분할점령하자고 제의했다. 러시아는 조선의 독립 승인에 저촉된다는 이유로 거절했다. 그러나 두 나라는 조선에 대한 상대적 권리를 보장하는 모스크바 의정서*를 비밀리에 체결했다. 그 사실을 알고 분개한 고종은 만민공동회의 요구를 받아들여 러시아 교관과 재정고문들을 해고하고 절영도 조차권을 취소했으며 한러은행을 폐쇄하는 등 초강수로 대응했다. 조선에서 다시 세력이 약화된 러시아는 일본과 조선의 내정에 간섭하지 않는다는 니시-로젠 협정(1898)을 맺고 중국으로 눈을 돌리면서 일본에 상업적 우위까지 내주게 되었다.

1898년 3월, 러시아는 중국으로부터 조차한 뤼순 항과 다롄 만에 극동함대를 배치시키는 한편 하얼빈에서 선양을 경유하여 뤼순 항에 이르는 둥칭철도를 건설하기 시작했다. 중도에 다롄역과 뤼순역이 화재로 소실되자 러시아는 의화단으로부터 철도를 보호한다는 구실로 만주를 점령했다.

일본은 러시아의 만주 점유를 조건으로 조선 전역을 일본이 차지하겠다는 내용의 협상을 제의했다. 이에 대하여 러시아는 만주에 대한 독점권과 조선의 북위 39도 이북에 대한 중립지역 설정, 조선의 군사

---

* 모스크바 의정서의 내용은 다음과 같다. 첫째, 양국이 조선의 재정을 원조한다. 둘째, 조선의 군대와 경찰의 창설과 유지를 조선 정부에 맡긴다. 셋째, 일본이 가설한 전선은 계속 관리한다. 넷째, 러시아는 서울에서 러시아 국경까지 전선을 가설한다. 다섯째, 러·일 양국이 군대를 증원할 때는 중립지대를 설치한다. 여섯째, 양국은 조선에서 군대를 유지하되 국왕 보호 의무만 진다.

적 이용 불가를 주장했다. 불과 2년 만에 러시아와 일본의 카드가 뒤바뀐 것이다. 그러나 삼국 간섭 이후 절치부심하며 은밀히 군사력을 증강시켜 온 일본은 러시아 안을 거부했다. 이젠 러시아와 한판 붙을 수 있다는 자신감이 생긴 것이다.

그해 11월 두 번째로 내각 총리대신이 된 야마가타 아리토모는 각료의 절반을 군 장성으로 구성하는 등 전쟁체제에 돌입했다. 그는 현역장교가 육군대신과 해군대신에 임명될 수 있다는 행정내규를 제정함으로써 사실상 군부를 문민 통제에서 해방시켜 버렸다. 그러나 1900년 야마가타 내각은 군부 확장정책으로 야기된 재정 위기와 의화단 사건 이후의 중국 분할 문제에 대한 책임을 지고 총사퇴했다.

대륙의 혼란, 일본의 기회

1890년경 중국 산둥지방에서 출현한 무장비밀결사인 의화단義和團이 '부청멸양扶淸滅洋'의 기치 아래 총궐기했다. 1899년부터 의화단은 산시 성·쓰촨 성·푸젠 성 등으로 세력을 확대하더니 1900년 6월에는 250여 명의 서양인을 살해하면서 베이징의 외국 공사관 구역을 봉쇄하기까지 했다. 열강의 공세에 시달리고 있던 청국 조정은 이들의 폭동을 암중 지원했다.

의화단은 톈진을 포위한 데 이어 베이징 전역을 봉쇄한 뒤 외국영사관을 파괴하고 닥치는 대로 외국인을 살해했다. 그러자 미국·영국·프랑스·독일·오스트리아·러시아·이탈리아·일본 등 8개국은 연합군을 구성해 의화단 토벌에 나섰다. 그때 일본은 영국의 요청을 받아 6월

23일 5사단과 9여단을 포함한 2만 2000여 명의 정예 병력을 파병했다. 이런 수순을 통해 어느 정도 국제적 지위를 회복한 일본은 '극동의 헌병' 자격으로 영국·미국과 긴밀한 관계를 맺을 수 있었다.

의화단의 난 평정 이후 일본 신문 니로쿠신보(二六新報)는 모든 열강이 일본에 감사했다며 득의만면했다. 당시 러시아는 의화단이 둥칭철도를 파괴하자 15만 대군을 파견해 그들을 진압한 다음 창춘·랴오양·펑톈·평황 성 등지를 점령함으로써 남만주 전역을 손에 넣었다. 그 일로 일본과 러시아의 골은 깊어만 갔다.

의화단의 난 이후에도 러시아가 계속 만주를 점유하자 미국과 영국, 일본은 강력하게 철군을 요구했다. 1902년 4월, 러시아는 청과 만주 철병에 관한 조약을 맺었지만 자꾸 철병을 늦추면서 조선을 암중지원했다. 러시아의 후원에 힘을 얻은 조선은 1903년 2월 일본 다이이치 은행에서 발행한 어음의 유통을 금지했다. 그러자 일본은 러시아에 재차 만주와 조선을 분할통치하자는 제안을 했지만 거절당했다. 결국 두 나라는 극동의 패권을 놓고 한판 승부를 벌일 수밖에 없었다.

그 무렵 야마가타 아리토모는 대륙 침략의 기반시설로 조선에 경부선과 경의선 철도 건설을 추진했다. 경부선은 러일전쟁을 앞둔 1903년 12월에 속성으로 건설하라는 명령이 내려져 개전 8개월 후에 개통되었다.

러일전쟁을 총지휘하다

1902년 1월, 일본은 영국과 영일동맹을 맺고 장차 러시아와의 무력충돌에 대비했다. 이 동맹의 골자는 동맹국 중 한 나라가 제3국과 전쟁을 하면 중립을 지키고, 두 나라 이상과 전쟁을 하면 군사적인 원조를 의무화한다는 것이었다. 당시 영국은 아프가니스탄과 이란 지배를 놓고 러시아와 대립하고 있었고, 미국 역시 러시아의 중국 동북부 점령을 반대하는 입장이었다.

1904년 2월 4일, 어전회의에서 러시아와의 전쟁이 결정되자 야마가타 아리토모는 제1군사령관 겸 참모총장을 맡아 도쿄에서 작전을 총지휘했으며, 가쓰라 다로桂太郎(1848~1913) 수상, 데라우치 마사타케寺内正毅(1852~1919) 육군대신, 고타마 겐타로 만주군 총참모장 등이 그

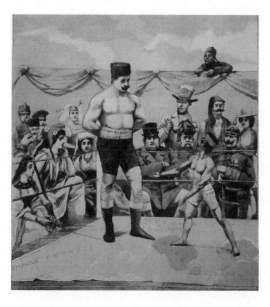

1904년 4월3일 프랑스의 〈르 프티 파리지앵〉에 게재된 러일전쟁 풍자 삽화. 일본 열도와 조선 땅을 디딘 왜소한 일본군은 아시아 챔피언이라고 쓴 옷을 입었고, 거인 러시아군은 유럽챔피언이라는 띠를 둘렀다. 조선 땅임에도 조선인은 없고 청일전쟁에서 이미 패한 중국인도 장막 밖에서 불안하게 구경하고 있다. 당시 세력 판도를 보는 유럽인의 시각을 알 수 있다. 그러나 결론은 일본군의 대승.

를 보좌했다. 드디어 일본군이 조선의 마산포와 원산 등지에 대거 상륙하면서 러일전쟁의 도화선에 불이 붙었다.

1904년 2월 8일, 도고 헤이하치로東鄕平八郎(1848~1934) 제독이 지휘하는 일본 함대는 뤼순 항에 있는 러시아의 극동함대를 급습하고, 9일에는 제물포항에 있던 러시아의 바리아크 함과 코리에츠 함을 침몰시켰다. 그리고 10일에야 일본은 러시아에 정식으로 선전포고를 했다. 일본의 도발을 전혀 예상치 못했던 러시아는 2월 12일 조선주재공사를 철수시켰고 개전 8일 뒤에야 응전을 선언했다. 역사적인 러일전쟁이 발발하면서 수많은 일본의 청년들은 비장한 내용의 출진가*를 부르며 기차에 올라탔다.

러일전쟁은 110만 명의 병력을 동원한 일본의 총력전이었다. 일본군은 2월 23일 서울을 점령한 뒤 한일의정서, 5월에는 대한시설강령을 강제함으로써 조선을 전쟁의 배후기지로 삼았다. 그해 2월부터 4월까지 이어진 뤼순항의 공방전은 일본의 함포와 러시아 해안포대의 대결이었다. 4월 13일 러시아군은 스테판 오시포비치 마카로프 제독이 전사하자 항구에서 물러났다. 육지에서는 5월 1일 이테이 쿠로키가 지휘하는 일본 육군이 압록강 전투에서 첫 승리를 거두었다.

그후 양군은 일본 해군에 의해 봉쇄된 뤼순항에서 치열한 공방전을 벌였지만 쉽게 승부가 나지 않았다. 8월 10일 러시아군은 황해해전을 통해 해로를 뚫으려 했지만 실패했다. 이윽고 뤼순 항이 일본 육군에 포위되면서 남아있던 러시아 전함들이 무수한 포화 속에 바다 밑으로 가라앉았다. 그리하여 1905년 1월 2일 뤼순 항은 일본군에게 함락되

---

* 출진가 - 하늘을 대신해서 불의를 토벌하자./충용무쌍의 우리 군대를/환호의 한목소리로 보낸다./이제 출진하는 부모의 나라에/반드시 승리를 가지고 돌아오리라./용감한 병사의 마음.

고 말았다.

뤼순 항 전투가 한창이던 1904년 10월 15일 리예파야 항구를 떠난 러시아의 발틱 함대가 희망봉을 경유해 아시아로 전진하고 있었다. 발틱 함대는 표트르 대제가 1705년 11월 창설한 이래 그때까지 무적 함대로 명성이 드높았다. 이에 경각심을 느낀 일본은 동해에서 러시아 군함을 감시하기 위해 1904년 9월에 울릉도에 망루를 설치했다. 뤼순 항 점령 후인 1905년 1월 28일 일본 내각은 독도를 시마네 현 관할의 '다케시마'라는 명칭으로 고쳐 불렀고, 2월 22일에는 독도를 일본 영토로 편입하는 내용의 '시마네 현 고시 제40호'를 발표했다. 일본은 러일전쟁의 혼란을 틈타 한국의 고유영토인 독도를 탈취하고, 그해 8월에 망루를 세웠다.

1905년 2월 20일, 러시아군과 일본군은 만주의 펑톈에서 다시 맞붙었다. 일본군은 시베리아 횡단철도를 통해 러시아 지원군이 도착하기 전에 승리를 거두어야 하는 입장이었다. 러시아 병력 32만 명과 일본군 병력 25만 명의 격돌이었다. 격렬한 공방전 끝에 일본군은 7만 명, 러시아군은 9만 명에 달하는 사상자를 냈지만 3월 10일 전황이 불리해진 러시아 측이 펑톈 북쪽으로 철수해버렸다.

2년 동안의 러일전쟁 최대 이벤트는 쓰시마 해전이다. 당시 러시아의 발틱 함대는 영국이 관리하던 수에즈운하를 통과하지 못하고 220일 동안 대서양과 인도양을 거쳐 태평양에 이르는 2만 9000여 킬로미터의 초장거리 순항 끝에 기진맥진해 있었다. 중도에 영국의 압력을 받은 중립국들이 함대의 기항과 보급품 공급을 거부한 탓에 상황은 최악이었다. 애초에 뤼순 항을 최종목적지로 삼았던 함장 지노비 로제스트벤스키는 이미 러시아군이 철수했다는 소식을 듣고 블라디보스

러일전쟁의 하이라이트는 쓰시마 해전이다. 뤼순의 러시아 군사기지를 10개월 동안 해상 봉쇄한 도고 헤이하치로 제독은 러시아 발틱 함대를 쓰시마 해협으로 불러들여 '적의 대형을 丁자로 가르는 전술로 대승을 거뒀다. 언론이 넬슨 제독에 버금가는 군신이라고 칭송하자 도고 헤이하치로는 "넬슨은 군신이 못 된다. 해군 역사상 군신이라 할 만한 인물은 이순신 장군 뿐이다. 나를 이순신에 비교하면 그의 하사관 정도밖에 되지 않는다."고 말했다.

토크 쪽으로 급히 진로를 바꾸었다.

　발틱 함대의 움직임을 간파한 일본 연합함대의 도고 헤이하치로 제독은 쓰시마 해역에서 진을 치고 있다가 5월 27일과 28일 양일 간 38척의 전함을 동원하여 총공격을 감행했다. 이 쓰시마 해전의 결과 러시아는 8척의 전함과 호위 소함 등 함대 전력 3분의 2와 5000여 명의 병사를 잃고 남은 함대 중 6척은 일본 해군에 나포되고 단 4척만 블라디보스토크 항에 들어갔다. 반면 일본은 3척의 어뢰정과 116명의 병사를 잃었을 뿐이었다. 별명이 '미친 개'였던 러시아의 로제스트벤스키 함장은 부상을 입고 포로 신세가 되어 승장인 도고 제독의 병문안을 받는 망신까지 당했다. 이 승리로 전쟁의 주도권을 쥐게 된 일본군은 북진하여 일거에 사할린 전역을 장악했다.

　러시아는 일본과의 승부에서 예상 외로 연패를 거듭하는 가운데 국내에서 혁명의 기운이 고조되자 자존심을 접고 일본에 평화회담을 요청하기에 이르렀다. 그 와중에도 일본은 1905년 7월 미국과 가쓰라-태프트밀약, 8월 제2차 영일동맹을 통해 열강들로부터 조선 지배를 최종적으로 승인받는 치밀함을 보였다. 그해 9월 5일 미국의 주선으로 러시아와 일본은 포츠머스강화조약을 체결했다. 조약의 체결을 며칠 앞두고 미국 대통령 시어도어 루스벨트는 일본 대표단의 일원인 가네코 겐타로와 식사하면서 이렇게 말했다.

"카리브 해 연안의 쿠바를 미국이 지배하듯이 황해 연안의 조선을 일본이 지배하는 것은 당연하다."

일본은 포츠머스조약을 통해 기대했던 대로 조선에 대한 권리를 보장받았으며, 러시아가 중국으로부터 조차했던 랴오둥 반도와 창춘, 뤼순을 잇는 남만주철도와 사할린 남부 지역을 획득함으로써 청일전쟁 때 확보한 타이완과 펑후 열도(澎湖列島)를 통틀어 동아시아 최강국의 면모를 갖추었다. 그로 인해 국제적으로 완전히 고립된 조선은 이토 히로부미에 의해 11월 9일 을사늑약을 강제 당함으로써 일본의 보호국 신세로 전락하고 말았다.

막강한 권력, 쓸쓸한 종말

1909년 10월 26일, 오랜 라이벌이었던 이토 히로부미가 하얼빈에서 목숨을 잃으면서 야마가타 아리토모는 일본의 최고 권력자로 군림하게 되었다. 거칠 것이 없어진 그는 군부대신 현역 무관제를 도입하여 군의 특권을 강화하는 한편 정부 요직에 심복들을 배치해 국가 전 분야를 장악했다. 그때부터 야마가타의 의중에 따라 대동아공영권을 향한 일본의 폭주가 시작되었다.

1910년 8월 22일, 조선을 강제 병합한 야마가타는 초대 조선 총독에 육군대장 데라우치 마사타케, 조선 주차군 참모장에 중장 아카시 겐지로, 토지조사사업으로 악명 높은 동양척식주식회사 초대 총재에 중장 우사카와 가즈마사를 배치하여 직계 군인 및 관료에 의한 강권적 지배를 단행했다.

천황 직속 제국의회와 같은 권한을 가진 조선 총독에 현역 무관이 배치되는 것은 매우 심각한 문제였다. 총리의 감독을 받을 필요가 없는 조선총독부는 군인이 이끄는 국가 속의 국가가 되어갔다. 그처럼 야마가타 아리토모는 조선이 물러설 수 없는 일본의 이익선이라는 구실로 군부에 막강한 권한을 쥐어주었다.

메이지 초기부터 꿈꾸었던 정한론을 몸소 추진했고 마지막까지 살아남아 영광의 단물을 빨아먹었던 야마가타 아리토모, 하지만 그는 말년에 황태자 히로히토의 결혼문제에 간섭했다가 커다란 망신을 초래했다. 당시 추밀원 의장이던 야마가타는 히로히토 황태자의 비로 내정된 나가코의 친정 시마 가문에 유전병인 색맹이 있다면서 그녀의 아버지 구니노미야 구니요시久邇宮邦彦王*에게 혼약 파기를 요구했다. 하지만 세간에는 구니노미야의 아내 치카코가 옛 사쓰마 번주이며 공작인 시마즈 타다요시의 딸이어서 조슈 번 출신인 야마가타가 황실에 사쓰마 번의 피가 섞이는 것을 싫어했기 때문이라는 소문이 돌았다.

---

* 구니노미야 구니요시는 러일전쟁의 영웅으로 옛 사쓰마 번주인 시마즈 타다요시의 일곱 번째 딸 치카코와 결혼했는데, 그의 딸 나가코가 1924년 1월 26일 히로히토 황태자와 결혼했다. 그는 1928년 5월 14일 타이완의 타이중에서 조선인 조명하의 단도 공격을 받았지만 무사했고, 1929년 아타미 별장에 가다가 급성내장질환으로 사망했다.

격분한 구니노미야는 황실에 야마가타의 주장이 부당하다고 직소했다. 그로 인해 여론이 분분해지자 황실의 명예를 우려한 궁내청에서는 서둘러 히로히토와 나가코의 결혼을 확정 발표했다. 망신을 당하고 정계에서 물러난 야마가타는 실의에 빠진 채 1922년 2월, 쓸쓸히 세상을 떠났다. 그의 장례식은 메이지 정부 수립의 일등공신이며 조정의 원로 자격에 걸맞게 국장으로 치러졌지만 조문객은 그를 따르던 군인과 경찰이 대부분이었다. 때문에 훗날 수상을 지낸 저널리스트 이시바시 단잔石橋湛山(184~1973)은 '국민이 없는 국장'이라며 조소하기도 했다.

조선은 내 나라다

일본의 위인 조선의 적신, 이토 히로부미

이토 히로부미伊藤博文(1841~1909)는 막부의 오랜 무단정치를 끝장내고 메이지 유신을 주도했으며, 특히 독일헌법에 기초한 메이지헌법의 초안을 작성하고 양원제 의회 제도를 확립하는 등 근대국가 일본의 초석을 세운 인물이다. 국제적으로도 그는 탁월한 협상론자이며 평화주의자로서 전쟁을 선호하지 않았던 합리적인 정치인으로 알려져 있다. 하지만 우리에게는 국권을 침탈하고 조선을 강제로 병합한 최악의 국적이다.

그는 요시다 쇼인의 문하에서 존왕양이와 정한론을 배웠지만, 영국에 유학하면서 양이론을 포기하고 존왕과 정한만을 목표로 삼았다. 일본으로 돌아온 그는 적극적인 개국주의開國主義자로서 메이지 유신에 적극 참여하면서 일본의 개혁과 부국강병을 주도했고, 네 차례에 걸쳐 내각의 총리대신을 역임했다.

평생 조선 병탄을 꿈꾸었던 그는 고종을 무력으로 위협하여 을사늑약을 통해 조선의 외교권을 빼앗았다. 그 후 5조약, 7조약 등을 통해 조선의 실권을 강탈한 다음 보호 명목으로 통감부를 설치, 첫 통감으로 부임한 그는 조선을 자신의 영지처럼 취급하면서 완전한 일본화를 위해 온갖 모략과 술수를 자행했다.

헤이그 특사 사건을 빌미로 이토 히로부미가 고종을 강제 퇴위시키자 조선팔도에서 의병들이 분기했다. 그와 같은 분위기에서 조속한 무력 병합을 주장하던 일본 내 매파의 공세로 궁지에 몰리자 통감 직을 사임하고 일본으로 돌아갔다. 하지만 그는 천황의 신임 덕분에 추밀원 의장으로 복귀하여 일본의 국내외 정책에 강력한 발언권을 행사했다.

이토는 조선 병합의 국제적인 승인을 받기 위해 만주 일대를 순방하다가 하얼빈 역두에서 대한의군 참모중장 안중근의 총탄에 목숨을 잃었다. 안중근이 제시한 이토의 범죄 15개 사항*은 당시 그가 우리에게 어떤 존재였는지를 가장 명확하게 보여주고 있다.

대장부의 뜻을 품다

이토 히로부미의 본명은 하야시 도시스케林利助로 1841년 10월 16일 조슈 번의 구마게(熊毛) 마을에서 농민 하야시 주조林十藏의 아들로 태어났다. 벌목과 잡부 등 노역으로 생계를 꾸리던 아버지는 이토가 9세

---

* 대한의군 참모중장 안중근이 이토 히로부미를 사살하면서 제시한 그의 죄상 15개 조항은 다음과 같다. 1.조선의 명성황후를 시해한 죄 2.조선의 황제를 폐위시킨 죄 3.5조약과 7조약을 강제로 체결한 죄 4.무고한 조선인을 학살한 죄 5.정권을 강제로 빼앗은 죄 6.철도·광산·산림·천택을 강제로 빼앗은 죄 7.제일은행권 지폐를 강제로 사용한 죄 8.군대를 해산시킨 죄 9.교육을 방해한 죄 10.조선인의 외국 유학을 금지시킨 죄 11.교과서를 압수하여 불태워 버린 죄 12.조선인은 일본인의 보호를 받아야 한다고 세계에 거짓말을 퍼뜨린 죄 13.현재 조선과 일본 사이에 경쟁이 쉬지 않고 살육이 끊이지 않는데, 조선이 태평 무사한 것처럼 위로 일본 천황을 속인 죄 14.동양의 평화를 깨뜨린 죄 15.일본 천황의 아버지 태황제를 죽인 죄

이토 히로부미. 비천한 신분으로 태어났지만 요시다 쇼인 문하에서 정한론을 배우고 미국과 유럽에서 견문을 넓혔으며 런던대학에서 화학을 공부한 지식인. 양원제 의회제도를 도입하여 근대국가 일본의 초석을 다졌다. 고종을 겁박하여 국권을 침탈하고 초대 조선 통감을 역임한 국적.

때 가족을 이끌고 하기에 있던 하급무사 이토 나오우에몬의 집에 일꾼으로 들어갔다. 그 후 하야시의 성실성을 높이 평가한 주인이 그를 양자로 삼으면서 하급무사의 신분과 함께 이토란 성을 얻었다.

어린 시절부터 수재로 소문났던 이토 히로부미는 조슈 번의 준걸로 손꼽히는 구루하루 료조의 도움을 받아 17세 때 요시다 쇼인의 쇼카손주쿠에 들어갔다. 만일 요시다 쇼인이 신분을 차별했다면 그는 일개 무사로 세상을 떠돌았을 것이다.

쇼카손주쿠에서 이토는 유신삼걸 가운데 한 사람인 기도 다카요시, 막부 타도의 영웅 다카스키 신사쿠와 사귀었다. 당시 이토에게 가장 큰 영향을 미친 인물은 다카스키 신사쿠와 오쿠보 도시미치였다. 다카스키는 분방했고 직감적이며 낭만적인 인물이었던 반면 오쿠보는 냉철하고 논리적인 현실정치가였다. 이토는 극단적으로 대조적인 두 인물 중 어떤 유형을 택할지를 놓고 평생 고민했다고 한다.

1862년 이토는 양이론에 입각해 다카스키 신사쿠·구사카 겐즈이·이노우에 가오루 등과 함께 에도 시나가와(品川)에 있는 영국공사관에 불을 질렀다. 그 공로로 1863년 조슈 번으로부터 '당대에만 사무라이 자격을 허락한다.'는 은전과 함께 영국 유학의 기회를 거머쥐었다. 런던으로 떠나기 전에 이토는 다음과 같은 한시를 지었다.

대장부의 뜻을 품고 나아가는 길에
주저할 것은 아무 것도 없다.

1863년 동료들과 함께 영국에 도착한 이토 히로부미는 런던대학에서 화학을 공부했다. 그런데 이듬해인 1864년 조슈 번이 시모노세키에서 미국 상선에 포격을 가했다가 미·영·프·네 4개국 함대의 보복 포격을 받았다는 소식을 들은 이토는 이노우에와 함께 급히 귀국했다. 그리고 번주 모리에게 서양의 강력한 무력을 상세히 설명하고 일본의 정책을 개국으로 전환해야 한다고 설득했다. 우여곡절 끝에 조슈 번이 개항을 선택하자 이토는 본격적으로 번정의 개혁에 참여하게 되었다.

일본 정계의 1인자로 우뚝 서다

이토 히로부미는 1868년 대정봉환 이후 출발한 메이지 신정부에서 외국인과 직접 교섭하는 능력을 인정받아 27세의 젊은 나이에 개항장이 있던 효고[兵庫] 현 지사에 임명되었다. 그 후 외국사무국 판사 등을 역임했으며, 1870년에는 화폐제도와 은행제도 조사를 위해 미국에 다녀오기도 했다. 1871년에는 이와쿠라 사절단에 특명전권부사로 참여하여 유럽을 순방하면서 오쿠보 도시미치와 깊은 인연을 맺었다. 1873년 귀국한 뒤에는 정한론에 반대하며 내치 정비와 근대화를 주장한 오쿠보 노선에 동참하며 주류 관료로서 승승장구했다. 1875년 타이완 출병에 반대하며 하야했던 기도 다카요시의 정계복귀를 추진했고, 오사카 회의를 주선하는 한편 일본의 입헌군주제 이행방침을 천명하면서 원로원과 대심원 등의 창설을 주도했다.

사족들의 반란과 세이난 전쟁의 사후처리가 종결되고 새로운 체제로 이행을 준비하고 있던 1878년, 내무경 오쿠보가 암살당하자 이토는 후임자가 되어 오쿠마 시게노부大隈重信(1838~1922)와 함께 정국을 주도했다. 1881년, 국회 개설 문제로 내각에서 분란이 일어나자 우대신 이와쿠라 도모미의 절대적인 신임을 받고 있던 이토는 사쓰마 번벌의 협조를 얻어 영국식 의회정치 도입과 헌법 제정에 동조하던 오쿠마 시게노부를 축출하고 불과 40세의 나이로 국정을 장악했다. 하지만 민권파의 조짐이 심상치 않자, 10년 이내에 정부 주도로 헌법을 제정하고 의회를 개설하겠다는 조칙을 천황에게 발표하게 함으로써 위기를 모면했다.

1882년 3월, 이토는 신헌법을 제정하기 위해 유럽으로 건너가 독일의 헌법학자 그나이스트Rudolf von Gneist(1816~1895)와 그의 제자 모세 Albert Mosse(1846~1925), 오스트리아 빈 대학의 헌법학자 슈타인Lorenz von Stein(1815~1890) 등에게 헌법 강의를 들었다. 이듬해 8월 귀국한 이토는 국민참정권을 용인하면서도 이를 최소한으로 억제할 수 있는 입헌

정치체제를 도입했다. 그리하여 의회를 양원제로 만든 다음 임명직인 상원(귀족원)이 민선의 하원(중의원)을 견제할 수 있도록 귀족제도를 화족제도로 정비했다.

메이지 시대 초기 이토 히로부미는 사이고의 정한론을 반대하는 쪽에 서 있었다. 하지만 이토를 비롯한 당시 일본 정치인들 대부분은 조선 정벌 자체에 반대한 것이 아니라 완급의 차이로 갈등을 빚었을 뿐이다. 조선의 갑신정변이 실패로 돌아가자 청국의 리훙장과 톈진조약을 맺으면서 청국이 조선에 출병할 때 일본에 사전에 통지한다는 항목을 넣었던 이유도 장차 조선 침략을 위한 사전포석이었다.

1885년, 이토는 정부조직을 태정관제에서 내각제로 바꾸고 초대 총리대신으로 취임했다. 그때부터 이토는 4차례에 걸쳐 통산 7년 6개월 동안 일본 제국의 수상으로 복무했다. 1886년부터는 이노우에 고와시·이토 묘지·가네코 겐타로 등과 함께 헌법·황실전범·귀족원령·중의원의원선거법 등의 초안을 마련하고, 1888년 추밀원이 신설되자 의장에 취임하여 헌법 초안을 심의했다.

1889년 2월 11일, 드디어 제국헌법이 반포되었다. 주로 프러시아 헌법을 모델로 만들어진 제국헌법은 제1장 제1조에 '대일본제국은 만세일계의 천황이 통치한다.', 제3조에 '천황은 신성하므로 침해할 수 없다.'라고 명시함으로써 천황을 유일한 통치권자로 정시한 흠정헌법이었다. 메이지 천황은 수많은 관리와 외교사절들이 지켜보는 가운데 내각 총리대신 구로다 기요타카에게 제국헌법을 하사하면서 확고부동한 천황으로서의 권위를 과시했다. 그날 사상 최초로 '반자이〔萬歲〕'라는 만세삼창이 울려 퍼졌다.

1894년 천황제 국가에 의한 최초의 침략전쟁으로 일컬어지는 청일전쟁이 일어나자 귀족원 의장으로 재임하던 이토 히로부미는 천황의 칙서를 이용하여 군부확대예산을 가결시켰으며, 문관의 몸으로 대본영의 일원이 되어 전략과 정략의 통일을 도모했다. 하지만 전쟁 와중에 총리대신으로 복귀한 이토는 90여 차례의 어전회의에서 청일전쟁이 아무런 명분도 없으며 다만 러시아와 영국에 어부지리를 줄 뿐이라며 야마가타 아리토모의 확전 주장을 견제했다. 그의 우려대로 일본은 청일전쟁에서 승리를 거두고 환호성을 질렀지만 삼국 간섭으로 인해 랴오둥반도에서 철수하는 등 쓴맛을 보았다.

그 무렵 러시아는 모스크바에서 블라디보스토크로 이어지는 시베리아 철도를 건설하고 조선과 통상조약을 맺으며 태평양 연안의 부동항 확보에 진력하는 등 남하정책에 골몰했다. 이러한 움직임에 군부에서 일전불사를 주장하자 이토는 러시아의 만주 영유와 일본의 조선에 대한 권리를 맞바꾸기 위해 꾸준히 협상을 시도했다. 그러나 1903년 8월부터 진행된 러시아와의 협상이 결렬되자 결국 전쟁을 선택할 수밖에 없었다. 1904년 2월 4일 열린 어전회의에서 이토는 개전 여부를 묻는 메이지 천황에게 이렇게 말했다.

"국난이 드디어 절박한 상태가 되어 만일 일본이 패한다면 중대한 각오를 해야 할 것입니다. 일본의 존립도 어려워질 수 있지만 충성스럽고 용맹한 신하들이 싸운다면 반드시 국위가 유지될 것입니다. 지금은 결단을 내려야 할 시기입니다."

그날 어전회의에서 물러나온 이토는 하버드대학 로스쿨 출신 가네코 겐타로를 관사로 불러 러시아와의 전쟁은 이미 피할 수 없게 되었지만 장기전이 된다면 국가존망의 위기에 처하게 되므로 친구인 미국의 루스벨트 대통령에게 중재를 부탁하라고 지시하는 용의주도함을 보였다.

1904년 2월 8일부터 이듬해 가을까지 계속된 러일전쟁의 주요 무대는 만주 남부, 특히 랴오둥반도와 조선 근해였다. 주변국들의 예상을 뒤엎고 일본이 연승을 거두면서 조선의 장래도 어두운 그림자가 드리워졌다. 그때 일본의 총리 가쓰라 다로桂太郞는 조선 병합의 사전조치로 1905년 7월 29일 미국 대통령 시어도어 루스벨트의 특사로 도쿄에 파견된 육군 장관 윌리엄 하워드 태프트William Howard Taft(1857~1930)와 소위 가쓰라-태프트밀약*을 맺었다.

이 비밀협약은 '미국이 필리핀을 통치하고, 일본은 필리핀을 침략할 의도를 갖지 않으며, 극동의 평화유지를 위해 미국·영국·일본은 동맹관계를 확보해야 하고, 미국은 러일전쟁의 원인이 된 조선을 일본의 보호국으로 만드는 것에 동의한다'는 등으로 구성되었다. 또 그해 8월 12일에는 영국과 제2차 영일동맹을 맺음으로써 일본의 조선에 대한 통제와 보호권을 보장받았다.

'일본이 조선에서 정치상, 군사상 그리고 경제상의 탁월한 이익을 소유하고 있고, 일본이 그 이익을 옹호하고 증진하기 위하여 필요하다고 인정되는 지도, 감리 및 보호의 조치를 조선에서 집행할 수 있는 권리를 승인한다.'

그해 9월 러일전쟁이 일본의 승리로 확정되면서 두 나라는 미국의 중재로 포츠머스조약**을 체결하여 일본의 조선에 대한 정치적·군사

---

* 가쓰라-태프트밀약Katsura-Taft Secret Agreement은 1924년 미국 존스홉킨스대학교의 T.데넷 교수가 시어도어 루스벨트 대통령의 서한집에서 발견하여 세상에 알려졌다.

** 포츠머스조약의 체결은 일본의 목표였던 유럽적 제국을 완성시켜 주었지만 거꾸로 절친했던 미국과의 관계를 악화시키는 계기가 되었다. 당시 미국 언론은 조약의 체결을 축하했지만 일본 언론은 굴욕적인 조약이라며 강화조약의 취소와 고무라 외상의 처벌을 요구했다. 9월 5일 도쿄의 히비야 공원의

적·경제적 권리를 승인하기에 이르렀다. 일본이 조선 침략을 열강으로부터 공식적으로 추인받자, 그해 11월 17일 이토는 조선 주차군 사령관 하세가와 요시미치長谷川好道(1850~1924)를 대동하고 경복궁으로 달려가 고종황제와 대신들을 협박해 을사늑약을 체결해 조선의 외교권을 박탈했다. 그렇게 메이지 유신 이래 일본의 숙원을 달성한 이토는 한성·인천 관민환영회 연설에서 조선인을 모욕하는 발언을 서슴지 않았다.

"지금 조선인이 미개하다고 해도 그것을 모욕하고 그것을 기만하는 것은 결코 우리 폐하의 마음이 아니다."

초대 조선 통감으로 부임하다

일본은 을사늑약으로 조선을 수중에 넣었지만 완전한 병합을 서두르지는 않았다. 일찍이 삼국 간섭의 치욕을 겪었던 일본의 지도부는 열강들과 외교적인 교섭을 통해 국제적으로 완전히 공인된 병탄을 원했다.

1906년 1월 등장한 사이온지 긴모치西園寺公望(1849~1940) 내각은 외교전문가들을 전면에 배치했다. 을사늑약 개정의 교섭을 담당하고 외무대신을 두 번이나 지낸 아오키 슈조를 특명전권 미국대사로, 포츠머스조약의 주인공인 고무라 주타로를 특명전권 영국대사로, 러일전

'강화반대국민회의'에 참가한 3만여 명의 군중은 고노河野廣中의 선동에 흥분하면서 폭도로 돌변해 조약의 중재자인 루스벨트를 비난하면서 미국 공사관과 교회, 파출소 등을 공격하고 미국인을 구타하는 등의 광태를 보였다. 그로 인해 방일 중이던 루스벨트의 딸 엘리스Alice Roosevelt Longworth는 황급히 귀국해야 했다. 그러자 미국 언론은 일본인이 그 동안 내세웠던 문명과 인도주의의 본색을 드러냈다며 은혜도 모르는 황색 야만인들이라고 조소했다.

쟁 당시 러시아 대사를 역임한 구리노 신이치로를 특명전권 프랑스 대사로, 1899년 특명전권공사로 조선에 부임해 을사늑약을 성사시킨 하야시 곤스케를 특명전권 청국공사로 발령했다.

조선 병탄의 화룡점정은 역시 이토 히로부미의 몫이었다. 1906년 3월 서울에 통감부統監部가 설치되자 초대 통감으로 부임한 이토는 본격적인 병탄 절차에 들어갔다. 하지만 조선 전역에서 의병의 맹렬한 저항과 고종의 강력한 반발이 그의 발목을 잡았다. 곤혹스런 입장에 빠진 이토는 조선인에 대한 유화책으로 조선 각료들을 불러들여 시정개선협의회를 주재하고, 도로망과 교육시설 확충을 추진함으로써 일본이 조선의 발전과 민생 향상에 진력하는 것처럼 제스처를 취했다. 하지만 그 무렵 이토는 개성을 비롯한 전국의 왕릉에서 도굴한 고려청자를 선물로 뿌리는 등 표리부동한 행각을 서슴지 않았다. 업무 교섭차 도쿄에 갔을 때 이토는 미국 예일대학의 래드 박사를 만나 이렇게 큰소리쳤다.

"당신을 나의 나라, 조선에 초대하고 싶습니다."

1906년 통감부는 '사범학교령', '고등학교령', '보통교육령'을 제정하여 근대식 교육을 통해 합법적으로 친일파를 육성할 계획을 세웠다. 하지만 신설된 사립학교에서 반일 학생운동이 빈발하자 실망한 이토는 1908년 통감 훈시 연설에서 이렇게 말했다.

"학교에서 함부로 독립을 주장하고 애국을 부르짖어도 국가에 아무런 도움이 되지 않는다. 최근 여러 학교에서 학생운동이 일어나는데 경박한 방법으로 애국심을 재촉하는 것은 어리석다. 그것을 장려해 배일주의排日主義를 고무시키려는 것 역시 조선에 아무런 이익을 안겨주지 못하며, 학생과 일본 병사의 충돌만 야기할 뿐이다."

이토는 유교를 모든 악의 근원으로 단정하면서 조선의 유학자들이 세상의 변화에 무감각하다고 비판했다. 그것은 현실에서 유리된 공리공론으로 치달았던 과거 일본의 유학자를 비판했던 이토의 인식을 그대로 반영한 것이었다. 하지만 조선의 유학자들은 당시 백성들에게 반일감정을 고취하고 의병을 일으키는 등 매우 적극적인 지식인들이었다. 이토는 그런 유학자들의 저항으로 통감으로 재임하는 내내 곤란을 겪었다. 한편 호러스 알렌Horace N. Allen(1858~1932)·헨리 아펜젤러Henry G. Appenzeller(1858~1902)·윌리엄 스크랜턴William B. Scranton(1856~1922) 등 조선에서 교육, 의료 등의 활동에 적극적이었던 미국의 선교사들도 문제였다. 그들은 조선의 의병 투쟁을 세계에 알

일본 교과서에 실린 사진. 한복 입고 갓을 쓴 이토(뒷줄 가운데)와 한복 입은 그의 부인 우메코(앞줄 왼쪽 두 번째) 모습. 야마구치 현의 이토 공원에는 벚꽃과 무궁화가 섞여 있다. 조선이 제 나라라는 이토의 간교함을 볼 수 있다.

리고 이토의 조선정책에 사사건건 딴죽을 걸었다. 심지어 〈코리아리뷰〉의 편집장 호머 헐버트Homer B. Hulbert(1863~1949)는 헤이그 만국평화회의에서 제3의 밀사로 활약하기도 했다.

그해 1907년 7월 벌어진 헤이그 밀사 사건으로 그 동안 감추었던 이토의 마각이 드러났다. 그 동안 펼친 유화책의 한계를 느낀 그는 강압적으로 고종황제를 퇴위시킨 다음 순종을 허수아비 황제로 앉히고 본격적인 병탄 작업에 돌입했다. 이토는 제3차 한일협약(정미7조약)을 통해 조선의 법령의 제정, 고등 관리의 임명권을 빼앗았고, 순종의 조칙을 위조해 군대 해산*까지 성사시켰다. 그 결과 조선은 주권국가의 3대 요소인 내정권·외교권·군정권을 완전히 잃어버리고 말았다.

의병 항쟁으로 궁지에 몰리다

이토 히로부미가 고종을 강제 퇴위시키고 군대마저 해산하자 전국 각처에서 격렬한 저항이 시작되었다. 1907년의 군대 해산 이후 수많은 군인들이 의병에 투신함으로써 항일의병 조직이 보다 체계화되고 강력해졌다. 애초에 통감부는 의병의 저항을 과소평가했지만, 그 여파는 상상 이상이었다. 그해 12월 14일 이강년은 도창의대장의 이름으로 '이등박문에게 보내는 격문'**을 발표해 이토의 표리부동함을 신

---

* 1982년 10월 일본의 〈주간아사히〉는 군대 해산 조칙의 초고 사진에 대한 감정 결과를 게재했는데 바로 이토 히로부미의 필적이었다.

** 이등박문에게 보내는 격문 – '너희들이 아무리 오랑캐라지만 역시 추장과 졸개가 있고 백성과 나라가 있으며, 만국과 조약을 맺지 않느냐. 한 하늘 아래서 진실로 나라가 없다면 말할 것이 없지만 나라가 있다면 임금과 신하가 있으며, 임금과 신하가 있다면 의를 주장하게 되는 것이니, 의가 존재하는 곳

랄하게 꾸짖었다. 조바심이 난 일본은 제천 읍내를 초토화하는 등 무
자비한 의병 토벌작전을 개시했다. 당시 일본군의 잔혹한 토벌 현장
을 목격했던 영국 〈데일리 메일〉 지의 기자 프레드릭 매켄지Frederick A.
McKenzie(1869~1931)는 이렇게 탄식했다.

"지금 뿌려진 증오의 씨앗을 뿌리 뽑기 위해서는 수 세대가 지나야
할 것이다."

항일의병을 토벌하기 위해 일본은 조선군 해산 직전에 증파된 12여
단을 시작으로, 9월에 4개 중대의 기병대, 1908년 5월에는 2개 연대
의 보병을 상륙시켰고, 1909년 5월에는 기존의 조선주둔군과는 별도
로 2개 연대로 구성된 조선파견대를 창설했다. 그와 같은 일본군의 병
력 증강에도 불구하고 의병의 수는 날이 갈수록 늘어만 갔다. 통감부
는 조선인의 반일여론을 통제하기 위해 1907년 7월 신문지법, 보안
법, 9월에는 총포 및 화약류 단속법, 1908년 4월에는 신문지법을 더욱

에는 죽기 한하고 힘을 쓰는 것을 너는 모르느냐. 우리나라는 너희 나라와 국토가 가장 가까우니 서로
교제하는 일이 없을 수 없고 통상과 교역으로써 족한 것이거늘, 어찌하며 무기를 들고 군사를 거느리
고 군중을 모아서 남의 국모를 시해하고 남의 임금 욕보이고, 남의 정부를 핍박하고, 남의 재물과 권
리를 빼앗고, 남의 전해오는 풍속을 바꾸고, 남의 옛 법을 어지럽히고, 남의 강토를 차지하고, 남의 백
성을 살해하느냐. 만일 만국조약에 의해 하는 일이라면, 다른 각국 공사관에는 이런 악한 일이 없는데
너희만이 혼자서 날뛰는 것은 웬일이며, 우리 정부에서 인장 찍어 허락한 것이라면 어찌하며 2, 3명의
대신이 칼에 엎드려 목숨을 바쳐 이역에 나가 죽은 이가 있겠으며, 너희 군장이 시켜서 하는 짓이라면
어찌하여 10만의 병력을 동원하여 한번 결사전을 하지 않는 것은 웬일이냐. 이따위 짓은 너희 나라에
있어서는 반드시 제 임금을 속인 형벌을 받아야 할 것이요, 세계 만국에 있어서는 반드시 조약을 어긴
성토를 받아야 할 것이요, 우리나라에 있어서는 반드시 불공대천의 원수가 될 것이다. 너는 반드시 오
적, 칠적, 이완용, 송병준 같은 놈의 한 짓을 구실로 삼을 것이나, 이것은 또 그렇지 않다. 남의 나라 역
적을 두호하는 자는 원래 죄책이 있는 것이거늘, 더구나 남의 산하를 유린하고 남의 조정을 어지럽히
고 남의 나라를 망하게 하는 데 있어서랴. 한나라의 왕망, 조조나 송나라의 진희, 왕륜이 역적이 아
닌 바 아니지만, 금나라 오랑캐가 송나라를 우롱한 죄는 그보다 더욱 심할 것이다. 우리들은 군신간의
큰 의리로나 충성과 반역의 큰 한계로 보아 적개심을 참을 수가 없어 한 마디로 불러일으키매 팔도가
모두 호응하니. 공으로나 사로나 백전백승의 계책이 서있고, 화가 되건 복이 되건 한결같이 지키고 한
결같이 죽음이 있을 뿐이다. 바다를 두르고 산을 연결한 총과 같이 유달리 날카로워서 너와 내가 싸우
는 곳에는 비린 피가 내를 이룬다. 만일 시일이 더 지나간다면 한 놈도 돌아가지 못할 것이니 너희는
잘 생각하여 후회가 없게 하라.'

강화한 개정법, 학교령 등을 제정했다.

　조선의 의병 투쟁과 일본군의 잔혹한 진압 상황이 외국에 알려지면서 그 동안의 업적이 훼손될까봐 노심초사하던 이토는 허수아비 황제 순종으로 하여금 지방을 순행하게 하여 조선인의 저항 의지를 약화시키겠다는 잔꾀를 떠올렸다. 그 결과 1909년 1월 4일 순종의 명의로 다음과 같은 조칙을 발표했다.

> 지방의 소란은 아직도 안정되지 않고 백성들의 곤란은 끝이 없으니 가슴이 아프다. 더구나 혹한을 만나 백성들의 곤궁함이 더 심하여질 것은 뻔한 일이니 어찌 한시인들 모르는 체하고 나 혼자 편안히 지낼 수가 있겠는가. 단연 분발하고 확고하게 결단하여 새해부터 우선 여러 유사有司들을 인솔하고 직접 국내를 순시하면서 지방의 형편을 시찰하고 백성들의 고통을 알아보려고 한다.

　1월 7일부터 순종은 이토 히로부미, 이완용 등과 함께 서울을 출발하여 대구·부산·마산·대구를 경유하여 13일 환궁했다. 이어서 27일에는 서북부 순행 길에 올라 평양·의주·정주·평양·황주·개성을 거쳐 2월 3일에 서울에 돌아왔다. 하지만 그와 같은 민심 수습책은 아무 효과도 거두지 못했다. 흑룡회의 우치다 료헤이의 이토 경질 캠페인, 이완용과 송병준의 갈등, 1907년 이후 일본 정치권에서 강화된 통감정치에 대한 비난과 공격, 치열한 의병투쟁 등이 그를 끊임없이 괴롭혔다. 그런 내외의 비토에 실망한 이토는 1909년 2월 17일 일본으로 돌아가 칩거하다가 결국 사임을 결정했다.

조선 병합의 탄탄대로를 열다

이토 히로부미는 야마가타 아리토모 같은 정적이 온존한 상황에서 정치적 부담이 따르는 조선 병합에 신중한 태도를 취하고 있었다. 때문에 그는 표면적으로 조선 정부의 개혁을 돕고, 조선의 독립을 보호하는 것이야말로 통감부의 근본이념과 기본정책 노선이라고 강조하면서 정미7조약이 조인된 직후 일본은 조선을 병탄할 필요가 없다고 주장했다. 게다가 한 술 더 떠서 조선은 반드시 자치국이 되어야 하고, 이를 도와주는 것이 자신의 임무라고 기회 있을 때마다 공언했다. 그는 일본의 보호정치가 조선을 부익扶翼하여 문명의 경지로 인도하고 동양의 평화를 유지하기 위함에 있다고 강조하기도 했다. 그 때문에 일본의 정객들은 그를 병합반대론자로 인식하고 있었다.

1909년 4월 10일 내각의 가쓰라 총리, 고무라 외무대신이 레이난사카[靈南坂]에 있는 이토 히로부미의 관저로 찾아왔다. 두 사람은 병합반대론자로 알려진 그를 설득하려던 참이었다. 그런데 이토는 의외로 병탄을 적극 지지하는 것 아닌가.

사실 이토는 이전부터 병탄에 찬성하고 있었지만 3년 반 동안의 조선 통치 경험을 통해 만만치않은 조선인의 저항을 겪고 노선을 수정했던 것이다. 이토는 조선의 군주와 백성의 음모가 나타나고 소요가 일어날 때마다 그 기회를 이용하여 조선인의 권리를 하나씩 삭제하고, 일본의 이익을 하나씩 확보하여 점차적으로 정치상의 실권을 빼앗고, 조선 국왕을 허수아비로 만드는 용의주도하고 신중한 점진주의를 채택했던 것이다. 1907년에 이르면 조선 병탄의 장애물은 대부분 사라졌고, 헤이그 밀사사건 이후 일본의 여론은 조선에 대한 강경책을 요구하고 있었다. 이런 정세 변화와 맞물려 이토는 동양협회가 주최하는 일본관광 환영회에서 공개적으로 조선 병탄을 찬성했다.

"종래 일본과 조선은 두 나라로써 존립을 같이 해왔고, 지금은 협동적인 관계에 있지만 이젠 한 걸음 더 나아가 일가를 이루어야 한다."

일본 정계의 최고 원로인 이토 히로부미의 지지를 등에 업은 일본 내각은 최종적인 조선 병탄 작업을 진행해 나갔다. 그해 7월 30일 일본은 러시아와 맺은 이즈볼스키·모토노本野 비밀협약에서 조선에서 수행되는 일본의 정책을 '방애妨礙하지 않는다.'는 다짐을 받아냈다.

1907년 6월 14일, 메이지 천황은 이토의 사임을 받아들이고 대신 추밀원 의장으로 임명한 다음 후임으로 부통감 소네 아라스케曾禰荒助를 발령했다. 이토는 통감의 잔무를 정리하고 인수인계를 위해 1909년 7월 1일 조선으로 향했다. 그의 마지막 조선행이었다.

7월 5일 서울에 도착한 그는 이미 통감직에서 물러났음에도 불구하고 7월 14일 '사법권 및 감옥사무 위탁에 관한 각서'를 체결하고 7월 31에는 칙령으로 '군부 폐지'를 내림으로써 조선의 국가체계를 완전히 무너뜨렸다. 때맞춰 일본 정부에서도 7월 6일 각의에서 구라치 데츠기치의 안을 기초로 한 '대한대방침'과 '시설대강'을 각의에서 결정하고, 같은 날 천황의 재가를 받았다. 조선 병탄이 메이지 정부 수립 36년 만에 정식으로 국가정책이 되었다.

조선 병합이 확정되었지만 일본은 적당한 시기를 찾기에 부심했다. 우선 조선인의 자발적인 병합 움직임을 조장하는 동시에 열강들이 이해할 수 있는 외교적인 절차가 필요했다. 일본이 강제로 조선을 병탄했다는 비판을 희석시키는 과정이 필요했다. 때문에 각의는 병합 시기가 도래할 때까지의 정책목표인 시설대강을 통해 조선의 완전한 일본 영토화를 위한 조치에 착수했다.

그것은 첫째 질서유지를 위한 군대의 주둔, 헌병과 경찰관 증파, 둘째 조선에 관한 외국 교섭 사무 장악, 셋째 조선 철도를 제국 철도원의 관할로 이관하고, 남만주철도와 긴밀한 연락망 구축, 넷째 일본인의 조선 이주와 양국 경제의 긴밀화, 다섯째 재조 일본인 관리의 권리 확장 등이었다.

7월 19일 귀국한 이토는 메이지 천황으로부터 조선의 태자 이은의 보육총재를 맡으라는 명을 받고 8월 1일부터 영친왕과 함께 23일 동안 일본의 동북 지방과 홋카이도를 순행했다. 여행의 목적은 태자로 하여금 우방의 발전된 모습과 정의를 느끼고 일본과의 관계를 더 튼튼히 하겠다는 생각을 가지게 하기 위함이었다. 여행 중 환영회 연설에서 그는 이렇게 말했다.

조선은 우리의 이웃나라로 일본 제국과는 지금 공통적으로 이해를 도모하고 있다. 그들은 독립할만한 국력이 없음을 잊고 일본의 정도에 반하려 하여 어쩔 수 없이 작년에 두 협약을 체결했다. 조선의 태자는 참으로 어려 불과 12세에 지나지 않는다. 상당한 교육을 하면 다른 날 조선의 명군주가 되고 일본을 위해서는 아성이 될 것으로 믿는다.

아시아의 이토를 꿈꾸다

현직에서 물러난 이토는 자신의 정치인생에 하이라이트를 구상했다. 그때 초대 남만주 총재이며 만주 경영의 초석을 다졌던 체신성 대신

고토 신페이의 '동양 경영 제안'이 그의 구미를 당겼다.

> 불세출의 위재로서 한 세대를 압도하는 성망을 지닌 공께서는 조선이
> 라는 작은 천지에 국척跼蹐(삼가고 조심한다는 뜻)할 것이 아니라 세계의
> 무대에 나가서 당대의 군웅과 세계정세를 의논하여 러시아 및 중국과
> 의 국교를 조절하는 것이 마땅하다.

　조선 병합을 끝으로 역사의 뒤안길로 사라지고 싶지 않았던 이토는
고토의 권유를 받아들여 만주행을 결심했다. 그러자 고토는 당시 러시
아 황제의 신임을 받고 있던 러시아의 재무대신이자 동양사무의 책임
자였던 코코흐체프V. N. Kokovtsev(1853~1943)와의 회담을 주선했다. 가
쓰라 총리대신과 고무라 외무대신도 두 사람의 회담을 적극 찬성했다.
　10월 14일 오이소(大磯)를 출발한 이토는 과거 시모노세키 조약의
회담장소인 슌파로(春帆樓)에서 하룻밤을 보내고 만주로 향했다. 그는
이번 여행에서 러시아와 만주 문제를 담판지음으로써 자신을 일본의
이토가 아닌 '아시아의 이토'로 자리매김하고 싶었다. 그는 가쓰라 총
리에게 사람을 보내 이번 자신의 회담을 영국 정부에서 어떻게 생각
하고 있는지 고무라 외무대신으로 하여금 알아보게 해달라고 부탁했다.
출발 전 아들 분기치文吉에게는 이렇게 말했다.

> 지성은 귀신을 울게 하고, 천지를 움직인다고 하는데 이는 진실이다. …
> (중략)… 만주 여행에 특별한 사명은 없다. 그러나 중국이나 러시아와
> 장래 일본의 국제관계는 대단히 어려워질 것이며, 쉽지 않은 고심이 필
> 요할 것이다. 하얼빈에서 바로 돌아올지, 중국에 들를지, 또는 유럽까지

갈지 아직 결정하지 않았다.

10월 18일 만주의 첫 기착지인 다롄에 도착한 이토는 러일전쟁의 최대격전지 중에 하나인 뤼순 203고지를 둘러본 뒤 러시아가 제공한 특별열차를 타고 랴오양, 창춘 등지를 거쳐 하얼빈으로 향했다.

안중근의 노호에 쓰러지다

그 무렵 상하이 임시정부 소속 대한의군 참모중장 안중근은 신문을 통해 이토의 만주 방문 사실을 탐지하고 동지들과 함께 조선 침략의 원흉인 이토 히로부미를 처단할 준비를 갖추고 있었다. 일본에서 발간된 이키가와 마사키시市川正明의 《안중근과 일한관계사》에 따르면 안중근은 일찍이 블라디보스토크에서 의병을 조직하면서 다음과 같이 이토 히로부미의 죄상을 성토했다.

일본이 러시아와 개전했을 때 선전포고서에 동양평화의 유지, 조선의 독립을 부르짖다가 금일에 그런 신의를 헌신짝처럼 내던졌다. 도리어 조선을 침략하고 5개조 조약, 7개조 조약을 맺은 뒤 정권을 장악하여 황제를 폐위시키고, 군대를 해산했으며 철도, 광산, 삼림, 하천 등을 모조리 약탈했다. 그 위에 관아의 각 청과 민간의 저택을 병참용으로 빼앗고, 비옥한 전답과 고분을 군용지로 칭하고 발굴했다. 그 화는 살아있는 것뿐만 아니라 선조에까지 미치고 있다. 그 국민 된 자, 그 자손 된 자로서 어찌 분노를 참고 모욕을 감당할 수 있겠는가. 따라서 2000만 명이 일제히 분기하여 국내 전역에서 의병이 봉기하고 있다. 그런데 저 강적들은 그들을 폭도로 간주하고 병사들을 동원해 토벌하며 살육을 일삼고 있다. 1, 2년 사이에 해를 입은 조선인이 무려 10만 명에 달한다. 국토를 약탈하고 백성을 욕보이는 자가 폭도인가, 스스로 나라를 지키고 외적으로부터 방어하는 자가 폭도인가. …(중략)… 이 모든 잔학의 근본이 소위 일본의 대정치가, 노적인 이토 히로부미의 폭행이다. 한민족 2000만이 일본의 보호를 받아 현재 태평무사하게 나날이 나아가는 것을 바란다는 거짓말, 위로는 천황을 속이고 밖으로는 열강을 속여, 그 이목을 덮고 함부로 스스로 간교한 책략으로 우롱하니 그 비도가 끝이 없다. …(중략)… 우리 한민족이 만일 이토를 처벌하지 않으면 조선은 반드시 멸망하고, 동양은 정말로 망할 것이다.

그리하여 운명의 1909년 10월 26일 9시, 하얼빈에 도착한 이토 히로부미는 기차 안에 들어온 코코흐체프와 20분 정도 대화를 나눈 뒤 가와카미 도시히코 영사의 안내에 따라 열차에서 내렸다. 이토는 러시아와 청의 군대, 각국 외교사절, 러시아와 청의 문무대관, 환영단체들이 정렬해 있는 곳으로 걸어가면서 차례대로 악수를 나누었다.

이윽고 이토가 일본인 단체 쪽으로 돌아서려는 순간 안중근은 7연발 권총을 꺼내들었다. 곧 천지를 진동하는 총소리와 함께 이토가 차가운 보도 위에 쓰러졌다. 깜짝 놀란 남만주철도회사의 총재 나카무라 고레키미가 이토를 부축해 기차 안으로 옮긴 다음 주치의 고야마가 붕대로 응급처치를 했지만 30분 뒤 숨이 끊어졌다. 조선의 국적 이토 히로부미는 그렇게 69세의 나이로 사망했다.

안중근의 의거가 알려지자 조선과 중국의 백성들은 일제히 환호성을 질렀다. 중국의 국부 쑨원孫文(1866~1925)은 '공은 삼한을 덮고 이름은 만국에 떨치나니, 백세의 삶은 아니나 죽어서 천추에 빛나리.'라며 극찬했고, 신문화혁명의 선구자인 천두슈陳獨秀(1879~1925)는 '나는 중국 청년들이 톨스토이와 타고르가 되기보다 콜럼버스와 안중근이 되기를 원한다.'라며 경의를 표했다. 당시 일본과 조선에 중립적인 태도를 취하던 량치차오梁啓超(1873~1929)는 '추풍에 덩굴이 끊어지다.〔秋風斷藤曲〕'란 글에서 이렇게 뜨거운 찬사를 보내기도 했다.

　　흙모래 대지를 휩쓸고 바람은 노하여 울부짖는데
　　칼날 같은 흰 눈이 흑룡강 연안에 쏟아진다.
　　다섯 발자국 지척에서 피 흘리게 하여 대사를 마쳤으니
　　그 웃음소리 저 산의 달보다 높구나.
　　장하다 그 모습 해와 달처럼 빛나리.

　　상하이의 민우일보는 그해 10월 29일자 논설을 통해 '고려의 원수는 우리의 원수다. 삼한에 사람이 있어 일본이 길게 내뻗은 팔다리를 꺾었다. 비록 조선인이 자기의 원수를 갚았다고 하지만 역시 우리의 원수를 갚은 것이 아닌가.' 하며 그의 의거를 높이 평가했다. 하얼빈의 거사가 성공한 지 2년 후인 1911년 중국에서는 신해혁명辛亥革命이 일어나 청조가 무너졌다. 그때 중국의 지식인 뤄난산羅南山은 1914년 중국에서 발행된 박은식朴殷植(1859~1925)의 《안중근전》 서문에서 안중근의 의거가 중국의 신해혁명에 직접적인 영향을 주었다고 고마워했다.
　　그 후 중국인들은 국공 내전 시기에도 국민당과 공산당이라는 당파를 초월하여 일제에 저항하는 조선의 독립지사들을 적극적으로 후원

안중근. 단지동맹을 결성해 이토 히로부미 암살을 결의했다. 동맹 6개월 만에 이토를 쓰러뜨린 그는 '대한독립만세'를 외치고 현장에서 체포됐다. 법정에서 '대한의군 참모중장으로 독립전쟁 수행 중이며 개인적 원한과는 상관없는 조선의 독립과 동양의 평화를 위한 거사'라고 밝힌다. 천주교 신자로 세례명이 도마(토마스)인 그는 당시에는 조선 천주교로부터 십계명을 어긴 살인자 취급을 받았으나, 1993년 김수환 추기경으로부터 전쟁을 수행한 거룩한 '전투 행위'였음을 인정받았다.

해 주었다. 훗날 중국의 총리가 된 저우언라이周恩來(1898~1976)는 천진 남개대학 재학 시절 안중근을 주인공으로 하는 연극을 연출했고, 부인 덩잉차오鄧穎超(1904~1992)가 남장으로 안중근 역을 맡기도 했다.

박문사의 비극

조선과 중국의 환호성은 곧 일본의 고통이었다. 하지만 영악한 일본 정부는 이토 히로부미의 죽음을 조선 병탄의 적당한 시기로 상정하고 최후의 작업에 돌입했다. 일본 언론들은 안중근의 거사가 조선 병합을 불러일으켰다며 이토의 죽음을 미화했고, 그에 따라 일본은 순종 황제를 강박하여 조선 병합을 마무리했던 것이다.

이토는 비천한 출신이었지만 더 이상 오를 수 없을 만큼 정상의 자리에 올랐다. 그가 더 오를 유일한 길은 죽어서 신이 되는 것뿐이었다. 뜻밖

박문사. 을미사변 당시 일본 낭인에게 피살된 시위대장 홍계훈과 궁내부대신 이경식을 기리는 제단 장충단 주변을 조선총독부는 공원으로 지정하여 훼손하고 근처에 이토 히로부미를 추모하는 절 박문사를 지었다. 해방 이후 박문사는 헐리고 그 자리에 신라호텔이 들어섰다.

에도 가증스런 조선 암살자의 총탄이 결국 이를 도와주었다.

1919년 조선총독부는 항일의식의 상징인 장충단을 공원으로 바꾼 다음, 1932년 공원 동쪽에 이토 히로부미를 추모하기 위한 사찰 박문사博文寺*를 짓고 사찰이 자리 잡은 언덕을 춘무산春畝山이라고 불렀다. 박문사라는 이름은 이토의 이름 이등박문伊藤博文에서 따왔고, 춘무春畝는 이토의 호이다. 박문사는 정무총감 고다마 히데오가 발기하여 추진되었는데 이토의 23주기 기일인 1932년 10월 26일에 완공되었다.

---

* 박문사의 정문은 경희궁의 흥화문興化門을 뜯어 옮기고 경춘문慶春門이라는 현판으로 고쳐 달았다. 건축자재로 광화문의 석재, 경복궁 선원전과 부속 건물, 남별궁의 석고각 등이 사용되었다. 박문사는 대한민국 건국 이후 헐렸지만 흥화문은 신라호텔의 정문 등으로 사용되다가 1988년 경희궁으로 옮겨졌다. 그러나 흥화문의 본래 자리에는 구세군 회관이 세워져 있었으므로 옛터에는 표지석만 세워두었다.

장충단은 본래 을미사변 때 피살된 시위연대장 홍계훈과 궁내부대신 이경식 등을 기리기 위해 고종황제가 쌓은 제단이었다.

1939년 10월 16일, 박문사에서는 이토를 포함하여 이용구·송병준·이완용 등 조선 병합 공로자를 위한 감사 위령제가 열렸다. 친일파 이용구의 아들 이석규가 흑룡회와 함께 개최한 이 행사에는 이광수와 최린, 윤덕영 등 약 1000여 명의 인파가 운집했다. 그 자리에서 이토를 처단한 안중근의 둘째아들 안준생은 이토 히로부미의 맏아들 이토 히로쿠니에게 아버지의 죄를 사과한 다음 미나미 지로 조선 총독의 양아들이 되었다.

안준생은 형인 안분도가 일곱 살 때 낯선 사람이 건네 준 독이 든 과자를 먹고 독살당한 뒤 서른 살이 되도록 변변한 직업 없이 하루하루를 연명하고 있었다. 오랜 고통을 견디다 못한 그는 미나미 지로와 이토 히로쿠니의 위협과 회유에 넘어가 만인이 지켜보는 가운데 아버지를 부정하고 말았다. 그때부터 안준생의 삶은 편안해졌지만 '호부견자虎父犬子'라는 세인의 비난에 시달려야 했다. 이토 히로부미와 안중근 가문의 후일담까지 담고 있는 박문사는 해방 이후 헐리고, 그 자리에 신라호텔이 들어서 있다.

조선의 국모를 제거하라

을미사변의 막후 조종자, 이노우에 가오루

메이지 유신 이후 이토 히로부미와 야마가타 아리토모 등이 군부와 정계에서 맹활약을 펼칠 때 동료인 이노우에 가오루井上馨(1836~1915)는 경제 분야와 외교 분야에서 실질적인 성과를 거두고 있었다. 하지만 일본의 산업화를 주도하면서 정경유착을 통해 많은 재물을 모아 청렴결백을 모토로 삼던 메이지 시대의 혁명가들에게 조롱을 받았다. 1871년 이와쿠라 시찰단의 송별회 석상에서 사이고 다카모리가 그를 보고 이렇게 비웃었을 정도였다.

"어이, 미쓰이의 반도* 씨 한 잔 하세."

이처럼 이노우에는 금전문제로 몇 차례 추문을 뿌리기는 했지만 대체로 일본의 근대화와 산업화에 커다란 기여를 한 인물로 평가된다. 그는 조선의 개항을 강제했던 강화도조약에도 직접 참여했고, 급진개화파 김옥균과 박영효 등을 부추겨 갑신정변을 일으키는데도 관여했다. 또 러시아와 손 잡고 일본을 견제하려던 고종의 의도를 무산시키기 위

---

* 반도(番頭)란 에도 시대 상인 집안에서 최고 높은 사용인을 말한다.

이노우에 가오루. 이토 히로부미와 막
역한 사이로 악역을 도맡은 인물. 일본
산업화를 주도했으며 열강과의 외교
를 조율했다. 갑신정변에 관여하고 명
성황후 시해를 주도한 인물.

해 명성황후 시해를 배후 조종하는 등 스승 요시다 쇼인에게 배운 정
한론을 착실하게 추구했던 일본 제국주의의 모범생이었다.

조슈 5걸의 일원으로 영국에 밀항하다

이노우에 가오루는 1836년 1월 16일, 조슈 번의 하급무사 이노우에
미쓰아키井上光亨의 아들로 태어났다. 어릴 때 이름은 유키치勇吉였는
데 나중에 몬다聞多로 바꾸었다. 16세 때 하기로 나가 메이론칸(明倫館)
에서 공부했고, 요시다 쇼인의 쇼카손주쿠에서 존왕양이론과 정한론을
배웠다.

20세 때 그는 산킨코타이〔参勤交代〕정책에 따라 에도로 가는 조슈 번주 모리 다카치카를 수행했다. 당시 번주들은 2년에 한 번씩 의무적으로 에도에 머물러야 했고, 처자식은 무조건 에도에 거주해야 했다. 막부가 번주를 통제하기 위해 볼모로 잡아둔 것이다. 이때 이노우에는 사이토 야쿠로 도장에서 검술을 연마하면서 난학을 공부했다. 그 와중에 다카스키 신사쿠, 이토 히로부미 등과 함께 영국 대사관에 불을 지르기도 했다.

　1863년 4월 18일, 조슈 번은 이노우에 마사루, 이노우에 가오루, 야마오 요우조에게 밀항을 해서라도 유럽에 다녀올 것을 명령했다. 당시 막부에서는 해외여행을 금지하고 있었는데, 그렇다고 조슈 번의 명령을 거역할 수도 없었다. 이노우에는 막부가 가족들에게 책임을

조슈 번의 지원으로 1863년 영국으로 유학을 떠난 조슈 엘리트 5명. 쇄국령으로 해외여행이 금지된 때였지만 이들은 개의치 않았다. 이노우에 가오루(아랫줄 왼쪽)와 이토 히로부미(윗줄 오른쪽)는 후에 일본의 유력 정치인으로 성장했다.

조선인은 복종할 것이냐, 죽음을 택할 것이냐.

물을 것을 염려하여 아내와 이혼하고 장도에 올랐다.

일단 에도로 간 이노우에 일행은 주일 영국 총영사 제임스 가워Anthony James Gower를 찾아가 유럽행의 뜻을 설명하고 주선을 부탁했다. 가워는 뱃삯 700달러와 1년간의 체재비를 포함해 1인당 2000달러가 소요된다고 설명했다. 얼마 후 엔도 킨스케와 이토 히로부미가 합류하여 일행은 다섯 명으로 늘어났다. 당시 조슈 번에서는 유학비용으로 1인당 400달러씩 3명분만 준비한 상태였다. 그들은 에도에 파견돼 있는 조슈 번주 대리인에게 죽어도 뜻을 이루고 싶다고 애걸하여 유학비용을 간신히 확보했다.

가워 총영사는 쟈딘 머서슨 상회의 윌리엄 게스워크를 소개했고, 다섯 명의 청년들은 5월12일 요코하마에서 배에 올라 엿새 후 상하이에 도착했다. 쟈딘 머서슨 상회는 유태계 로스차일드 계열*의 영국 회사로 일본에 진출한 최초의 외국계 회사였다.

그 무렵 상하이는 개항 이후 조그만 어촌에서 동아시아 최대의 항구로 환골탈태한 상황이었다. 이노우에 일행은 상하이 앞바다에 정박해 있는 100척 이상의 외국 군함과 증기선을 보고 커다란 충격을 받았다.

'실로 일본은 우물 안 개구리 아닌가. 저들을 상대로 싸운다는 것은 자멸 행위다.'

---

* 독일 출신 유대인이며 미국 은행가인 야곱 헨리 쉬프Jacob Henry Schiff는 일본이 러일전쟁을 개시할 때 로스차일드Rothschild 그룹의 지원으로 2억 달러에 달하는 국채 발행에 성공하게 해주었다. 이는 러시아의 반유대주의에 대한 복수심 때문이었다고 한다. 당시 일본은 러일전쟁의 승리에도 불구하고 전쟁배상금을 받지 못했지만 로스차일드가에 금리를 계속 지불해야 했다. 때문에 러일전쟁의 최대 수혜자는 로스차일드 가뿐이라는 말이 돌기도 했다. 쉬프의 재정러시아 타도공작은 매우 철저해서 제1차 세계대전 전후 세계 각국에 자금을 확대 융자했지만 러시아에 대해서는 철저히 자금 유입을 틀어막았고, 1917년 레닌과 트로츠키에게도 2천만 달러를 제공해 혁명을 지원했다.

일행은 모두 그런 생각을 했고, 그 동안 성전처럼 여겨왔던 양이攘夷를 상하이 바닷속에 집어던져 버렸을 것이다. 상하이를 떠난 지 넉달 만에 이노우에 가오루 일행이 런던에 도착하자, 영국 신문들은 만리 타향에서 선진문물을 배우러 온 그들의 의기를 높이 평가하며 '조슈 5걸[長州五傑]'이라고 치켜세웠다.

귀국과 개국의 소용돌이 속에서

1864년 4월, 런던 대학에 재학 중이던 이노우에 가오루는 시모노세키에서 조슈 번이 외국 군함을 향해 포격을 가하고 있다는 소식을 듣고 이토 히로부미와 함께 급거 귀국했다. 두 사람은 조슈 번주에게 상하이에서 받은 충격과 유럽 유학 중 목도한 열강의 놀라운 발전상을 보고하고 일본이 개국하지 않으면 자멸할 수밖에 없다고 간곡하게 설득했다. 하지만 그 무렵 발생한 '금문의 변'으로 인해 혼란 상태에 빠진 번에서는 그들의 의견을 받아들일 여유가 없었다.

금문의 변은 사쓰마 번과의 갈등으로 촉발된 변란이다. 애초 존왕양이를 주장하던 대표적인 세력이 조슈 번과 사쓰마 번인데, 존왕양이 파에서 조슈의 입김이 커지는 것을 못마땅하게 생각한 사쓰마 번이 막부세력에 빌붙음으로써 조슈 번과 깊은 골이 생겼다. 1864년 7월 19일 조슈 번의 존왕파가 병력 3000여 명을 이끌고 교토에 진격해 황궁의 하마구리[蛤御] 문을 포격하고 백병전을 벌였으나 패하고 말았다. 그 일로 분개한 고메이 천황은 조슈 번을 정벌하라는 칙령을 내려 막부군의 제1차 조슈 정벌이 시작되었다. 15만 대군이 영지를 포위하자 당황한 조슈 번은 현장지휘관으로 활약한 마쓰다益田右衛門介 등 세 가신의 목을 바치고 번주인 모리 부자가 막부에 사죄해야 했다.

막부의 대군이 물러나면서 조슈 번이 잠시 한숨을 돌리는가 싶었는데, 이번에는 영·미·프·네 4개국 함대의 포탄이 시모노세키 항구를 덮쳤다. 4개국은 1863년 5월 10일부터 6회에 걸쳐 외국선박에 포격을 가했던 조슈 번을 무력 응징하기로 결의했던 것이다. 1864년 8월 4일, 4개국 함대가 시모노세키의 조후(長府) 앞바다에 결집했다. 영국 9척, 네덜란드 4척, 프랑스 3척, 미국 1척 등 17척으로 대포 290문, 병력 5000여 명에 달하는 대함대였다. 이에 대응하는 시모노세키 수비대 전력은 대포 120문, 병력 2000명에 불과했다. 더군다나 수비대의 대포는 구식으로 사정거리가 짧고, 포탄의 파괴력도 미약했다.

4개국 연합 함대는 8월 5일 오후 4시 10분에 공격을 개시해 순식간에 수백 발의 포탄을 퍼부었다. 불과 1시간 만에 시모노세키의 주요 포대는 궤멸상태에 빠졌다. 곧이어 연합함대는 육전대를 투입해 이미 무용지물이 된 포대를 짓밟고 토벌작전을 벌여 시모노세키 시내까지 진입했다.

사흘 동안의 전투에서 참패한 조슈 번은 다카스키 신사쿠를 연합함대에 보내 강화講和를 요청했다. 세 차례의 담판 결과 조슈 번은 외국선박의 시모노세키 해협 통과 인정, 포대 신축 금지, 물·식량·연료의 보급 등을 약속했다. 그러나 조슈 번은 4개국이 요구한 배상금 지급을 단호히 거부하고 막부가 결정한 양이 정책을 따른 것 뿐이라며 책임을 떠넘겼다. 4개국은 막부에 300만 달러의 배상금을 지급하든지 시모노세키 항이나 효고 항을 개항하라고 요구했다. 그러자 막부는 거액의 배상금 지급 쪽을 선택했다.

다카스키의 거병과 삿초동맹, 제2차 조슈 전쟁

시모노세키 전쟁 이후 조슈 번 내에서는 대대적인 정권교체가 이어졌다. 그 동안 양이를 모토로 반反 막부 노선을 취했던 정의파가 실각하고 공순파가 대두했던 것이다. 그리하여 정의파의 리더였던 스후 마사노스케는 9월 26일 자결했다. 그날 밤 이노우에 가오루는 번주가 임석한 회의에서 무비공순武備恭順, 겉으로는 막부에 순종하면서 내부적으로는 군사력을 증강해 유사시에 대비하자고 진언했다. 그 제안에 불만을 품은 공순파의 한 무사가 퇴청하던 그를 습격해 중상을 입혔다.

이노우에의 피습에 이어 정의파에 대한 암살 위협이 이어지자 다카스키 신사쿠는 하기를 탈출한 다음 시모노세키 북부 산간지대에 숨어 있던 기병대를 찾아가 야마가타 아리토모에게 도움을 요청했다. 그러나 야마가타가 막부의 눈치를 보며 확답을 거부하자 그는 규슈의 후쿠오카로 가서 여승 노무라 보도野村望東의 평미산장에 은거하며 기회를 엿보았다.

얼마 후 시모노세키로 돌아온 신사쿠는 조후(長府)에 할거하는 동료들을 규합하여 조슈 번 내의 공순파를 공격하고자 했다. 병법에 뛰어났던 그는 유격대 군감 다카하시와 역사대 총독 이토 히로부미가 동원한 80여 명의 군사를 이끌고 전광석화 같은 양동작전을 펼쳐 세를 불렸다. 당시 그는 시모노세키 중심부에 있던 조슈 번의 봉행소를 습격해 군량과 군자금을 빼앗았고, 미타시리를 급습해 군함 3척을 탈취하기도 했다. 그로 인해 신사쿠의 세력이 강화되자 그 동안 동참을 망설이던 야마가타 아리토모의 기병대가 합세했다.

1865년 1월 신사쿠의 반란군과 조슈 정규군은 오다에도(大田繪堂)에서 정면대결을 펼쳤다. 이 전투에서 승리한 신사쿠는 조슈 번을 재장악하는 데 성공했지만, 그해 4월 이노우에와 이토의 제안을 받아들여 시모노세키 개항을 주장했다가 양이론자들의 반감을 사게 되었다. 그로 인해 또 다시 피살 위협에 직면한 신사쿠는 게이샤 출신 애인 오우노와 함께 시고쿠[四國]로 달아났다. 다행히 다지마[但馬]에 숨어있던 기도 다카요시가 돌아와 조슈 번의 실권을 움켜쥐면서 신사쿠는 다시 복귀할 수 있었다. 그때부터 조슈 번은 이노우에 가오루가 애초에 제안했던 무비공순의 정책을 적극적으로 추진했다. 그러자 막부에서 제2차 조슈 정벌을 준비하기 시작했다.

1866년 1월, 조슈 번의 기도 다카요시는 사카모토 료마의 주선으로 교토에서 사쓰마 번의 지도자 사이고 다카모리와 '삿초동맹'을 체결했다. 과거 라이벌 관계였던 두 번은 막부 타도와 일본 재건이라는 대의명분을 걸고 손을 잡은 것이었다. 이윽고 막부의 군사행동이 임박해지자 신사쿠는 영국의 무기상 글라버에게 군함 오덴트 호를 구입하여 전쟁에 대비했다. 그해 5월 29일 막부는 15만 병력을 동원해 제2차 조슈 정벌을 감행했다. 이 전쟁은 6월 8일부터 대도구大島口·예주구藝州口·석주구石州口·소창구小倉口 등 4방면의 국경에서 전투가 전개되어 4경 전쟁이라고도 부른다.

소창구의 해군 총독 겸 육군참모 신사쿠는 기병대와 보국대 등 1000명을 이끌고 북규슈의 소창성에서 간몬 해협을 건너오는 막부군을 막아섰다. 고쿠라, 구마모토, 가라쓰 번 등 6개 번병 2만여 병력의 막부군은 기세등등했다. 그러나 지역 사정에 밝은 신사쿠는 신출귀몰한 기습공격을 통해 막부의 대군을 궤멸시켰고, 나머지 3개구에서도 조슈군의 승전이 이어졌다. 전쟁이 한창이던 7월 20일, 쇼군 도쿠가와 이에모치가 오사카성에서 죽자 막부는 조슈 측에 강화를 요청했다. 그리하여 9월 2일 아키(安藝)에서 막부의 대표 가쓰 가이슈와 조슈 번의 대표 히로자와 사네오미, 이노우에 가오루 사이에 휴전협약이 체결되었다.

1866년 12월 25일, 완고한 양이론자였던 고메이 천황이 의문의 죽음을 당했다(이와쿠라 도모미에 의해 독살됐다는 설이 유력하다). 이때부터 일본 조정은 어린 메이지 천황을 옹립한 조슈 번과 사쓰마 번 각료들의 독무대가 되었다. 이듬해인 1867년 4월 14일, 막부 토벌의 최대공로자였던 신사쿠가 27세의 젊은 나이 결핵으로 급사했다. 그가 죽은 지 6개월 후인 1867년 10월 15대 쇼군 도쿠가와 요시노부가 대정봉환을 상주해 칙허를 받았다. 드디어 존왕파들이 꿈에 그리던 왕정복고가 완성된 것이다.

메이지 유신 이후의 활약

1870년 메이지 정부의 출범과 함께 재정 부문을 맡은 이노우에 가오루는 대장성의 시부사와 에이치를 통해 실업계, 경제계의 중진들과 교유하면서 많은 부를 축적했다. 하지만 1873년 사법경 에토 신페이에 의해 오사리자오 광산의 독직사건을 추궁 받으면서 내각에서 물러났다. 그 후 이노우에는 미쓰이구미(三井組)를 배경으로 회사를 설립하여 사업가로 나섰지만 이토 히로부미의 간곡한 요청으로 다시 정계로 복귀해 외무경·외무대신·농상무대신·내무대신·대장대신 등을 역임했다.

1875년 9월, 이노우에는 운요 호 사건을 배후 조종하고 전권대사 구로다 기요다카와 함께 무장병력을 이끌고 조선으로 건너갔다. 출발 전에 주일 미국공사 빙엄은 이노우에에게 미국인 테일러가 쓴《페리의 일본원정소사》를 보냈다. 페리의 수법을 일본이 쓰도록 훈수한 것이다. 그 결과 조선과 '강화도조약'을 체결하여 조선을 개항했다.

그 무렵 일본은 막부 말기에 체결된 열강들과의 불평등조약을 개선하지 않고는 진정한 독립국가가 될 수 없다는 판단 아래 이노우에 가오루를 외무대신으로 임명하고 대업을 맡겼다. 이노우에는 1883년 고급 사교장 로쿠메이칸(鹿鳴館)을 건립해 일본에 진출한 외국인들을 끌어모았다. 일본인 가운데 로쿠메이칸에 출입할 수 있는 사람은 화족과 정부고관 등 특권계층뿐이었다. 그는 또 파리나 베를린에 버금가는 수도 건설을 목표로 도쿄에 관청 집중 계획을 세웠지만 얼마 뒤 불평등조약 개정의 실패 책임을 지고 사임하면서 무산되었다.

이노우에는 현직에 있는 동안 방직업, 철도 산업을 적극 지원하면서 신흥재벌들과 밀접한 관계를 맺었다. 특히 일본 유선, 후지타 재벌의 핵심회사인 후지타구미와 가까웠고, 일시적으로 미쓰이 회사의 최고 고문직을 맡기도 했다. 이러한 그의 행보 때문에 세간에 탐관오리로 비난 받기도 했다. 1891년 제4차 이토 내각의 붕괴 이후 내각총리대신에 낙점되었지만 자신의 평판도 좋지 않았고 정국의 장래가 불투명하자 사퇴하고 가쓰라 다로에게 양보했다.

1894년 조선에서 동학농민전쟁이 일어나자 그는 특파대사로 조선에 들어와 '한성조약'을 체결했다. 당시 그는 김옥균에게 300만 엔의 차관을 약속했지만 이행하지 않는 바람에 궁지에 몰린 급진개화파의 갑신정변을 불러일으켰다. 청일전쟁이 끝난 뒤 그는 김옥균에 대한 암살 작전을 인지했음에도 불구하고 아무런 조치를 취하지 않았다. 김옥균이 홍종우에게 암살당한 뒤 일본 언론은, 김옥균의 상하이행을 주선한 사람은 청국의 주일공사이며 실력자인 리훙장의 양자 이경방이라고 보도했다. 김옥균의 죽음에는 조선과 일본, 청의 이해관계가 맞물려있었다. 김옥균과 가까웠던 와타나베 하지메는 이렇게 회고했다.

> 김옥균이 상해에서 비명 횡사한 것은 자신을 위해서나 일본을 위해서 차라리 잘 된 일이다. 왜냐하면 그의 조선에 대한 이상은 그곳을 중립지대로 하여 동양의 공원으로 만들려 했기 때문이다. 일본이 강하게 나오면 러시아로 달리고, 러시아가 강하게 달리면 일본에 의지하는 식으로 러일 양국을 조정하여 조선의 독립을 유지하는 것 외에는 방법이 없다고 생각했다. 상해의 흉변이 없었다면 다른 날 일본인의 손에 죽었을지도 모른다.

을미사변을 배후에서 조종하다

1894년 이토 내각은 조선을 침탈하기로 결정하고 내무대신 이노우에 가오루를 주한공사로 파견했다. 10월 25일 서울에 들어온 이노우에는 고종에게 개혁요령 19항목을 제시하는 한편, 조선에 입헌군주제를 시행하게 하여 왕의 정치 관여를 차단하려 했다.

일본의 압박이 가중되자 명성황후는 고종에게 러시아와의 수교를 적극 권유했다. 청일전쟁에서 승리한 일본이 조선에 주둔한 군사력을 배경으로 조선 정계에 적극 압력을 가하자 열강의 선두주자였던 러시아를 견인함으로써 조선에서의 세력균형을 추구했던 것이다. 때마침 일본의 기세가 삼국 간섭으로 꺾이자 고종은 러시아 공사 베베르와 협력, 내각을 친러파 중심으로 포진시키는 등 친러 정책에 박차를 가했다. 조선의 정세에 경각심을 느낀 이노우에는 조선 부임 당시 준비해 두었던 극약처방*을 꺼내들었다. 고종의 두뇌이자 배후 명성황후를 제거하겠다는 것.

조선 조정이 자신을 경계하는 것을 안 이노우에는 본국으로 돌아가 후임으로 미우라 고로를 파견했다. 미우라는 자신과 동향에 학교 후배인데다가 영웅 심리에 과격한 성향이라 거사를 지휘하기에 적격이라고 판단했던 것이다. 미우라 고로는 조선에 부임하자마자 방에 틀어박혀 불경을 외우는 등 색다른 행동으로 조선 정부를 안심시키는 한편 은밀히 낭인 지도자 다케다 노리유키를 끌어들여 명성황후 살해계획을 추진했다. 다케다가 이끄는 낭인들은 단순한 칼잡이들이 아니라 정치적 야심을 가진 일본 지식인이었다.

범행의 주역이었던 아다치 겐조安達謙藏(1864~1948)에 따르면, 1895년 9월 1일 주한 공사로 부임한 미우라는 9월 20일부터 '여우사냥'이란 암호로 구체적으로 범행을 모의했다. 거사일을 10월 10일로 확정한 미우라는 가담자들에게 구체적인 역할과 행동지침을 내렸다. 시바 시로와 아다치 겐조는 낭인 동원을, 구스노케 유키히코와 바야바라 스토모토는 일본군 수비대 및 조선 훈련대의 동원을 맡았다.

훈련대는 1895년 5월에 궁궐 수비를 위해 창설된 군대로 1대대장

---

* 박은식의《한국통사》에 따르면 일본은 삼국 간섭으로 야기된 수세를 만회하기 위해 세 개의 칼을 들고 대외정책에 임했다고 한다. 그것은 첫째 조선의 국모 살해, 둘째 러시아 황태자 살해, 셋째 청국 전권대신 리홍장 살해였다. 이노우에는 그 중에 첫 번째 칼을 빼어든 것이었다.

이두황, 2대대장 우범선 휘하에 총 973명으로 구성되었는데, 일본인 교관이 조련을 맡았으며 실질적으로 일본공사의 지휘를 받았다. 그 무렵 고종과 명성황후는 그런 훈련대의 친일성향을 의심하고 최측근인 홍계훈을 훈련대 연대장에 임명했지만 그마저도 불안해 훈련대 해산을 결정했다. 10월 7일 오전 9시에 군부대신 안경수가 미우라에게 훈련대의 해산을 정식으로 통고했고, 음모에 가담하고 있던 2대대장 우범선도 급히 그 사실을 미우라에게 보고했다. 미우라는 훈련대가 해산되면 거사 성패가 불확실하다고 판단하고 다음 날인 10월 8일로 급히 거사 날짜를 바꾸었다.

운명의 8일 새벽 5시 30분, 일본 낭인들은 우선 대원군에게 거사의 당위를 적은 고유문告諭文을 재가 받고 서대문에서 일본수비대와 합류한 다음 훈련대 병사들을 앞세워 광화문으로 밀고 들어갔다. 훈련대 병사들이 난입하자 홍계훈과 시위대 병사들이 앞을 가로막았지만 중과부적으로 패배하고 홍계훈은 목숨을 잃었다.

6시 10분경 낭인들은 강령전에 대원군이 탄 가마를 내려놓고 경회루 동편을 지나 북쪽 국왕의 편전인 건청궁으로 몰려갔다. 그들은 미국인 군사교관 다이가 수수방관하는 사이 건청궁에 난입하여 왕비의 침전인 옥호루로 달려들었다. 궁내부대신 이경직이 왕비를 보호하기 위해 나섰으나 낭인의 칼에 목숨을 잃었다. 명성황후와 3명의 궁녀를 살해한 낭인들은 궁녀와 세자 이탁李拓을 통해 왕비의 신분을 확인했다. 목적을 달성한 그들은 명성황후의 시신을 근처의 녹원 숲속으로 가져가 석유를 뿌려 불태우는 만행을 저질렀다. 미우라는 현장에서 왕비의 죽음을 확인한 뒤 7시 경 뻔뻔스러운 표정으로 고종을 알현한 다음 명성황후가 궁 밖으로 나갔다며 폐비를 종용했다. 금세 사태를 파악

명성황후 시해에 공을 세운 일본 낭인들이 한성신문사 앞에서 기념촬영을 했다. 사전에 치밀하게 준비한 만행임을 증거하는 사진이다.

한 고종은 공포에 사로잡힐 수밖에 없었다.

명성황후가 시해된 10월 8일 오전 9시 20분, 일본 공사관의 니이로 新納 해군소좌는 본국 육군참모부에 한 장의 전문을 보냈다. '극비極 秘'라는 붉은 낙인이 찍힌 이 전문에는 '국왕무사 왕비살해國王無事 王 妃殺害'라는 문구가 짤막하게 적혀 있었다. 이것은 일본 정부의 공식 라인을 통해 명성황후 시해의 성공을 알린 보고서였다. 또 당시 법제 국 참사관으로 조선 정부 내부 고문이었던 이시즈카 에이조石塚英藏는 본국의 스에마쓰 법제국장에게 보낸 서한에서 '왕비 살해를 일본의 모든 이들이 생각하고 있었다.'는 문구와 함께 '왕비 살해의 필요성은 미우라도 일찍부터 생각했다.'고 적었다.

거사를 성공적으로 마무리한 미우라는 대원군과 명성황후 사이에 벌어진 권력다툼에서 비롯된 사건으로 변질시키고 자신들의 만행을 은폐하려고 했다. 그러나 현장에 있던 외국인 목격자들은 앞 다투어 이 사건을 본국으로 보고했고,[*] 서방신문에 크게 보도되었다. 곧 범죄자 처벌을 요구하는 국제 여론이 거세지자, 일본 정부는 살해범으로 지목된 48명의 용의자를 전부 도쿄로 소환해 재판에 회부했다. 얼마 후 일본은 히로시마 재판소에서 형식적인 절차를 거친 뒤, 가담자 전원을 증거불충분이라는 이유로 석방했다.

자유의 몸이 된 범인들은 구국의 영웅으로 일본인의 박수갈채를 받았다. 메이지 천황도 시종대신을 보내 그들의 노고를 치하했다. 범인들은 이후 정치 요직에 발탁되거나 부와 명성을 얻는 등 출세가도를 달렸다. 일례로 시바 시로는 정치소설가로 커다란 명성을 얻은 뒤 국회의원이 되었고, 낭인 동원책이었던 아다치 겐조는 내각의 내무대신이 되었다.

타국의 낭인들이 궁궐에 침입하여 왕비를 살해한 전무후무한 사건이 일어났음에도 영국·미국·러시아 등 조선과 외교관계를 맺은 국가

---

[*] 2001년 러시아 외무성 문서보관소에서 당시 주한 러시아 대리공사였던 카를 이바노비치 베베르의 '명성황후 시해보고서'가 발견되었다. 여기에는 사건 직후 고종이 발표한 성명서, 현장을 목격한 러시아인 건축기사 사바틴의 증언, 일본인의 침투 경로 등을 그린 지도 등이 첨부되어 있다. 사바틴의 증언은 다음과 같다. '오전 5시경 궁궐 서쪽에서 총소리가 들려 급히 나가보니 일본 낭인들이 누군가를 찾고 있었다. 그 중 절반 가량이 왕비의 방으로 들어갔다. 이를 궁내 신하들이 막아서자 칼로 베어버렸다. 왕비가 복도를 따라 도망가자 일본 낭인들이 쫓아가 발을 걸어 넘어뜨린 뒤 가슴을 세 번 짓밟고 칼로 가슴을 난자했다. 몇 분 후 시신을 소나무 숲으로 끌고 갔으며 그곳에서 연기가 피어오르는 것을 보았다.'

들은 적극적으로 개입하지 않음으로써 일본과의 정면대결을 피하려는 입장을 취했다. 그들은 조선 주재 공사관으로부터 보고를 받고 사건의 진상을 알고 있었지만, 어차피 조선에서 일본의 우위권을 인정한 상황에서 정면대결을 불사하면서까지 불이익을 감수하고 싶지 않았던 것이다. 때문에 진상규명을 요구하며 미우라를 압박하던 각국의 공사들도 자기 정부의 입장에 따라 더 이상 외교적인 압박을 가하지 않았다.

어쨌든 궁궐에서 엄청난 사건이 발생했으니 조선 정부로서는 공식적인 처리절차가 필요했다. 미우라의 각본에 따라 김홍집 내각은 일본 낭인의 개입은 철저히 외면하고 당시 일본 낭인들과 함께 대궐에 난입했던 박선, 상급자의 명령에 따라 행동했던 윤석우, 사건 당일 궁궐 근처에 있어서 사건의 내막을 잘 알고 있던 이주회 등을 범인으로 몰아 처형했다. 조선 정부가 사건의 진범을 처벌한 셈이 되자 일본은 기다렸다는 듯 본국으로 소환한 48명의 낭인들을 풀어준 것이다.

명성황후 시해 사건이 알려지자 분기탱천한 조선 백성들은 너도 나도 반일 의병항쟁에 가담했다. 폐비 조치를 철회하고 범죄자를 엄중 처벌하라는 유생의 상소도 빗발쳤다. 을미사변은 일본 정한론자들의 비열함과 광폭성을 여지없이 드러냈으며, 조선인의 반일감정을 들끓게 한 일본의 악수였다.

조선인은 그를 잊을 수 없다

스승 요시다 쇼인의 정한론을 신봉했던 이노우에 가오루는 친구인 이토 히로부미와 함께 조선 병탄이라는 목적을 달성하기 위해 수단방법을 가리지 않았던 간흉이었다. 그는 조선의 개화파를 회유하여 내부의 혼란을 조성했고, 청일전쟁 이후에는 조선의 친일 관리들을 쥐락펴락하면서 완전한 병합을 위해 총력을 기울였다. 그의 조선인에 대한 태도와 행동은 철저하게 일본의 이익을 위한 것이었다. 1894년 고종의 친러정책을 독려하던 명성황후 살해 작전을 입안한 것도 마찬가지였다. 조선 병합에 조금이라도 걸림돌이 되는 사람이라면 일국의 왕비조차 고려 대상이 되지 않았다.

1898년 정치일선에서 물러난 이노우에 가오루는 사이온지 긴모치와 마쓰카타 마사요시와 함께 천황의 정치적 문제를 자문해 주는 원로로서 계속 국가 정책에 간여했다. 러일전쟁 시기에는 대장상의 특별고문으로 임명되었고, 천황의 요청이 있을 때마다 중요한 국무회의에 참석하는 등 국가 정책에 영향력을 행사했다. 1909년 친구 이토를 잃고 조선의 완전한 병합 과정을 지켜본 그는 1915년 자신의 별장인 장자장長者莊에서 81세의 나이로 사망했다.

그 동안 이노우에 가오루는 메이지 유신이나 조선 병탄에 있어 이토 히로부미에 비해 그 활약상이 미미한 것으로 평가되어 왔다. 하지만 그는 메이지 유신을 이끌면서 경제 분야에서 일본의 기초를 튼튼히 다졌고, 정치 분야에서도 이토가 조선에 대해 차마 감행하지 못했던 악역을 도맡아 입안하고 실행했던 인물이었다. 때문에 훗날 오쿠마 시게노부는 그를 이토 히로부미와 비교하면서 이렇게 평했다.

이토는 이상을 세워 조직적으로 시행하고, 제도와 법규를 잘 세웠다. 준비는 상당히 수고로웠지만 뒷정리는 항상 골치를 썩였다. 그러나 이노우에는 뒷정리가 시끄럽지 않았다. 조직적으로 일마다 공을 세우려는 유형이 아니었다. 특이한 것은 그의 돌출행동이었다. 일단 분규가 발생하면 전광석화처럼 임기응변을 발휘해 문제를 해결해냈다. 급한 성격이지만 끈기가 있었다. 이토는 피아 간에 태도가 불분명했지만 공명심이 강했다. 반대로 이노우에는 공명심이나 명성에 집착하지 않아 표면에 드러나지 않았다. 그는 이토보다 연장자이고 번 내에서 서열도 위였으므로 메이지 유신 전에는 모든 일을 형님처럼 도왔다. 원래 우정이 깊고 협기가 있어 이토가 무슨 부탁을 하면 아무리 나쁜 역할이라도 감수하며 책임을 완수했다. 그가 세상에 악평을 들은 이유는 그런 점에서 희생당한 면이 있다.

오늘부터 압록강에서 목욕하리라

낭인 집단 흑룡회의 우두머리, 우치다 료헤이

일본의 조선 병탄 의지는 정치인과 군부만의 전유물이 아니라 야심을 가진 민간인의 야욕이기도 했다. 거리의 상인, 선교사와 승려들조차 일제의 일사불란한 하수인이었고 첩자였다. 삼삼오오 손잡고 조선에 건너온 그들은 은밀히 사회혼란을 조성하고 다양한 정보를 탐색하여 본국에 보고했다. 그런 극우집단의 대표적인 조직이 메이지 시대부터 쇼와 시대에 걸쳐 활약했던 흑룡회黑龍會였다.

흑룡회를 창설한 인물은 일본의 조선 병탄을 막후에서 조종했고 중국에까지 마수를 뻗쳤던 우치다 료헤이內田良平(1874~1937)다. 그는 제국주의 사상을 바탕으로 청일전쟁과 러일전쟁을 부추겼으며, 매국적인 조선의 일진회를 배후 조종하는 한편 강제 병합을 서두르지 않는 이토 히로부미 퇴진 운동을 벌이는 등 매우 호전적인 일본 낭인의 표상이었다.

우치다 료헤이는 1874년 옛 후쿠오카 번의 무사 우치다 료고로의 셋째아들로 태어났다. 본명은 료스케, 호는 가타이시인데 1902년에 료헤이로 이름을 바꾸었다. 어린 시절부터 궁도, 검도, 유술, 씨름, 사

우치다 료헤이. 민간인 신분으로 조선과 대륙에서 정보를 수집하고 일진회를 사주해 조선 병탄을 이끌어낸 인물. 흑룡회 보스.

격 등을 배웠고, 18세 때 숙부 히라오카 고타로를 따라 도쿄에 가서 고도칸(講道館)*에 입문해 유도의 고수가 되었다.

1893년부터 동양어학교에서 러시아어를 배운 우치다 료헤이는 1895년 블라디보스토크에 유도 도장을 차리고 대륙 낭인과 일본 첩보원들의 정보활동 기지로 활용했다. 1897년에는 시베리아 횡단여행을 하면서 대륙에 대한 열망을 가슴에 담았다. 평소 사이고 다카모리의 정한론에 깊이 공감하고 있던 그는 1894년 조선에서 동학농민운

---

* 우치다는 1906년부터 명동에 유도장을 개설하고 고도칸 유도를 보급했다. 이에 대항하여 월남 이상재는 1909년 황성기독교청년회에서 '장정 100명을 육성하자'라는 슬로건 아래 유도반을 설치하고, 무관학교 출신인 유근수와 나수영에게 사범을 맡겼다.

동이 발발하자 스물한 살의 나이로 극우단체인 현양사玄洋社에 가입
했다.

현양사와 천우협의 행동대원이 되다

1881년에 창립된 현양사는 극단적 국가주의 단체로 후쿠오카 출신의
하급무사들로 조직되었다. 그들은 막부 말기에 존왕양이 운동에 참여
했고, 메이지 유신 이후에는 사이고 다카모리의 정한론을 적극 지지
했다.

현양사의 중심인물은 광산업에서 성공한 규슈의 부호 히라오카 고
타로平岡浩太郎(1851~1906), 일본 우익의 대부이며 아시아주의자였던
도야마 미츠루頭山滿(1855~1944), 1876년 하기의 난과 1877년 세이난
진쟁에 간여했던 하코다 로쿠스케箱田六輔(1850~1888)였다. 이들의 목
표는 오직 일본의 국력을 키워 대륙을 도모하자는 것.

> 현양사는 우국지사의 단결이고, 애국지사의 단결이다. 그리고 천황을
> 위해 목숨을 바치는 충신의 단결이고 군국주의자의 단결이다. 천금을
> 가볍게 아는 의기義氣, 천하를 짊어질 기상, 비분강개의 뜨거운 피, 이
> 모든 것이 하나로 모여 현양사가 태어났다.

이런 취지로 발족한 현양사는 초기에 규슈 지역을 기반으로 정관
계, 군부의 보수 세력과 유착했다. 일본이 조선 병탄에 성공한 뒤에는
중국으로 눈을 돌려 캉유웨이康有爲, 량치차오, 쑨원 등을 도와 멸청흥

한滅清興漢 운동을 지원하기도 했다.

현양사는 근대 일본 우익의 원류랄 수 있는 인물들을 많이 배출했는데, 그 가운데 도야마 미츠루頭山滿는 평생 벼슬을 한 적이 없지만 오늘날까지 국권론의 정신적 지주이자 우익의 상징으로 남아 있다. 도야마는 아시아의 혁명가들을 후원한 것으로도 유명한데 조선의 김옥균, 중국의 쑨원과 황싱, 인도의 수바스 보스Subhas Chandra Bose(1897~1964), 필리핀의 아기날도Emilio Aguinaldo(1869~1964) 등이 일본에 머물 때 그의 도움을 받았다. 뿐만 아니라 인도의 시성 타고르Rabindranath Tagore(1861~1941)와 교류한 기록도 남아있다.

태생적으로 정한론과 관계되어 있던 현양사는 조선의 병탄 과정에 깊이 관여했다. 1894년 동학농민운동이 일어나자 혼란에 빠진 조선 상황을 이용해 대륙 진출의 명분을 만들고자 일종의 테러조직 '천우협天佑俠'을 급조했다. 당시 동래의 오자키大崎正吉 법률사무소를 거점으로 활동하고 있던 대륙낭인과 현양사의 지도자들은 동학농민운동

이토 히로부미가 우치다에게 선물한 권총. 이토는 조선 내 친일세력을 양성하여 병탄을 조선인이 주도하는 것처럼 공작하라고 우치다에게 지시했다. 우치다는 극악한 친일파 이용구·송병준을 이용, 이토의 지시를 충실히 수행했다.

으로 혼란에 빠진 이때가 조선에 친일 정부를 세울 기회라고 판단했다. 그리하여 도야마 미츠루, 히라오카 고타로, 마토노 한스케的野半介는 육군참모차장 가와카미 소로쿠川上操六(1848~1899)를 만나 '동학당을 고무하여 조선에 풍운을 일으키고 청국을 자극하여 한판 붙자'며, '마른 장작에 불붙이는' 역할은 자신들이 떠맡겠다고 장담하고 천우협을 조직한 것이다.

우치다 료헤이와 다케다 한시武田範之 등 15명으로 구성된 천우협의 요원들은 1894년 6월 하순에 동래에 도착, 조선 거류 낭인을 규합하여 3개월 동안 조선을 휘젓고 다니며 조선 조정과 동학당의 움직임을 정탐하고 각종 테러를 자행했다. 그 과정에서 송병준을 통해 동학의 지도자인 이용구를 포섭하기도 했다. 얼마 후 청일전쟁이 발발하자 소기의 목적을 달성한 천우협은 해산되었지만 요원들은 조선에 남아 일본군의 정보원으로 활동했다.

흑룡회黑龍會를 발족시키다

현양사와 천우협의 일원으로 활동하던 우치다 료헤이는 1901년 근대 일본의 대표적인 국권단체인 '흑룡회'를 결성하고 대륙을 향한 일본 군국주의의 전위로 나섰다. 그가 단체명을 흑룡회라고 지은 것은 시베리아와 만주 사이를 흐르고 있는 흑룡강을 중심으로 대륙경영의 대업을 이루겠다는 뜻이다. 그는 창립 취지문에서 '일본만이 아시아를 영도할 능력과 사명을 가지고 있다.'고 강조하고 '그 동안 우리(낭인)가 탐지한 대륙의 정보를 널리 알려 국민들을 각성시킴으로써 황국의 백년대계와 만리웅비를 도모하겠다.'고 결의를 다졌다.

흑룡회는 현양사처럼 특정지역의 인물에 국한되지 않았고 천우협처럼 한시적인 조직도 아니었다. 우치다 료헤이는 지역이나 학연, 출신을 가리지 않고 전국에서 다양한 부류의 회원들을 끌어 모았다. 아울러 만주, 시베리아, 러시아 등지의 지도를 발행했으며, 간다(神田)에 흑룡어학교를 열고 중국어와 러시아어를 가르쳤다.

1902년, 흑룡회는 후쿠오카와 교토에 지부를 설치하는 등 빠른 속도로 전국적인 조직망을 확보해나갔다. 또 조선의 정보를 수집하기 위해 대구에 비룡상회를 설립하여 거점으로 삼았다. 1903년에는 흑룡회 해외본부를 부산에 설립하고 현지에서 〈흑룡〉이라는 월간지를 발행하기까지 했다. 그처럼 주도면밀하게 일본의 조선 병탄 사업을 지원한 흑룡회는 1905년부터 본격적으로 일본 정계의 요인들과 손잡고 일진회를 비롯한 조선의 친일파들을 배후에서 조종했다.

조선에서 친일 분위기를 고양시켜라

우치다 료헤이는 1901년 흑룡회를 결성하자마자 출간한 《러시아 망국론》을 통해 러시아와의 전쟁을 촉구했다. '러시아의 생산력이 떨어지고 사회가 타락했으며 민생이 도탄에 빠진 상황에서 인권마저 경시되는 것은 정치제도가 잘못되었기 때문'이라며 문명국인 일본이 러시아를 개조해야 한다고 주장했다.

우치다의 발언 수위에 놀란 당국에서는 즉시 판매금지 처분을 내렸다. 하지만 개전론에 경도된 일본인은 러시아와의 전쟁을 이미 기정사실화하고 있었다. 도쿄세국대학의 도미즈 히로도·나가무라 신고·오노즈카 기헤이지·도미 마사아키라·데라오 도루·다카하시 사쿠에이·가나이 노베 교수 등 '7인의 교수회'는 대러시아 전쟁을 주장하는 의견서를 1903년 6월 24일자 아사히신문에 게재하기도 했다.

이처럼 호전적인 사회 분위기 속에서도 일본 정부는 신중한 태도를 견지했다. 무력으로는 충분히 러시아를 압도한다고 판단했지만, 과거 삼국 간섭의 쓴 맛을 본 일본은 열강들과의 외교적인 합의가 먼저였다. 우치다 료헤이도 그런 정부의 입장을 십분 이해하고 흑룡회가 수집한 고급정보를 수시로 제공했다.

1906년 일본이 전격적으로 러일전쟁을 도발해 승리로 이끌면서 만주와 한국에 대한 권리를 확보하자 우치다는 초대 통감 이토 히로부미에게 촉탁되어 조선으로 건너갔다. 그 무렵 조선에서는 이용구의 진보회와 송병준의 유신회가 자비로 일본군을 원조하면서 친일경쟁을 벌이고 있었다. 얼마 후 그들은 합동 일진회로 합병하고 이용구가 초대 회장이 되었다. 1907년 우치다는 이용구와 '한일합방운동'을 벌이기로 밀약하고 일진회의 고문으로 취임한 뒤 가쓰라 다로 총리대신에게 청원하여 10만 엔을 지원했다.

이때부터 우치다는 온건파 병합론자인 이토 히로부미에게 등을 돌리고 야마가타 아리토모, 가쓰라 다로 등 강경파 병합론자들과 손을 잡았다. 1909년 7월 각료회의에서 조선 병합에 관한 방침이 정해지자 그는 병합을 위한 여론몰이에 나서 이용구를 통해 서북학회와 대한협회를 끌어들이는 성과를 올렸다.

이토 히로부미에게 등을 돌리다

이토 히로부미는 을사늑약을 밀어붙였다가 의병의 거센 항쟁에 시달렸고, 엎친 데 덮친 격으로 헤이그 밀사 사건까지 일어나면서 입지가 매우 좁아졌다. 극우단체인 현양사와 흑룡회, 심지어 언론에서도 그의 유화정책을 비난하며 조선에 대한 강도 높은 조치를 요구했다. 내각의 실세였던 야마가타 아리토모, 가쓰라 다로, 데라우치 마사타케 등은 그의 조심스런 합병정책에 협조하면서도 나름대로 조선 병탄의 시기를 저울질하고 있었다. 그런 상황에서 우치다 료헤이는 일진회를 통해 강제 병탄을 재촉하면서 공공연히 반 이토 캠페인을 전개했다.

그의 눈에 비친 통감 이토 히로부미는 너무나 조심스러운 인물이었고, 통감부의 관리들은 현실에 안주하는 탐관오리였다. 또 주둔군 사령관 하세가와는 정치적인 판단력이 없었고 경찰고문 마루야먀 시게토시는 이용가치가 충분한 일진회를 경멸하는 바보라고 생각했다. 그리하여 우치다는 도쿄에 있던 동지 스기야마 시게마루를 통해 내각에 이토의 퇴진을 주문했다.

> 일본의 국시는 중국대륙과 시베리아까지 세력을 뻗는 것인데 조선이 그 받침대 역할을 하고 있다. 일러전쟁이 끝나면 예정된 프로그램대로 즉시 조선 병탄을 성사해야 마땅한데 이토 히로부미는 그 사명을 방기하고 있다.

그렇지만 도쿄 정객들의 생각은 달랐다. 그들은 천황의 두터운 신임을 받는 이토가 귀국하여 국내정치에 참여하는 것이 달갑지 않았다. 어차피 이루어질 조선 병합을 서둘러야 할 필요성도 느끼지 못했다. 게다가 피해당사자인 조선인에게 이토 히로부미만큼 확실한 존재는 없었다. 을사늑약에 이어 통감으로 군림하는 조선의 현실적인 독재자, 고종의 퇴위와 정미7조약의 주도자이며 조선 군대 해산의 총책임자인 그의 멍에를 대신 짊어질 사람은 아무도 없었다. 그런 이유로 내각 총리대신 야마가타 아리토모는 1908년 이토가 사임 의사를 비치자 대체할 인물이 마땅치 않다며 반려했다. 야마가타는 공개적인 병탄 지지자였지만 적절한 시기를 기다리던 현실론자였다. 조선 병탄을 재촉하는 탄원이 이어지자 야마가타가 한마디로 정리했다.

종기는 충분히 곪은 뒤에 째서 농과 뿌리를 한 번에 짜내야지, 너무 일찍 손대면 덧나서 더욱 커지고, 너무 늦으면 문드러질 위험이 있다. 그 적시를 찾아내는 것이 명의이다.

그런 상황에서 아무래도 우회적인 방법으로는 이토 히로부미를 퇴출시키기 어렵다고 판단한 우치다는 1909년 1월 통감부 막료직을 박차고 일본으로 돌아가, '한성사연漢城私研'이라는 장문의 보고서를 내각의 주요 인사들에게 전달했다.

"하루 속히 조선 문제를 해결할 수 있는 근본방침을 확립하고 실행을 서둘러야 한다."

그리고 '조선문제동지회'를 조직하여 연일 조기 병탄을 주장하는 강연회를 열었다. 기관지 〈흑룡〉에서도 조선 문제를 특집으로 실어 통감부의 정책을 비판했다. 이런 우치다의 행각에 기분이 상한 이토는 1909년 초 정무 협의차 귀국했을 때 그를 관사로 불러 엄중히 추궁했다. 그러나 우치다는 합방을 미루는 이토의 부당함을 당당하게 따졌다. 조선의 조기 병탄을 일생일대의 과제로 삼았던 그로서는 천하의 이토라도 거리낄 게 없었다.

적당한 시기를 기다리다

우치다 료헤이는 이토 히로부미를 궁지로 몰아넣기 위해 그를 따르던 송병준과 이완용의 불화를 조장하는 묘책을 썼다. 귀족 출신의 이완용은 송병준의 입각이 못마땅했고 그가 이끄는 일진회도 눈엣가시였다. 이에 맞서 송병준은 고종의 퇴위와 정미7조약의 성사를 계기로 일진회의 세력을 확장하면서 매국 경쟁을 가속화했다. 그는 이용구와 손잡고 우치다, 스기야마 등 도쿄의 매파들과 교류함으로써 이완용을 불안에 떨게 했다.

1908년 7월 이후부터 사임을 구상하던 이토는 일진회를 멀리하고 이완용에게 무게를 실어주었다. 이에 고무된 이완용은 1909년 2월 송병준을 내각에서 몰아내는 데 성공했다. 그러자 송병준은 이용구와 함께 도쿄로 건너가 실력자인 야마가타와 가쓰라, 데라우치 등을 만나 신속한 조선 병탄을 촉구했다. 그때 송병준은 총리대신 가쓰라 다로와 다음과 같은 대화를 나누었다.

"이토 통감은 결단을 하지 못하고 있습니다. 조선 병합의 실행은 진실로 가장 시급한 과제입니다. 청컨대 각하의 영단을 기다립니다."

"병합의 취지는 잘 알겠지만 실행이 대단히 어렵소."

"그렇지 않습니다. 일억 엔만 있으면 간단히 실행할 수 있습니다."

"일억 엔은 일본의 재산으로서도 거금이네. 그 절반 정도면 어떤가?"

"아닙니다. 절대로 비싸지 않습니다. 생각해 보십시오. 8600방리方里의 면적과 2000만의 인구를 가지는 것이고, 그 위에 수십억이 될지 또는 수백억이 될지 알 수 없는 부원富源을 지니고 있는 조선을 사는 대가로서는 턱없이 싼 값입니다."

이처럼 친일매국노와 침략자의 수괴는 조선의 병탄자금을 흥정하고 있었다. 그 무렵 야마가타나 가쓰라는 병탄의 시기가 무르익어가고 있다고 생각해 조선 처리에 대한 기본방침을 외상 고무라에게 주문했다. 고무라는 3월 30일 정무국장 구라치 데츠키치가 기안한 근본방침을 가쓰라에게 제출했다. 그 방침의 핵심은 '적당한 시기에 조선을 제국의 판도에 편입하고 천황 폐하가 그 통치권을 완전하게 장악한다'는 것이었다.

1909년 5월 이토 히로부미의 통감직 사임이 확정되자 가쓰라 내각은 조선 병탄 작전을 본격적으로 추진하기 시작했다. 우치다 등 조기병탄론자들은 그 조치를 환영하며 이용구와 송병준을 조선으로 돌려보내 합방 분위기를 띄우도록 했다. 그와 함께 일본 내각의 주류인 조슈 번벌과 가까운 스기야마를 일진회 고문으로 추대하게 했다.

스기야마는 전면에 나서기보다는 배후에서 송병준과 이용구를 조종해 표면적으로나마 조선인이 병합을 요정한 것처럼 꾸미려고 했다. 그때부터 우치다와 이용구는 일진회, 대한협회, 서북학회와 제휴하여 이완용 내각을 붕괴시킨 다음 일진회 내각을 만들어 합방을 청원하려는 계획을 추진했다. 병탄을 위한 모든 준비가 갖춰지자 적시에 구실이 만들어졌다. 안중근이 이토 히로부미를 사살한 것이다.

기다렸다는 듯 일본의 정계와 언론은 일제히 내각에 즉각적인 조선 병합을 요구하고 나섰다. 정우회의 중진인 오가와 헤이키치, 오타케 칸이치, 니로쿠신문의 후쿠다 와고로 편집장을 중심으로 하는 조선문제동지회 등이 그 선두에 섰다. 그들은 일본 정부가 조선의 종주권을 확보하지 않고 우유부단하게 낡은 정책에 매달려 왔기 때문에 조선인이 비밀결사단을 조직하고, 폭도가 횡행하여 양민을 도탄으로 몰아넣는다고 목소리를 높였다. 이제 필요한 것은 그 모든 것을 근본적으로 해결하는 한 가지 조치뿐이었다.

일진회의 합방청원을 지휘하다

이토 히로부미의 장례식이 끝난 뒤 우치다 료헤이는 병탄을 위한 최후의 작전을 개시했다. 그는 서울에서 활동하고 있던 다케다 한시에게 일진회의 이름으로 합방청원서를 작성하게 했다. 초안이 완성되자 스기야마는 절친한 육군대신 데라우치와 협의하여 합방청원서를 순종과 총리, 통감에게 각각 제출한 다음 일본 정부가 이를 수용하는 방식으로 합방을 진행하기로 했다.

그해 12월 1일 합방청원서를 들고 서울에 돌아온 우치다는 대한협회와 서북학회와의 제휴가 무산되었음을 보고받고 일진회 단독으로 합방청원을 진행하도록 지시했다. 그리하여 일진회 회장 이용구와 100만 회원의 이름으로 합방상주문을 순종과 총리 이완용, 통감 소네에게 제출했다.

대한제국의 황제 순종에게 보낸 합방상주문에 따르면 '조선과 일본은 정치·사회·문화·종교 등 모든 면에서 결코 분리될 수 없고 반드시 합방되어야 한다는 것, 합방은 조선인의 번영과 동양의 평화를 위해 필요하다는 것, 합방이 성취되는 그날은 조선 황실의 종말을 뜻하는 것이 아니고 오히려 영원히 존속할 수 있는 시발점이라는 것, 그리고 2000만의 조선 민중이 일본 천황의 은덕 아래 행복을 누릴 수 있는 유일한 길이라는 것'을 강조하여 황제가 합방에 동의할 것을 촉구했다.

일진회 회원들. 요즘 식으로 말하면 '진보적 시민단체' 행세를 한 친일조직 일진회는 이완용과
매국 경쟁을 벌였다. 귀족 출신 이완용 입장에서는 보잘 것 없는 가문의 송병준이 나서는 것이 못
마땅했던 것. 최근에는 초대 대통령 이승만이 스스로 일진회 대변인을 자처하며 루스벨트 대통
령을 만나 일본이 조선을 다스리도록 도와달라는 미국 쪽 자료가 나와 논란이 되고 있다.

총리 이완용에게 보낸 청원서에서는 '조선이 현재까지 존립할 수
있던 것은 갑신정변 후 일본이 사심 없이 보호해 주었기 때문이라는
것, 조선인이 일본 민족의 구성 분자가 될 수 있다면 황실은 물론 온
국민이 자손만대에 걸쳐 축복 받게 될 것'을 강조했다.

통감 소네에게 보낸 청원서에서는 '조선 국민을 대신하여 천황과
통감이 2000만 민중을 잘 보살펴 준 것에 감사한다는 것, 조선인도 일
본인과 같이 일등 국민이 되기 위해서는 반드시 일본 천황의 보호를
받아야 한다는 것, 그러므로 통감은 일진회가 2000만 민중을 대표해
서 일본 천황에게 간청하는 것이 성취될 수 있도록 노력해 달라'고 간
청했다.

일진회는 또 조선 국민들에게 발표한 성명서를 통해 '동양의 평화와 조선 황실이 영원히 존경받고 숭배 받을 수 있는 기초를 공고히 하며, 우리 인민이 동등하게 대우받는 복리를 향유하기 위해 전개하는 합방 청원운동에 2000만 민중이 적극적으로 참여해 달라'고 호소했다.

이와 같은 일진회의 매국행위는 조선 팔도를 들끓게 했다. 의병집단에서는 13진도총대장양지창의소十三陳都摠大將陽智倡義所의 명의로 '일진회 보라'*라는 격문을 통해 일진회의 반민족행위를 준열히 경고했으며, 대한매일신보와 황성신문은 연일 일진회를 비판하며 국민의 각성을 촉구했다. 1909년 12월 5일자 대한매일신보 사설은 다음과 같이 일진회를 공박했다.

슬프다 너희 일진회야, 너희는 홀로 대한국 인민이 아닌가. 5조약 때에 불 붓는데 키질을 하였으며, 7협약 때에 물 긷는데 바람을 도왔음으로 일진회 석자만 들어도 국민이 이를 갈거늘 오히려 부족하여 이제 또 일종의 괴이한 선언을 지어내는가.

---

* 아아, 슬프도다. 하늘에 두 해가 없고 백성에게는 두 임금이 없다. 지금 우리들 의병도 대한의 백성이다. 각처의 일진회도 또한 대한의 백성이다. 그런데 작년 4월경 일진회 회장을 붙잡아 압수한 문적文蹟을 보니 갑오년 동학당 경동의 때에는 척왜척양의 사통私通이 있었다. 그즈음에는 충성된 마음으로써 했었는데 작년 사통 속에는 이름을 바꾸어 일진회라고 칭하고 단발하여 형용을 바꾸어 타국 일인에게 부동하여 본국을 동요시키고 관부에서 처결하는 일도 임의로 좌우하여 동포인 의병에게도 해를 끼치려 하였다. 그 실제를 추구해보면 골육상잔의 일과 같다. 어찌 타국에 대해 부끄러움이 없겠는가. 어찌 조선의 백성을 일인의 모함 속에 빠뜨린다는 것을 알지 못하는가. 무엇보다도 슬퍼해야하고 탄식해야할 일이다. 금후 마음을 고치고 근본을 고쳐 보국안민의 의를 함께 하여 악을 돌이켜 선으로 되어야 할 것이다. 만약 그렇게 하지 않는다면 일본인 대신 너희들이 죽는다는 것을 각오하지 않으면 안 될 것이다. 너희와 우리는 조상이 같다. 너희들의 형용을 본다면 어찌 증오하지 않겠는가. 깊이 이것을 살펴서 대한의 백성이 서로 싸우고 서로 죽여 시체가 구덩이를 메우고 유혈이 강물과 같이 상류상전하면 일인은 앉아서 남의 공을 받게 됨을 알아야 할 것이다.

조선인의 분노가 요원의 불길처럼 전국에 번져 나갔지만, 이미 루비콘 강을 건넌 일진회의 행각은 거침이 없었다. 일진회의 선공에 당황한 이완용은 합방의 공로를 빼앗기지 않으려고 갖은 애를 썼다. 그는 일진회가 제출한 합방청원서를 기각하는 한편 대한협회를 사주해 국민대연설회를 도처에서 열면서 일진회의 합방성명이 조선을 위태롭게 하는 것이라고 비난했다.

이완용이 일진회를 공격한 것은 합방을 반대해서가 아니라 그들에게 매국의 주도권을 빼앗기지 않으려는 몸부림이었다. 그런 매국노들의 괴이한 추태에 대하여 뜻있는 지사들은 혀를 찼다. 그 와중에도 이용구와 일진회 회원들은 합방청원서를 일본의 가쓰라 총리를 비롯해 일본 중의원들에게 보냈다. 일본의 계획대로였다.

정한의 대업을 성취하다

1909년 말부터 조선은 이미 수렁에 빠진 상태였다. 정부는 정부대로 대신들 사이에 끝없는 격론이 오갔고, 국민들은 다가올 파국을 예감하며 비통에 잠겼다. 드디어 결단의 시기가 왔다고 판단한 일본의 가쓰라 수상은 1910년 2월 2일 스기야마에게 '일한 합병 처분안'이라는 정부의 합병 정책을 제시했다. 거기에는 일진회와 관련되어 다음과 같은 네 가지 사항이 담겨 있었다.

첫째, 일진회와 기타 단체의 합방 의견서는 적절히 수리하고 합방 반대 의견서는 모두 기각한다.

둘째, 합방에 귀를 기울일 것인가의 여부는 어디까지나 일본 정부의 방침과 활동에 관한 것으로서 이에 대한 조선인의 어떠한 형태의 간섭도 용납하지 않는다.

셋째, 일진회가 오랫동안 친일적 지조를 지켜왔고, 온건하고 통일된 행동을 취해 왔을 뿐만 아니라 두 나라를 위하여 몸과 마음을 다해 온 성의는 충분히 이해하고 있다.

넷째, 위의 3조는 당국의 오해 없이 내훈內訓으로 처리하라.

합병 이후 자신들의 앞잡이 노릇을 해왔던 일진회를 토사구팽하겠다는 암시였다. 그해 2월 외무대신 고무라는 재외공관장들에게 조선 병합 방침을 통보했다. 이어서 4월에는 러시아에 모토노 대사를 통하여 조선 병합의 뜻을 명확히 전달하여 하등의 이론이 없다는 확답을 받아냈다. 5월에는 주일 영국대사에게 조선 병합을 통보했다.

외교적 조치가 마무리되자 내각은 5월 30일 소네 통감을 경질하고 강경파인 데라우치 육군대신을 통감으로 겸임 발령함으로써 만일의 사태가 발생했을 때 강권을 발동할 것이라는 점을 암시했다. 6월 3일에는 병합 이후 조선 지배가 초헌법적인 천황대권에 근거하며, '총독은 천황 직속으로 일체의 정무를 장악한다'는 등의 13개 항목으로 구성된 '한국에 대한 시정방침'을 각의에서 통과시켰다.

이윽고 각 분야의 실무자들이 배치된 병합준비위원회에서 대한제국의 국호를 조선으로 변경하는 사항·조선인의 법적 지위·황실의 존칭·황족의 대우·외국거류지의 처분 등을 포함한 21개항의 '병합실행방법세목'을 기안했고, 내각에서는 7월 8일 병합조약안·조직안·선언안·병합실행방법세목 등을 최종적으로 확정했다. 그런 다음 황실, 유공자, 양반에 지급할 금액 및 일체의 선후책에 대한 비용으로 3000만 엔의 별도 예산을 책정했다. 이는 예전에 송병준이 가쓰라 수상에게 제시한 1억 엔에 30퍼센트에도 못 미치는 비용이었다. 그 동안 한국 지도층의 값어치가 그만큼 폭락한 셈이었다.

드디어 모든 준비가 갖춰진 7월 23일 서울에 부임한 데라우치 통감은 정치·종교·사회단체의 모든 활동을 규제하여 여론을 봉쇄했다. 8월 16일에는 이완용을 통감관저로 불러 병합안을 내밀었다. 이미 모든 조선인의 공적이 되어버린 이완용이 그 안을 거절할 리는 만무했다. 그리하여 일본의 병합안은 조선의 내각에서 압도적으로 통과되었고 그로부터 6일 뒤인 8월 22일 드디어 일본의 통감 데라우치와 조선의 총리대신 이완용 사이에 8개조의 병탄 조약이 체결되었고, 8월 29일 메이지 천황과 순종황제의 조서로 공포되었다. 같은 날 일본 정부는 대한제국을 조선으로 칭하며, 조선에 총독부를 설치한다는 칙령을 발표했다. 그리하여 500년 역사의 조선을 이은 대한제국은 멸망했다. 당시 우치다는 조선 병합의 기쁨을 다음과 같은 시로 표현했다.

한의韓衣는 일본 옷으로 변하고
오늘부터 압록강에서 목욕하고
아마테라스 오미카미天照大神의 그림자를
우러러 보리라.

나라를 산 자와 나라를 판 자들

역사적인 대업을 성취한 일본에서는 한바탕 공치사가 벌어졌다. 외상 고무라 쥬타로는 백작에서 후작으로, 수상 가쓰라 다로는 후작에서 공작으로 작위가 올라갔고, 초대 총독에 임명된 데라우치 마사타케도 자작에서 백작으로 승급하면서 15만 엔의 은전을 받았다. 또 대륙낭인들을 배후에서 지원하고 의병을 무자비하게 진압한 아카시 모토지로明石元二郎(1864~1919)는 조선주차헌병대사령관으로 임명되면서 욱일중광장旭日重光章을 받았다. 그는 1918년 대장으로 승진한 다음 타이완 총독에 임명되었다. '병탄'이라는 말을 만들고 '대방침'을 기초한 구라치 데츠기치倉知鐵吉는 외무차관으로, 통감부의 기우치 주사부로木內重四郎는 총독부 농상공장관에, 고마츠 미도리小松祿는 외사국장으로 승진했다.

정한론의 극렬한 행동주의자들이었던 대륙낭인들에게도 적잖은 은사금이 배당되었다. 스기야마 시게마루는 여전히 정계의 막후 인물로서 활동했으며, 병탄을 현장에서 지휘했던 우치다 료헤이는 병탄이 성사되면서 대륙낭인의 수괴로서의 지위를 확실하게 굳혔다.

병합 이후 총독부는 조선인을 회유하기 위해 갖은 혜택을 남발했다. 순종을 비롯한 왕족들에게는 일본의 왕족에 준하는 명예와 생활을 보장해 주었고, 병합에 공이 있는 지배계층에게는 각종 작위와 연금을 지급했다. 또 1만여 명에 달하는 대한제국의 관리, 양반, 유생에게 은사금을 지급했고, 효자·효부를 표창하는 한편 과부·고아 등 극빈자들에게 일정액의 생활비를 보조하는 등 각계각층에 당근을 뿌렸다. 그러나 조선인의 정치활동이나 사회운동은 철저하게 금지함으로써 피

지배민족의 한계를 뚜렷하게 드러냈다.

대표적인 친일파로서 병탄에 공을 세운 이완용·박제순·송병준·조중응·이지용·민용린 등 76명의 조선 귀족에게는 일본 천황으로부터 작위와 거액의 하사금을 지급한 뒤 조선총독부 중추원의 고문 자리를 내주었다. 그들은 나라를 판 돈으로 평생을 호의호식하며 여생을 누렸다.

이 같은 잔치마당에 일진회는 쪽박을 찼다. 이미 가쓰라 총리에게 병탄 작업 막바지에 일진회 해산을 종용받은 우치다는 데라우치 통감이 부임하자 이용구에게 마음의 준비를 하라고 통보했다. 과연 병합 이후 총독이 된 데라우치는 모든 정치단체의 해체를 명령하면서 일진회도 예외로 두지 않았다. 그 대신 일진회의 해체비용으로 15만 엔을 지급했다.

이용구는 줄기차게 일본에 충성한 공적을 들이대며 일진회 해산 철회를 요구했지만 이미 대세를 거스를 수 없었다. 우치다 역시 마찬가지였다. 일단 목표가 달성된 이상 일진회의 용도는 어디에도 없었다. 그에게 있어 일진회와 이완용은 국가를 파는 존재였고 자신과 일본은 국가를 사는 존재였다. 그리고 거래는 끝났다.

1910년 9월 12일 일진회는 해산되었고 일본 정부로부터 받은 해산 경비 15만 엔은 일찍이 일진회 명의의 합방상주문을 지었던 다케다 한시에 의해 분배되었다. 일진회원들은 최고 5000엔에서 최소 10엔에 이르기까지 각자 나라를 팔아먹은 수고비를 지급받았다.

이용구는 일진회 해산에 불만을 품고 작위를 거절했지만 10만 엔의 하사금은 군말 없이 챙겨 넣었다. 해산 다음날 피를 쏟고 병원 신세를 지게 된 그는 신경증과 폐병에 시달리다가 2년만인 1912년 5월 일본 효고 현의 한 요양소에서 더러운 삶을 마감했다. 당시 그는 문병 온 우치다에게 '우리는 속은 것이 아닐까요?'라며 하소연했다고 전해진다. 제값도 못 받고 조국을 팔아넘긴 것을 후회하는 매국노의 추한 몰골이었다. 일본 정부는 그가 죽자 훈1등의 서보장瑞寶章을 수여했다.

끝없는 야망의 세월

사무라이 사이고 다카모리가 꿈꾸었던 정한론을 그의 사후 40여 년 만에 달성한 대륙낭인 우치다 료헤이의 관심은 중국 대륙으로 옮겨졌다. 때마침 중국에서는 청조를 종식시키려는 혁명의 기운이 확산되고 있었다. 중국의 내정 혼란은 일본에게 있어 곧 기회였다. 우치다는 1911년부터 대륙낭인의 대부인 도야마 미츠루·이누카이 츠요시·미야자키 도텐 등과 함께 자금을 마련해 쑨원의 대계인 '멸청흥한'의 지원에 앞장섰다.

1912년 난징南京에 중화민국 정부가 성립되면서 임시대총통에 취임한 쑨원은 그의 노고를 잊지 않고 외교고문으로 임명했다. 이에 고무된 우치다는 일본 정부의 묵인 아래 오쿠라상회·니혼유센[日本郵船]·미쓰이물산 등으로부터 거액의 차관을 조성해 중국 정부에 넘겨주었다. 당시 우치다는 중국의 혁명정부와 손잡고 러시아의 남하정책을 견제하는 한편 기회를 보아 만주와 시베리아를 석권하여 대륙에 일본을 심겠다는 야망을 품고 있었다. 그 대업은 조선을 병탄하는 과정과는 전혀 다른 방식으로 진행되었다.

쑨원은 우치다에게 청조를 타도하고 새나라가 건설되면, 만리장성

동쪽의 영토는 불필요하므로 만주와 몽고의 권리를 일본에 이양하겠다고 약속했다. 그와 같은 당근에 현혹된 우치다는 중국의 혁명에 혼신의 힘을 다 바쳤다. 하지만 본질적으로 일본인을 믿지 않았던 쑨원은 중화민국 건설을 위해 그들을 이용했을 뿐이었다. 일찍이 우치다가 일진회를 이용해 조선 병탄을 도모했던 것과 마찬가지였다. 때문에 목적을 달성한 쑨원은 일본인을 냉정하게 외면했고 우치다가 꿈꾸던 장성 동쪽의 땅은 신기루처럼 사라졌다. 자신이 썼던 방법 그대로 이용당했던 것이다. 더 이상 투자에 대한 반대급부를 기대할 수 없게 된 우치다는 1912년 쓸쓸한 모습으로 귀국길에 올랐다.

그 후에도 우치다의 대륙에 대한 열망은 시들지 않았다. 그는 일본 내에서 만몽독립운동을 지원하면서 일본 제국주의의 상징인 21개조 요구의 초안을 정부에 제시함으로써 훗날 만주사변과 중일전쟁의 토대를 쌓았고, 1931년에는 대일본생산당을 창당하여 직접 정계에 투신하기도 했다. 또 병탄 20주년인 1930년에는 자신이 전심전력을 다했던 조선 병합 과정을 담은 〈일한합방비사〉를 저술했다. 1935년에는 도야마 미츠루, 스기야마 시게마루와 함께 메이지 신궁 앞에 10미터 높이의 '일한합방기념탑'을 세웠다.

우치다 료헤이는 1938년 도쿄에서 사망할 때까지, 일한합방은 일본의 강요에 의해서가 아니라 조선인의 간절한 청원으로 이루어졌다고 소리쳤던 최악의 제국주의자였다. 그런 우치다의 방자한 요설은 오늘날까지도 일본 우익의 헌장으로 남아있다.

조선인은 복종할 것이냐
죽음을 택할 것이냐

식민지 무단통치의 주역, 데라우치 마사타케

식민지 조선의 독재자로 군림하던 데라우치 마사타케寺内正毅(1852~1919)는 어느 날 밤 부하들과 함께 술을 마시며 중얼거렸다.

"고바야카와, 가토, 고니시가 지금 이 세상에 있다면 저 달을 어떻게 보고 있을까!"

그가 언급한 세 사람은 임진왜란 당시 조선의 강토를 짓밟았던 일본군의 핵심 지휘관들이었다. 그러므로 데라우치는 그들이 달성하지 못했던 위업을 드디어 자신이 해내고야 말았다는 득의의 심정이 되어 있었던 것이다.

데라우치는 조선을 병합한 다음 그 동안의 보호지배체제를 완전한 영유체제로 전환시키기 위해《조선통치의 요의要義》의 저자로 총독부 정치고문 도쿠토미 소호德富蘇峰의 '무단통치안'을 적극 활용했다. 일본 군부의 실세로서 거칠 것이 없었던 강경파 데라우치의 등장은 조선인에게 참혹한 고통을 안겨주었다. 영국 기자 프레드릭 매켄지는 당시 상황을 이렇게 묘사했다.

데라우치는 그의 선임자들의 정책을 온통 뒤바꿔놓았다. 이토는 부드러운 데라도 있었지만 그는 차가운 강철처럼 강하다. 이토는 채찍으로 사람을 쳤지만 그는 쇠사슬로 사람을 칠 인물이다. …(중략)… 이제 조선인은 곁눈질도 해서는 안 된다. 경찰과 헌병이 곳곳에 깔려있으며 밀정들은 사람의 마음까지 뚫어보는 것 같다.

조슈 번벌의 적자로 성장하다

데라우치 마사타케는 1852년 2월 24일 조슈 번의 가신인 우타다 마사스케의 셋째아들로 태어났지만 어머니의 성인 데라우치를 따랐다. 15세 때 요시다 쇼인의 제자였던 선배 시나가와 야지로의 권유로 조슈 군에 들어갔다.

메이지 유신 이후 새롭게 창건된 일본 제국 육군의 소위로 임관한 다음 병부성에서 프랑스식 보병학을 배웠다. 1877년, 세이난 전쟁에 중대장으로 참전했을 때 오른팔에 관통상을 입고 불구가 되자 전선에서 물러나 사관교육과 군정전, 참모전에 종사했다.

1882년 프랑스에 파견되어 주재무관으로 근무하고 귀국한 그는 육군의 주요 보직을 두루 섭렵했다. 육군사관학교 교장을 거쳐 청일전쟁 때는 병참 책임자인 운수통신사령관을 맡았다. 1898년에 육군교육총감을 맡았는데 육군대신, 참모총장과 함께 육군의 3대 보직 중하나였다. 1901년 제1차 가쓰라 다로 내각의 육군대신에 임명된 후 러일전쟁 승리에 공헌함으로써 자작의 작위를 받았고 대장으로 승진했다. 데라우치는 그 후 일본의 만주 지배를 위해 구상된 철도회사인

데라우치 마사타케. 야마가타 아리토모의 심복으로 강제 병탄을 마무리하라는 명령을 받고 조선 총독에 부임했다. 폭압정치를 통해 집회·결사의 자유를 제한하고 오직 힘으로 조선인을 다스렸다.

남만주 철도의 설립위원장을 맡기도 했다.

을사늑약 이후 조선 통감으로 군림하던 이토 히로부미의 후임은 프랑스 유학파인 소네 아라스케였다. 그는 제국의회 창설에 참여했고 1893년 특명전권공사로 프랑스에서 근무한 국제통이었다. 1909년 2대 통감에 취임하자마자 소네는 조선을 협박하여 조선의 사법 및 감옥 사무 위탁에 관한 '한일각서 5개조'를 조인, 교환했다. 1907년 일제의 강압에 의해 조인된 한일신협약의 부대각서인 속칭 기유각서를 통해 조선의 법부와 재판소는 폐지되고, 그 사무는 통감부의 사법청으로 이관되어 조선의 사법권을 일본이 장악하게 되었다.

이에 따라 항일 지사들에 대한 재판에 일본인의 입김이 더 커졌으며, 그들의 입맛에 따라 특별법을 만들어 더욱 철저하게 항일투쟁을 억압했다. 감옥 사무를 일본인이 전담하게 한 것도 항일세력에 대한 탄압과 감시를 더욱 철저하게 하려는 조처였다. 짧은 기간 동안 적지 않은 패악을 저지른 소네 아라스케는 1910년 5월 30일 데라우치 마사타케에게 바통을 넘겨주었다.

데라우치는 통감으로 부임하자마자 일본에 저항하는 조선인을 확실하게 통제하기 위해 헌병과 경찰을 일원화했다. 중앙에 경무총감부를 두고 헌병사령관 아카시 모토지로를 경무총감에 임명한 다음 각 도의 경무부장이 헌병대장을 겸임하도록 했다.

아카시 모토지로는 러일전쟁 당시 베를린·파리·런던 등 유럽의 주요도시에서 뛰어난 첩보활동을 펼쳐 능력을 인정받아 1907년 육군소장이 되었고 이토 히로부미가 통감이 되자 헌병대장으로 부임했던 뛰어난 정보통이었다. 그는 임진왜란 때 자신의 선조 아카시 야스마사가 조선에서 죽은 것을 복수라도 하려는 듯 헌병과 경찰을 동원하여 항일의병들을 닥치는 대로 학살했다. 1913년 조선 주차군사령부가 간행한 〈조선폭도토벌지〉에 의하면 1906년부터 1911년까지 6년 동안 희생된 의병의 수효는 무려 1만 7779명이었다. 하지만 일본은 조선을 병합하면서 병사 한 사람도 피를 흘리지 않은 평화의 병합이라고 선전했다.

조선인은 복종할 것이냐, 죽음을 택할 것이냐.

데라우치의 강경 발언과 함께 조선의 암흑기가 시작되었다. 조선인에게 집회와 결사의 자유를 금지했고 조금이라도 일본에 비타협적인 태도를 보이면 불령선인不逞鮮人*으로 규정해 검거·투옥했다. 일제는 조선 병탄을 마무리하기 위해 헌병과 경찰 기구망을 이용하여 조선을 완벽하게 옭아매놓았던 것이다. 1910년 8월 29일 대한제국의 마지막 황제 순종과 메이지 천황은 다음과 같은 유시와 조서를 발표했다.

> 밖으로부터 동양의 평화를 공고히 하고 안으로 온 나라의 모든 민생을 보존하기 위해 조선의 통치권을 종전부터 믿고 의지해온 이웃나라 대일본 황제폐하께 양여하는 것이니 온 국민은 일본 제국의 문명과 새 정부에 복종해 행복을 같이 누리라.

> 동양의 평화를 영원히 유지하고 장래에 제국의 안전을 보장하며 조선 내 공공의 안녕을 유지하고 민중의 장래를 보장하기 위해 조선 황제의 합병 요구를 받아들인다.

그렇게 조선 병합을 마무리 지은 데라우치 마사타케는 초대 조선 총독에 임명됨으로써 확고부동한 조선의 지배자가 되었다. 그때부터 데라우치는 조선을 일본의 충실한 식민지로 만들기 위해 각종 악법을 양산해 냈다. 1910년 12월, 조선총독부는 총독이 회사의 지사 설립의 허가·정지·금지·폐쇄·해산을 명할 수 있는 권한을 행사하는 '회사령'을 선포함으로써 조선 내에 있는 일본인과 조선인의 기업 활동을 통제했다. 이는 조선의 민족 산업을 누르고 식량과 공업원료의 수탈

---

* 일제 강점기하의 일본 정부 및 조선총독부 등의 권력기관에서 식민지 통치에 반항적이거나 각종 통치행위에 비협조적인 자 및 사회주의 사상을 가진 자 등을 '불순한 조선인', '요주의 인물'이라는 뜻으로 사용한 용어다.

에 박차를 가하려는 뜻이었지만 거꾸로 자국민의 침탈을 제한하는 역효과를 낳았다.

데라우치는 경제적으로 조선을 일본의 상품판매시장, 자본투하지로 바꿈으로써 식민지 경제로 재편하려 했고, 문화적으로는 전통적인 민족문화를 말살하기 위해 광분했다. 교육령, 학교령 등을 공포하여 조선의 교육체계를 개악한 뒤 조선인을 일본 천황에게 충성을 다하도록 교화하는 데 역점을 두었다. 그것은 민족의 역사의식과 민족의식을 담은 문자와 언어·역사·문화·풍속 등을 소멸시켜 노예화하려는 속셈이었다. 그는 또 반일성향을 보이던 황성신문·대한매일신보·대한민보 등의 신문과 〈소년〉, 〈서북학회월보〉 등의 잡지, 《초등대한역사》·《동국역사》·《이순신전》 등의 출판물 발매를 금지하는 등 노골적인 언론 탄압을 실시했다.

러일전쟁 이후 실질적으로 조선을 지배했던 일본은 병합 이전부터 조선의 뛰어난 문화재를 파괴하고 약탈하는 데 골몰했다. 병합 이후에는 노골적으로 고분을 도굴하고 부장품들을 일본으로 실어 날랐다. 일제는 평양 대성산 일대의 고구려 유적, 개성과 강화도에 있는 고려 고분, 경상도의 신라고분 등을 파헤쳤다. 그렇게 수많은 문화재와 고려자기·서화·책자·종·불상 등 10만 점 이상의 문화재가 조선 땅에서 사라졌다.

조선총독부는 또 대대적인 토지조사를 실시하여 기한 내에 신고하지 않거나 대대로 소유했으나 증명 문서가 없는 토지를 모두 몰수했다. 그렇게 빼앗은 토지는 동양척식주식회사를 통해 친일파나 일본인 지주들에게 헐값으로 불하했다. 데라우치의 무단통치 기간에 조선인은 민족의 전통 유산을 무참히 짓밟혔고 기본적인 생존권마저 빼앗겼다.

105인 사건을 조작하다

데라우치는 민족운동의 싹을 자르기 위해 조선의 많은 지식인을 체포·구금했다. 105인 사건의 공식적인 명칭은 '데라우치 암살 미수사건'이지만 1심 공판에서 유죄판결을 받은 사람의 수효에 따라 통상 105인 사건으로 불린다.

1910년 전후 평안도와 황해도 등 서북지역에서는 신민회新民會와 기독교도들을 중심으로 신문화운동을 통한 독립운동이 확산되고 있었다. 그해 12월 안중근의 동생 안명근이 안악 일대에서 독립운동자금을 모금하다 일본 경찰에 체포되었다. 그러자 총독부는 서북 일대의 배일排日 기독교인과 신민회 회원에 대한 일대 검거령을 내렸다. 이 안악사건을 통해 일제는 한국의 비밀결사인 신민회의 존재를 확인하게 되었다. 신민회는 1907년 초 안창호·이승훈 등 계몽운동가들이 비밀리에 조직한 항일단체로서 계몽운동을 중심으로 독립사상의 고취, 국민역량의 배양, 청소년 교육, 상공업의 진흥을 통한 자체의 실력양성 등을 위주로 적극적인 활동을 펼치고 있었다.

처음에는 총독 데라우치를 암살하려 한다는 서북지방의 소문을 조사했다. 그런데 수사 도중 총독 암살기도가 사실이 아님이 밝혀졌지만, 신민회의 뿌리를 뽑기 위해 평양·선천·정주 등지의 기독교 학교 교사와 학생들의 음모가 밝혀졌다고 발표했다.

이 각본에 따르면, 1910년 8월 이래 서울 신민회 본부의 지휘 아래 5차례에 걸쳐 총독모살 계획이 서북지방의 기독교도를 중심으로 진행되었고, 이에 따라 평양·선천·정주 등 9개 도시에서 거사에 필요한 자금과 무기를 구입하는 등 거사 준비를 했다는 것이다. 이어서 1910년

11월 27일부터 12월 2일 사이에 압록강 철교 개통식에 참석하기 위해 경의선 열차편으로 데라우치 총독이 서북지방에 왔을 때 그를 암살하려고 각기 준비한 권총을 지참하고 각 지방의 기차역으로 나갔다는 것이다. 실제로 암살 행위는 없었지만 암살 미수죄에 해당된다는 내용이었다.

1911년 9월부터 일제는 곧 대대적인 검거작전에 돌입해 윤치호·양기탁·임치정·이승훈·유동열·안태국 등 핵심 지식인들을 비롯해 무려 600여 명이 넘는 사람들을 체포했다. 일제는 이미 짜놓은 각본에 맞추어 피의자들에게 진술을 강요하면서 잔인한 고문으로 허위자백을 받아냈다.

연행되는 105인 사건 관련자들. 신민회는 안창호·이승훈 등이 독립사상 고취, 청소년 교육 등을 기치로 조직한 항일운동 단체다. 일제는 총독 암살 음모가 있다고 조작하여 신민회 회원을 무차별 연행했고, 그중 105명이 유죄판결을 받았다.

이 사건의 재판은 1912년 6월부터 1913년 10월까지 5차에 걸쳐 진행되었다. 제1심 공판에서 기소된 123명 가운데 이창식 등 18명을 제외한 나머지 105명이 징역 5~10년의 유죄판결을 받았다. 이에 반발한 105인 전원이 고등법원에 항소했는데 2심 공판에서 주모자로 주목된 윤치호 등 5명을 제외한 99명이 무죄판결을 받았다. 일제는 이 사건을 통해 신민회의 실체를 파악하고 해체하는 데 성공했지만, 당시 고초를 겪었던 많은 인물들이 해외로 망명하여 항일 독립운동에 가담하면서 민족해방운동의 범위를 확대시키는 결과를 낳았다.

중국의 5·4운동을 불러일으키다

중국에서는 1911년 쑨원을 중심으로 한 혁명파가 청조를 무너뜨리고 공화제를 지향했지만 군사적 실권을 장악하고 있던 위안스카이袁世凱 (1859~1916)와 갈등·분쟁이 심화되면서 정치적으로 커다란 혼란에 빠져 있었다. 그런 상황에서 일본의 공세가 강화되자 중국은 이중의 압력에 시달리게 되었다.

1914년, 제1차 세계대전이 발발하자 일본은 영일동맹을 구실로 연합군 측에 가담해 8월 23일 대독선전포고를 선언하고 독일이 차지하고 있던 중국 산둥반도의 독일조차지를 점령했다. 1915년 1월 일본의 오쿠마 시게노부 내각은 독일조차지 이양을 포함한 21개조의 요구사항을 중국의 위안스카이 정부에 요구했다. 이와 같은 일본의 세력 확장 정책은 중국인들의 강한 저항에 부딪혔고, 미국과 프랑스 등 열강들도 반발했다. 그러자 한 발 뒤로 물러선 일본은 비밀조항이었던 5

개항을 제외하고 나머지 조항을 강요하면서 중국에 최후통첩을 발했다. 궁지에 몰린 중국은 5월 9일 어쩔 수 없이 일본의 요구를 들어줄 수밖에 없었다.

1916년 위안스카이가 사망하자 중국 북부의 여러 군벌들이 베이징 정부의 주도권을 장악하기 위해 각축전을 벌였다. 이때 일본은 중국에 대한 뚜렷한 정책방향이 없었다. 참모본부에서는 만주와 몽고지역의 군벌과 손잡고 중국과 분리시킨다는 만몽독립운동을 계획했지만 실행에 옮기지는 못했다.

일본 조야에서 중국 문제가 현안으로 대두된 1916년 10월, 데라우치는 하세가와 요시미치에게 조선 총독의 권좌를 물려주고 퇴임하여 일본 내각의 총리대신으로 취임하면서 대장성과 외무성의 대신을 겸임하는 등 막강한 권력을 손에 쥐었다. 메이지 유신 이래 막강한 조슈 번벌의 적자이자 비입헌주의자인 데라우치가 전면에 등장하자 언론과 정계에서 비판의 목소리가 줄을 이었다. 하지만 입헌주의자인 정우회의 하라 다카시原敬(1856~1921)가 정권 장악을 목적으로 데라우치를 지지하자 논란은 수그러들었다.

데라우치 내각은 중국 문제에 대한 획기적인 해결책을 내놓지 못하고 남부 혁명파와 북부의 군벌 사이에서 오락가락했다. 결국 그는 중국의 혁명파를 외면하고 위안스카이의 후계자이며 반혁명세력이었던 돤치루이段棋瑞(1865~1936)에게 1억 4500만 엔의 차관을 제공하는 악수를 두었다. 명목은 철도 증설과 수리시설 복구였지만 실은 돤치루이를 내세워 일본의 괴뢰정권을 수립하려는 것이 목적이었다. 일본의 이와 같은 행보는 중국인들의 반일감정을 고조시킴으로써 반제반일을 표방하는 5·4운동을 불러일으켰다. 데라우치는 또 1917년 러시아에서 볼셰비키 혁명이 발발하자 반혁명군을 지원하기 위해 시베리아에 원정군을 파견했다. 내부적으로는 군비확장·세금 증액·언론 탄압 등을 강행했다.

1918년 전후 인플레에 의한 살인적인 물가상승과 식량 부족으로 인해 8월 도야마 현(富山縣) 어촌의 주부들로부터 시작된 쌀 소동이 탄광과 공장 등으로 번져 전국적인 시위로 확산되었다. 혼란이 수습되지 않자 데라우치 내각은 9월 총사퇴했고, 중의원내 다수당인 정우회의 총재 하라 다카시가 원로들의 동의 아래 정당 내각을 수립했다. 그때부터 일본은 다수당의 총재가 수상이 되는 정당정치의 시대, 곧 다이쇼 데모크라시의 시대로 접어들었다.

데라우치 마사타케는 군인으로서 최고의 지위에 올랐으며 식민지 조선에서 폭군 네로와 같은 독재자로써 호령했지만 인생 최고의 순간에 참담한 패배를 경험해야 했다. 그렇게 일인지하 만인지상의 권좌에서 불명예 퇴진한 데라우치는 이듬해 조선에서 일어난 3·1독립만세운동을 후임 총독 하세가와 요시미치가 잔혹하게 진압하고 있다는 소식을 듣다가 눈을 감았다.

데라우치 부자와 조선인의 악연

식민지 시절 한국에 공포정치를 시행했던 데라우치 마사타케의 아들 데라우치 히사이치寺內壽一(1879~1946)도 조선인에게 잊을 수 없는 인물이다. 데라우치 히사이치는 1936년 황도파 청년장교들이 반란을 일으킨 2·26 사건 직후 성립된 히로다 내각에서 육군대신이 되어 군부 내의 황도파를 일소하는 숙군작업을 진두지휘했다. 당시 황도파는 그의 아버지 데라우치를 성장시켰던 조슈 군벌에 대항하여 생긴 파벌이었다.

태평양전쟁이 발발하자 남방군 총사령관으로 부임한 히사이치는 임팔 작전*을 수행하는 과정에서 영화 '콰이 강의 다리'로 유명한 타이의 태면泰緬 철도부설공사에 연합군 포로들을 동원해 수많은 사망자를 냈다.

임팔 작전은 1944년 3월부터 6월 말까지 일본군이 버마와 인접한 인도 동북부 아삼지방의 임팔을 공략했던 작전이다. 동남아 전선에서 수세에 몰리고 있던 일본군은 임팔 점령을 통한 국면전환을 꾀했다. 임팔은 인도와 버마의 식민종주국 영국군의 주요 거점으로 장제스가 이끄는 중국 국민당의 주요 보급기지이기도 했다.

본래 미국과 영국은 프랑스 식민지인 베트남 루트를 통해 중국을 지원했지만 프랑스가 나치 독일에 점령당하고 비시 정권이 들어서자 일본은 그들의 협력을 얻어 1940년 9월부터 인도차이나 북부를 점령하고 연합군의 인도차이나 루트를 차단했다. 연합군이 하는 수 없이 버마 루트를 개발하자 일본군은 임팔 점령을 통해 그들의 의도를 무산시키려 했던 것이다. 그 과정에서 일본은 인도**와 베트남, 버마의

---

* 1942년 싱가포르를 점령하고 파죽지세로 2개월 만에 버마를 완전히 장악한 일본군은 인도를 점령하겠다는 원대한 목표를 세우고 국경을 넘어 중국의 윈난과 인도의 임팔을 공격했다. 하지만 일본군은 그곳에서 2년 동안 연합군과 공방전을 벌이다가 5만 명의 전사자를 남기고 1944년 8월 철수했다. 임팔전투는 태평양전쟁의 물줄기를 바꾼 일대 사건이었다.

** 수하스 찬드라 보스가 이끄는 일본에 망명한 인도인들로 구성된 인도국민군은 일본이 말레이와 싱가포르를 점령하면서 포로로 잡은 6만 여명의 인도인을 모아 연합군을 공격했다. 마하트마 간디와 갈라져 해외에 임시정부를 세운 보스는 인도국민군을 이끌고 버마를 통해 델리 진공을 부르짖었지만 인도 미얀마 접경지대에서 고전하다가 연합군에게 항복했다.

1957년 제작된 '콰이강의 다리'. 태평양 전쟁 때 타이의 태면 철도공사가 배경이다. 데라우치 마사타케의 아들 데라우치 히사이치가 이 공사의 책임자가 돼 연합군 포로들을 철도 공사에 투입한다. 이때 조선인 징용자들에게 공사감독을 맡김으로써 전범 재판에서 포로학대 죄명을 쓰고 처형되었다. 아버지는 조선 땅에서, 아들은 타이 땅에서 조선인을 괴롭혔다.

독립운동 세력을 이용하기도 했다. 그렇지만 임팔 작전은 일본군의 대패로 귀결되었다. 8만 6000여 명의 일본군 가운데 3만 2000여 명이 전사하고 4만여 명이 부상당했는데 그들 중 상당수가 굶어죽었다.

태면 철도 부설공사는 전인미답의 밀림을 하루에 1킬로미터씩 뚫으며 철로를 부설했던 최악의 공사였다. 당시 일본군의 강요에 의해 무더위와 독충들에게 시달리며 중노동을 벌여야 했던 연합군 포로 1만 3000여 명과 징용자 3만 3000여 명이 목숨을 잃었고, 일본 군인들도 1000여 명이나 목숨을 잃었다.

이와 같은 엄청난 범죄의 최고책임자였던 데라우치 히사이치는 도쿄재판에서 A급 전범으로 분류되어 투옥되었고, 1946년 싱가포르 감옥에서 병사했다. 그때 일본 남방군에 배속되어 있던 조선인 군속들은 연합군 포로들의 감독을 맡았다가 전후 전범 재판에서 포로 학대의 죄명을 뒤집어쓰고 교수대의 이슬로 사라졌다. 아버지 데라우치 마사타케가 무고한 조선인을 억울한 죽음으로 몰아넣었듯 아들 데라우치 히사이치도 자신의 저승길에 수많은 조선인 징용자들과 군속들을 대동했던 것이다.

조선인에게
자학사관을 주입하라

조선 사람들이 자신의 역사와 전통을 알지 못하게 하여 민족혼, 민족문화를 상실

하게 하라. 그들의 선조와 선인들의 무위, 무능과 악행 등을 들춰내 그것을 과장

하여 조선 청소년들에게 가르쳐 선조를 경시하고 멸시하는 감정을 일으키게 하여

그것을 하나의 기풍으로 만들면 조선 청소년들이 자국의 모든 인물과 사적에 관

하여 부정적인 지식을 얻어 반드시 실망과 허무감에 빠지게 될 것이다.

나는 정치가가 아니라 군인이다

고종 독살 배후 3·1운동 학살 진압, 하세가와 요시미치

이곳 조선 땅에 조선 주차군 사령관으로 부임한 지도 어언 3년이 되었다. 당시를 회상해보면, 한창이던 러일전쟁에서 내가 이끄는 제1군이 파죽지세로 만주로 진군하며 승승장구하고 있었다. 그러던 중 같은 조슈 번벌 출신이자 동향 선배인 데라우치 대신이 조선 주차군 사령관의 적임자로서 나를 지목했고, 그렇게 이곳 조선 땅에 발을 들여놓게 되었다. 때는 바야흐로 정치·사회적으로 군의 위상이 높아지고 있을 때였고, 나는 초대 통감 이토 밑에서 조선 주차군 사령관직을 수행하게 되었다. 당시 조선에서의 보직은 나의 정치적 능력을 시험받는 첫무대로서 어깨가 무거워지는 것을 느꼈다. 나는 사령관으로 부임한 첫 날, 이토가 나에게 했던 말을 아직도 기억한다.

"조선 주차군 사령관은 정치를 하는 자리가 아니네. 정치가 밑에서 일본 육군의 체통을 지켜야 하는 중요한 자리란 말이지. 나는 자네의 군인으로서의 강직함, 직선적이고 타협을 모르는 그 성정을 보고 자네를 이 자리에 추천했네. 자네가 와서 참 든든하다네."

당시 나는 마음속으로 이렇게 되뇌었었다.

'그렇다. 나는 정치가가 아니라 군인이다. 이곳 조선 땅에 나는 군인으로 왔고 군인으로 역할을 다할 것이다. 일본의 지배에 저항하는 세력이 있다면 처단할 것이고, 반발하는 민중들을 억누를 것이다. 그것이 나의 역할이자 임무이리라.'

하세가와 요시미치. 테라우치 마사타케 후임으로 조선 총독에 부임해 3·1독립만세운동을 잔혹하게 진압하고 고문과 학살을 자행했다. 조선 임야 조사령, 조선 식산은행령 등을 공포하여 식민지 지배 기틀을 마련했다.

하세가와 요시미치長谷川好道(1850~1924)는 1907년 9월 10일, 3년 전 자신이 조선 주차군 사령관에 임명되어 조선 땅에 처음 부임했던 날을 회상하며 이렇게 결의를 다졌다. 초대 조선 총독 데라우치 마사타케의 뒤를 이어 제2대 조선 총독이 된 그는 전임자의 무단 통치를 더욱 강화했으며, 3·1독립만세운동으로 표출된 조선인의 자주독립 의지를 헌병과 경찰을 동원해 잔혹한 진압과 고문, 학살로 평정시킨 일제의 요제프 멩겔레Josef Mengele(1911~1979)*였다.

검술의 신동으로 이름을 날리다

하세가와 요시미치는 1850년 10월 1일, 조슈 번의 무사 하세가와 도지로의 장남으로 태어났다. 어릴 때부터 검술에 뛰어나 '검술의 신동'으로 불렸다.

메이지 시대에 일본 육군사관학교에 진학한 하세가와는 1871년에는 육군 소위가 되었고, 같은 해 12월에는 육군 대위에 진급해 대대장을 맡는 등 초특급 승진가도를 달렸다. 이듬해 4월에는 육군 소좌에 올랐고, 보병 제1연대장과 중좌를 거쳐 1877년 일어난 세이난 전쟁에 참전해 공을 세우고 스물여덟 살의 젊은 나이에 육군 대령이 되었다. 프랑스에서 무관으로 근무하다가 1886년 12월에 귀국하여 육군 소장으로 진급하고 보병 제12여단장에 임명되었다.

1894년에 벌어진 청일전쟁에서는 뤼순 함락의 공을 인정받아 남작의 작위를 수여받았다. 1896년, 육군 중장으로 진급한 그는 제3사단장을 거쳐 1898년부터 근위사단장으로 근무했다. 1904년 러일전쟁이 발발하자 또 다시 전장에 나가 랴오양遼陽 전투에서 승리한 뒤 육군 대장으로 진급했다. 그해 9월 그는 데라우치의 추천으로 제2대 조선 주차군 사령관이 되어 통감 이토 히로부미를 보좌하게 되었다. 잡

---

* 나치의 의사이자 친위대 장교. 아우슈비츠 강제 수용소에서 '악의 화신'으로 불리며 생체 실험을 자행했던 전설적인 인물. 종전 후 남미로 도피해 평생 숨어 살았다.

지 〈조선〉에서는 군부의 실력자였던 그가 서울에 입성하는 장면을 '조선의 상하는 단지 멀리 장군의 위용에 전율하여 절하고 엎드려 감히 우러러보는 자가 없었다.'고 묘사했다.

그는 부임하자마자 공식 경고문을 통해 전국 각처에서 불꽃처럼 타오르던 의병 항쟁을 무력 진압하겠다고 선언했다.

나는 전 조선 민중 각인에게 고한다. 세계정세의 추세에 비추어 정치적 쇄신이 국가적 요청에 촉구되어 조선 정부는 황제 폐하의 희망하심에 따라 이제 서정쇄신에 착수했다. 현재 세계의 진운에 어둡고 순역順逆을 분간하지 못하는 도배들이 근거도 없는 풍설로서 민심을 선동하고 각지의 폭도들에게 반란을 일으키게 하고 있다.

이들 반도는 내외의 평화스러운 일반인들을 살해하고 재산을 약탈했으며, 공사의 건축물을 불태우고 교통·통신 시설을 파괴하는 등 무서운 범죄를 저지르고 있다. 이와 같은 그들의 죄는 천인공노의 용서할 수 없는 범죄이다. 그들은 충성과 애국을 가장하고 스스로 의병이라 칭하고 있다. 그러나 그들의 대부분은 서정쇄신이라는 거룩한 황제폐하의 뜻을 감히 배반하고 국가와 국민의 위신을 최대로 손상시키는 위법자들이다. 그들을 빠른 시일 안에 소탕·진압하지 아니하면 재해가 미치는 범위를 측량할 길이 없다.

나는 조선 황제폐하의 명령을 받들어 반도를 일소시키고, 이러한 재앙으로부터 여러분을 구해내려고 하는 바이다. 나는 명령한다. 선량한 조선 국민 여러분은 모두 안심하고 생업을 계속하고 불안한 마음을 가질 필요가 없다고 말하고 싶다. 잘못된 동기에서 반도 무리에 들어간 자에 대해서는 그들이 정직하게 죄를 후회한다면 그 죄를 불문에 붙인다. 또 반도를 잡거나 무슨 일이든 반도들에 관한 정보를 제공해 준 자에게는 상당한 포상을 할 것이다. 스스로 반도에 가담한 자, 그들을 숨겨 준 자, 무기를 은닉한 자는 중죄로 다스려질 것이다. 또한 그와 같은 범죄자들을 옹위한 촌락은 그 연대 책임을 묻고 엄정하게 처분될 것이다. 이상의 취지를 잘 이해하여 비위 행위가 없도록 조선 전 민중에게 나는 요망한다.

노골적인 살해 위협으로 조선 외교권 박탈 과정을 지원하다

그로부터 1개월 후인 11월 17일 이토 히로부미는 고종황제를 협박하여 대한제국의 외교권을 빼앗는 '을사늑약'을 조인 없이 밀어부쳤다. 그 때 하세가와는 서울 시내는 물론 경복궁 주변에 무장병력을 배치하여 조선의 각료들을 위협했고 이토가 고종을 알현할 때 군복 차림으로 배석해 강압적 분위기를 조성했다.

아라이 신이치荒井信一(1926~) 쓰루가다이대학 명예교수는 최근 옛 육군성의《전역 육군 정사》에서 을사늑약 체결 닷새만인 1905년 11월 22일 하세가와가 작성한 '보호조약 체결 시말'을 발견했다. 이 보고서에 따르면 하세가와는 대한제국 정부를 강압하기 위해 조선 외교권 박탈 보름 전 일본 내각으로부터 군대 동원 명령을 받았다. 그와 같은 명령에 따라 하세가와는 경복궁 안팎에서 무력시위를 벌이면서 조선의 군부대신 이근택을 만나 조약 체결에 응하지 않으면 무력행사를 불사할 것이라고 위협했던 것이다.

하세가와는 11월 16일 군부대신 이근택에게 '내가 취할 수밖에 없는 최후의 수단이 무엇인지는 굳이 설명하지 않겠다.'고 말하자 이근

택이 전율하면서 곧바로 입궐했다고 밝혔다. 그의 협박에 두려움을 느낀 이근택은 이튿날 이토에게 조약 찬성 의견을 표시함으로써 을사오적이 되었다.

그는 또 외교권 박탈 당일인 17일 기병연대 및 포병연대까지 동원해 순찰을 강화한 상황을 묘사하면서 '모두 떨면서 감히 한 사람도 큰소리치는 사람이 없었다.'라고 기록했다. 대한제국의 경찰고문이었던 마루야마 시게토시丸山重俊도 '보병과 기병, 포병 등 3병과가 옛 왕성 앞 광장에서 하루 종일 훈련했다'라며 이와 같은 무력시위로 인해 공포심을 품게 된 많은 조선 군인들이 제복과 무기를 버리고 도망쳤다고 보고했다. 당시 하세가와는 별도의 '의견서'에서 '조선은 원래 위협으로 복종시켜야 하며 회유는 통하지 않는다.'면서 '그들은 선례가 있어 매일 밤 악몽에 시달리는데 그 연상은 곧바로 군대공포증을 일으킨다.'라고 하여 과거 을미사변의 뻔뻔스런 행위를 정당화했다.

그처럼 을사늑약을 강제하는 데 큰 공을 세운 하세가와는 1906년 11월에 작성한 '조선 경영소감'을 통해 조선인을 관리하기 위한 기관과 신문사를 설치하고, 궁중과 정부의 분리·군대 해산·신문 발간·경찰권 장악 등 다양한 제안을 했다. 그는 또 '조선 경영기관의 수뇌에 대하여'란 보고서에서 병마의 실권을 장악하는 무관으로 하여금 동시에 경영기관의 주체가 되게 해야 한다고 주장하기도 했다.

조슈 군벌의 계승자가 되다

하세가와는 각각 1906년과 1908년에 임시 통감 대리와 군사참의관에 임명되었고, 조선 병합 이후인 1912년 1월 20일에는 일본군 참모총장에 임명되었다. 1916년 5월 10일, 66세의 하세가와는 데라우치마사타케의 후임으로 대망의 조선 총독의 지위에 올랐다.

그해 12월 10일, 을사늑약 체결 당시 '시일야방성대곡'을 황성신문에 게재하여 조선인의 심금을 울렸던 장지연張志淵(1864~1921)이 매일신보에 신임 총독 하세가와를 환영하는 한시를 게재하여 조선인의 공분을 불러일으켰다.

> 채찍이며 모자 그림자에 수레 먼지 가득한데
> 문관과 무관들 분분히 새로 악수 나누네.
> 한수의 풍연 원래 낯이 익으니
> 매화도 예전처럼 기뻐 웃는 듯.

하세가와 요시미치는 총독으로 부임하자마자 역사적으로 조선에적대적이었던 조슈 군벌의 대를 계승하려는 듯 본국의 총리대신으로영전한 데라우치 마사타케의 강력한 무단통치를 그대로 이어갔다. 하지만 그것은 급변하는 국제 정세와 조선인의 저항 의식을 간과한 실착이었다.

조선 병합 이후 일본은 데라우치의 무단통치를 기반으로 의병 토벌작전을 강화하는 한편 민간의 애국계몽운동을 무자비하게 탄압했다.또 민족 고유문화의 말살, 경제적 침탈의 강화로 전체 조선 민족의 생

장지연. '시일야방성대곡'으로 3개월 여 옥살이를 한 장지연은 그 후에도 대한자강회, 대한협회 등을 조직해 일진회와 대립했다. 1910년 조선 병합 이후 변절하여 총독부 기관지 매일신보에서 활동했다. 1962년에는 건국훈장, 2004년에는 '이달의 독립운동가'로 선정됐으나 친일 논란으로 서훈이 취소됐다가 2012년 법원으로부터 서훈취소 무효 판결을 받는 등 논란은 계속되고 있다.

존에 심각한 위협을 가했다. 조선의 자본가 계급은 민족자본의 성장을 억제할 목적으로 실시된 1910년의 회사령으로 큰 타격을 받았다.

데라우치에 이어 하세가와가 1918년까지 실시한 '토지조사사업'으로 조선인은 대대로 물려내려온 농토를 빼앗기고 빈농이나 소작농으로 전락했다. 그 여파로 도시로 흘러들어 노동자가 된 사람들은 일본인의 절반에도 미치지 못하는 저임금과 장시간 노동, 비인간적 대우, 민족 차별 등으로 혹독한 환경 속에서 연명해야 했다. 그처럼 식민 통치 10년 동안 조선인 자본가·농민·노동자 등 모든 사회계층이 직간접 피해를 입으면서 일제에 대한 반감이 높아졌다.

1918년 만주 지린에서 망명 독립 운동가들이 무오독립선언을 통하여 조선의 독립을 선언했다. 또 그해 2월 8일, 일본 도쿄 한복판에서 재일유학생이 중심이 되어 독립선언서를 발표함으로써 국내외를 동요케 했다. 이듬해인 1919년 1월 20일, 비운의 황제 고종이 경운궁 함녕전에서 승하하자 조선 팔도가 술렁이기 시작했다.

고종황제 독살에 개입하다

1919년 1월 18일부터 파리강화회의*가 열렸다. 황제에서 이태왕으로 격하되어 덕수궁에 반半 연금 상태에 놓여있던 고종은 과거 헤이그에 밀사를 파견했던 것처럼 은밀히 파리강화회의에 밀사를 보내 조선의 독립을 호소하려 했다. 이런 움직임을 감지한 하세가와가 고종을 회유하려 했지만 실패하고 말았다. 그리고 1919년 1월 21일 고종이 돌연 덕수궁 함녕전에서 승하하자 하세가와 일당이 고종을 독살했다는 소문이 파다하게 퍼졌다. 독살의 혐의자로 이왕직 장시국장 한창수와 시종관 한상학, 윤덕영 등이 거론되었다.

고종 독살에 대한 국내 기록으로는 윤치호의 일기가 가장 구체적이다. 그는 고종의 시신을 직접 본 명성황후의 사촌동생 민영달이 중추원 참의 한진창에게 한 말을 전해 들었다고 한다. 그의 일기에 따르면 건강하던 고종은 그날 식혜를 마신 지 30분도 안 돼 심한 경련을 일으키다가 숨이 끊겨졌다. 염을 하기 위해 한복 바지를 벗기려고 했지만 시신의 팔다리는 하루 이틀 만에 크게 부어올라서 옷을 찢을 수밖에 없었다. 또 이가 모두 빠지고 혀는 닳아 없어졌으며, 30센티미터 정도의 검은 줄이 목에서 복부까지 길게 나있었다. 게다가 고종 승하 직후 두 명의 궁녀가 의문의 죽음을 당했다고 기록되어 있다.

고종의 갑작스런 죽음은 그의 해외 망명 기도와 관련이 있다는 기록도 있다. 독립운동가 선우훈은 광복 이후에 쓴 《사외비사史外秘史》

---

* 파리강화회의Paris Peace Conference는 제1차 세계대전의 승전국들이 연합국과 동맹국 간의 평화 조약을 협의하기 위해 개최한 국제회의이다. 회의는 1919년 1월 18일 개최되어 1920년 1월 21일까지 지속되었다.

에서 이지용의 증언을 전했다. 고종은 독립운동 자금으로 쓰려던 황실 소유의 금괴 85만 냥을 12개의 항아리에 나눠 비밀 장소에 매장했고, 그 장소가 그려진 보물지도를 신하에게 맡긴 다음 조선을 탈출하려고 했으나 일제의 사주를 받은 한상학과 이완용에 의해 독살 당했다는 것이다.

한편 서울대학교 이태진 교수는 1919년 당시 일본 궁내성의 제실 회계심사국 장관이었던 구라토미 유자부로倉富勇三郎(1853~1948)의 일기를 증거로 데라우치의 밀명을 받은 하세가와의 지시를 받고 송병준 등이 고종을 독살했다고 발표했다. 구라토미의 일기에 따르면 종질료宗秩寮(황족, 왕족 등을 관리하는 부서)의 관료 센고쿠 마사유키, 이시하라 겐조, 다나카 우쓰루에게 다음과 같은 말을 들었다는 내용이 씌어 있다.

어떤 사람이 이태왕이 서명 날인한 문서를 지니고 파리강화회의에 가서 독립을 도모하려 해서 민병석·윤덕영·송병준 등이 태왕으로 하여금 서명 날인하지 못하게 했지만 아주 독립이 될 듯 하면 민 등의 입장이 곤란해질 것을 우려해 살해했다는 풍설이 있다고 한다.

당시 법제국 장관을 지낸 구라토미는 궁내대신 하타노 다카나오와 가까운 정계의 실력자였다. 송병준은 당시 작위를 잃게 된 민병석과 윤덕영 두 사람을 구제하려는 목적에서 그에게 독살의 진상을 털어놓았을 가능성이 다분했다.

어쨌든 고종의 승하 소식이 알려지자 조선 팔도의 민심이 흉흉해졌다. 망국의 황제였지만 여전히 고종은 조선인의 기둥과 같은 존재였던 것이다. 그의 인산일이 3월 3일로 확정되자 전국 각처에서 백성들이 서울로 몰려들었다. 그와 같은 내외정세의 변화와 고종의 죽음은 하세가와를 구렁으로 밀어넣는 계기가 되었다.

3·1독립만세운동이 시작되다

그 무렵 제1차 세계대전의 종전과 함께 열린 파리강화회의에서 패전국의 식민지 처리를 논의하며 헝가리·체코슬로바키아·폴란드·핀란드 등의 독립 문제가 거론되었다. 이어서 1917년 미국 대통령 우드로 윌슨의 14개조 평화원칙이 발표되자 새삼 민족자결주의가 중요한 화두로 떠올랐다. 그것은 사실 미국·영국·프랑스·일본 등 전승국들의 파이 나누기 과정에서 나온 것이었지만, 자세한 내막을 알지 못했던 조선인도 행동으로 독립의 염원을 표출하기 시작했다.

1919년 2월 8일, 도쿄 간다에 있는 조선YMCA에서 최팔용崔八鏞(1891~1922), 김도연金度演(1894~1967) 등의 주동으로 600여 명의 유학생들이 집회를 열고 2·8 독립선언서를 낭독했다. 이광수李光秀(1892~1950)가 기초한 이 선언서에서는 조선에 대한 일본의 행위는 사기와 폭력에 근거한 것이므로 무효라고 주장하면서 독립 요구가 받아들여지지 않으면 일본과 영원히 혈전을 벌일 것이라고 선언했다.

그 소식을 듣고 자극을 받은 국내의 오세창吳世昌(1864~1953)·권동진權東鎭(1861~ 1947)·최린崔麟(1878~1958)·최남선崔南善(1890~1957) 등 33명의 국내 인사들이 전국적인 만세운동을 일으키기로 합의했다. 디데이는 고종황제의 인산일인 3월 3일이었다. 그들은 천도교와 기독교, 학교 조직을 이용해 각 지방에 독립선언서와 함께 운동의 방법과 날

짜 등을 미리 알렸다. 독립선언서와 일본 정부에 대한 통고문, 미국 대통령과 파리 강화회의 대표들에게 보낼 의견서는 최남선이 썼고, 비용과 인쇄는 천도교측이 맡았다.

2월 27일 밤 인쇄소 보성사에서 2만 1000장을 인쇄했는데 그 과정에서 해프닝이 하나 있었다. 당시 악명 높았던 종로경찰서 고등계 형사 신철申哲이 정보를 입수하고 보성사를 급습하여 윤전기를 세웠다. 신철은 보성사 사장 이종일 앞에서 독립선언서를 꺼내 읽고는 아무 말 없이 돌아가 버렸다. 이종일로부터 상황을 전해들은 최린은 그날 저녁 신철을 매수, 만주로 피신시켰다. 일제의 수사망이 좁혀오자 3월 3일로 예정된 거사를 이틀 앞당긴 3월 1일로 결정했다. 그리고 유혈 사태를 피하기 위해 예정된 탑골공원에 가지 않고 오후 2시 정각 인사동의 태화관에 모이기로 했다.

드디어 디데이인 3월 1일이 되었다. 33인 가운데 많은 사람들이 늑장을 부리는 바람에 오후 3시가 되어서야 길선주吉善宙(1869~1935)·유여대劉如大(1878~1937)·김병조金秉祚(1876~1947)·정춘수鄭春洙(1875~1951)를 제외한 29인이 모였다. 이윽고 한용운韓龍雲(1879~1944)이 독립선언서를 낭독하고 참석자들이 함께 만세삼창을 한 다음 경찰을 불러 자진 체포당했다. 같은 시각 탑골공원에는 5000여 명의 학생들이 운집한 가운데 정재용鄭在鎔(1886~1976)이 팔각정에 올라가 독립선언서를 낭독하고 만세를 부른 후 가두시위에 나섰다. 그러자 고종황제의 인산을 보기 위해 몰려들었던 서울과 지방의 인파가 대거 대열에 합세했다.

곧 수십만 명으로 불어난 군중은 두 갈래로 나뉘어 행진을 시작했다. 한 갈래는 종로 보신각을 지나 남대문 쪽으로 향하고, 한 갈래는 매일

고종 인산과 3·1독립만세운동. 고종은 독립운동의 상징적 구심점이었으므로 일제에게는 부
담스러운 존재였다. 고종이 은밀하게 독립운동 단체를 지원했다는 이야기도 있다. 독살설까
지 불거진 고종의 죽음은 3·1독립만세운동의 기폭제가 되었다.

신보사 옆을 지나 대한문을 향했다. 이윽고 대한문에 이른 군중들은
경운궁 안으로 들어가 차례대로 고종의 혼전魂殿에 세 번 절하고 나와
서 계속 만세를 불렀다. 일본 헌병과 기마병들이 나타나 해산시키려
했지만 군중들은 태연자약한 태도로 물러나지 않다가 오후 6시가 되
어서야 자진 해산했다.

독립만세운동은 동시 다발적으로 전국에서 일어났다. 3월 1일 오후 6시 진남포·선천·안주·의주·원산·함흥·대구 등지에서 대규모 시위가 벌어졌고 다음날에는 군과 면 단위로 확산되었다. 서울에서는 3월 3일의 인산일 당일에만 잠잠했을 뿐 매일 가두시위가 벌어졌다. 학생은 휴교, 상인은 철시, 노동자는 파업, 관리는 퇴직하면서 시위에 동참했다.

평화시위를 무력으로 진압하다

3월 1일부터 시작된 조선인의 독립만세운동은 조선 총독 하세가와를 대경실색하게 만들었다. 고종 사후 극도의 긴장 속에 시민들의 동태를 경계하고 있었지만, 고등계 형사 신철의 예처럼 조선인 관리들 대다수도 만세운동을 지지하고 있던 터라 허를 찔릴 수밖에 없었다. 하지만 하세가와로서는 식민지 조선의 한복판에서 태극기가 휘날리고 독립만세 구호가 울려 퍼지는 것을 좌시할 수 없었다.

하세가와는 3월 2일부터 육군 3개 사단, 헌병 2만 2000여 명을 투입해 비무장 평화적 시위를 벌이는 군중을 닥치는 대로 연행했고, 불응하는 사람들에게는 가혹한 린치를 가했다. 그래서 수많은 조선인이 부상당하거나 목숨을 잃었다. 그럼에도 만세운동은 조선 전역으로 확산되었다. 3월 18일 조선 주차사령관 타로 우츠소노미야宇都宮太郎(1861~1922)는 '모든 장교와 사병에게 보내는 훈령'*을 통해 공식적

---

* '모든 장교와 사병에게 보내는 훈령'- '두 나라의 합병이 이루어진 이래로 우리 행정부의 10년 가까운 노력이 이제 막 결실을 보려 하고 두 나라의 국민이 서로 동화되는 방향으로 발전이 가능하다고 느껴지는 참에 현 상황과 같은 사태가 벌어져서 나는 참으로 유감스럽다. 이런 소동을 미연에 방지하고 억제하기 위해 나의 명령에 따라 전국에 작은 집단의 무력배치가 요구되었다. 주요 목적은 사악한 마

이화학당 시절 유관순과 옥중의 유관순.

인 진압을 선포했다. 그때부터 눈이 시뻘개진 일본군은 화수리·정주·
맹산·강서·대구·밀양·합천 등지에서 시위대를 집단 학살했다. 전국
218개 군 가운데 211개 군에서 들불처럼 일어났던 독립만세운동은
조선인의 붉은 선혈과 함께 스러졌다.

3월 4일, 평안남도 대동군, 강서군 등지에서는 3000명의 군중이 시
위행진을 벌이다가 사천 헌병주재소의 소장 사토佐藤實五郎와 헌병보

음을 품고 있는 사람들에게 잘못된 행동을 할 수 있는 기회를 아예 단절시켜 이와 같은 소동을 방지하
자는 것임을 마음속에 새기는 것이 중요하다. 인류애는 사람들로 하여금 다른 사람에게 해를 주지 못
하도록 한다. 그리고 강압은 더 많은 힘을 요구한다. 우리가 다루어야 할 사람들은 우리와 같은 근본을
가진 사람들이다. 그리고 반란자들은 대부분 소수의 불만족한 사람들에게 잠시 홀렸거나, 선동을 당
했거나, 협박을 당한 순진한 희생자들이다. 그러므로 소동을 제압하는 데 있어 가능한 온건한 방법을
사용해야 하며, 정말로 꼭 필요한 경우에만 무력을 사용해야 한다는 점은 중요하다. 모든 장교와 모든
사병은 이 점을 지속적으로 고려해야만 한다. 그리고 여기서 동떨어진 행동은 허가되지 않는다. 반란
자들 가운데 사상자가 생기는 경우 인정을 베풀어, 불행하게 죽거나 다친 사람에 대해 적절한 조치를
취해야 한다. 죄는 미워하되 죄를 범한 사람에게는 친절하게 대해야 한다. 이와 같이 행동을 하라. 제
군들의 행동은 우리 조상들로부터 전해 내려오는 무사도의 전통에 입각하여 가장 훌륭한 것의 모범이
될 것으로 기대하는 바이다.'

조원 강병일·김성규·박요섭의 무차별 총격으로 수십 명이 사살 당했다. 분개한 군중들은 일시에 돌을 던져 그들을 쳐죽였다. 평화시위가 무력투쟁으로 발전된 경우였다. 4월 1일, 천안 아우내 장터에서 벌어진 만세운동에서는 독립선언문을 발표한 김구응金球應(1887~1919)과 그 모친 최씨가 총탄에 맞아 즉사했으며, 이화학당 학생인 유관순*을 포함해 많은 참가자들이 체포되었다.

3·1운동의 가장 비장한 장면은 이리 장날 만세 운동에서 연출되었다. 기독교인이었던 군산의 영명학교 교사 문용기文鏞祺(1879~1919)는 4월 4일 이리 장날을 이용해 박도현과 장경춘 등 기독교 계통의 인사들과 함께 만세 운동을 계획했다. 12시 쯤 장터에 300여 명의 군중이 모여들자 문용기는 그들에게 독립선언서와 태극기를 나누어주고 시가행진을 시작했다. 이윽고 군중의 수효가 1000여 명이 넘어서자 일본 헌병대가 출동하여 앞을 가로막았다. 그들은 소방대와 일본인 농장원 수백 명을 동원하여 총검과 곤봉, 갈고리 등을 휘두르며 닥치는 대로 폭력을 휘둘렀다. 하지만 군중이 해산하지 않자 급기야는 무차별 사격을 가했다.

분개한 문용기는 오른손에 태극기를 들고 앞으로 나가 독립운동의

---

* 3·1독립만세운동의 상징과도 같은 인물, 유관순柳寬順은 충청남도 천안 출신으로 1916년 기독교감리교 공주 교구의 미국인 선교사의 도움으로 이화학당에 교비생으로 입학했다. 1919년 3·1운동이 일어나자 고등과 제1학년생으로 만세시위운동에 참가했다. 그 후 휴교령이 내리자 고향으로 내려가 서울의 상황을 설명하면서 만세시위운동에 참가할 것을 권유했다. 그녀는 조인원·김구응 등 마을 유지들을 규합하고 연기·청주·진천 등 각지의 교회와 유림계의 찬동을 얻어, 같은 해 4월 1일(음력 3월 1일) 아우내장터에서 수천 명의 군중을 모아 독립만세운동을 전개했다. 이때 아버지와 어머니를 비롯해 많은 인사들이 피살되었다. 주모자로 체포된 유관순은 가혹한 고문을 받았지만 끝내 굴하지 않고 공주지방법원의 판결에 불복하여 항소, 경성복심법원에서 재판을 받은 끝에 7년형을 선고받았다. 서대문형무소에 복역 중에도 독립만세를 부르며 옥중 항쟁을 전개하다가 옥사했다. 1962년 건국훈장 독립장이 추서되었다. 이화학당 시절의 아리따운 모습과 옥중에서 찍은 사진을 비교해보면 당시 그녀가 얼마나 가혹한 고문을 받았는지를 알 수 있다.

정당성과 일제의 만행을 규탄하는 연설을 했다. 그러자 일본 헌병이 칼을 휘둘러 그의 오른팔을 베어 태극기와 함께 땅에 떨어뜨렸다. 그는 쓰러지지 않고 다시 왼손으로 태극기를 들고 만세를 외치며 전진하자 이번에는 왼팔마저 베어버렸다. 하지만 문용기는 두 팔을 잃은 몸으로 뛰어가며 계속 만세를 외쳤다. 이에 격분한 일본 헌병은 그를 난자하여 목숨을 빼앗았다.

4월 15일, 경기도 수원군 향남면 제암리에서 장날을 틈타 만세 운동이 일어나자 일본군이 제암리교회에 성인 남자들을 모아놓고 불을 질러 수십 명의 사상자가 발생했다. 맹산에서는 천도교인과 기독교인이 만세 시위를 벌이자 일본군이 달려와 독립운동 지도자 한 사람을 체포하여 헌병 분견소에 가두고 혹형을 가했다. 격분한 마을 사람 60여 명이 몰려들어 석방을 요구하자 일본군은 이들을 분견소 안마당에 끌어내 모두 사살했다.

3·1독립만세운동은 그 시위 규모만큼이나 참혹한 기록을 남겼다. 조선총독부의 공식 집계에 따르면 이 운동에는 106만 명이 참가했는데 진압과정에서 553명이 사망, 1만 2000명이 체포되었다. 그러나 박은식의 《한국독립운동지혈사》에 따르면, 200만여 명이 참가하여 7509명이 사망, 1만 5850명이 부상, 4만 5306명이 체포되었으며, 헐리고 불탄 민가가 715호, 교회가 47개소, 학교가 2개소였다. 임종국林鐘國(1929~1989)의 《실록 친일파》에는 3월 1일부터 4월 30일까지 60일 동안 1214회의 만세 운동이 벌어졌고, 사망자는 10만여 명에 이른다고 기록되었다.

국제사회의 비난으로 불명예퇴진하다

1919년 7월 10일, 캐나다의 선교사 마우스피드J. D. Mausfeed는 조선 총독 하세가와에게 다음과 같은 '일본군만행규탄서'를 보내 잔혹한 살상 행위를 중지하라고 요청했다.

1919년 7월 10일 원산에서 연례 모임을 갖는 캐나다 장로교회 조선선 교단 회원들은 보편적인 인도주의적 감정의 명령에 따라 조선에서 벌 어지고 있는 현재의 정치적 소요를 억압하기 위하여 일본 행정부가 사 용해온 부당하고 비인간적인 방법에 대한 우리의 강력한 항의를 기록 할 수밖에 없었기에, 이에 각하께 동일한 기록을 정중하게 제출하는 바 입니다. 그간 자행된 잔인한 행동들은 다음과 같습니다.

-무방비의 남자들과 여자들 그리고 어린아이들을 총으로 쏘고 총검으 로 찌르기
-일본인 시민들이 조선인을 곤봉으로 두들겨 패기
-소방 갈고리로 무장한 일본인 소방대원들이 평화로운 시위자들을 잔 인하게 공격하기
-상처 입고 죽어가는 시위자들을 방치한 용서할 수 없는 행동
-재판이 열리기 전에 의심 가는 사람들을 가장 더러운 환경 속에서 무 한정 구금하기
-경찰이 취조하는 동안 고문 사용
-감금된 여성들에 대한 부적절한 대우
-경찰관의 구타라는 야만적인 방법으로 위법자 징벌

-마을 방화 및 악의에 찬 재산 파괴

-마을 공동체를 잔인한 방법으로 위협

-기독교인들에 대한 불공정한 차별 행위

위와 같이 관대한 모든 인간의 감정을 침해하고 기본 법률과 문명국가의 관습에 반하는 폭력은 아무리 비난받아도 지나치지 않다고 생각됩니다. 우리는 캐나다 장로교회의 해외선교이사회에 이러한 사실을 알릴 필요가 있다고 판단했으며, 우리의 항의를 각하께 주저 없이 전달하는 바입니다. 왜냐하면 우리는 이러한 부당한 행위는 일본의 명예를 실추시킬 뿐 아니라 일본과 특수한 조약을 맺고 있는 영국인에게도 영향을 준다고 느끼기 때문입니다.

–캐나다 장로교회 조선선교단을 대표하여

국내에서 활동하고 있는 선교사들과 여러 언론사에 의해 일제의 시위 진압 과정에서 자행된 만행과 체포된 사람들에 대한 잔혹행위, 더불어 여학생들에 대한 비인도적인 심문과 고문 내용이 속속들이 파헤쳐졌다. 중국의 베이징 앤 텐진 타임스는 '조선이 독립해야 하는 열 가지 이유'라는 기사를 통해 민주정치를 자처하는 일본의 비열한 이중적 태도를 공격했고, 미국의 타임지는 '조선인의 공포, 일본의 책임'이란 제목으로 정치범에 대한 고문 행위와 언더우드, 커티스 등 선교사들이 목격한 제암리 교회의 참혹한 살인행각을 고발했다. 심지어 본국인 일본의 저팬 애드버타이저에서도도 '일본군들이 기독교인을 살해하고 있다'란 제목으로 제암리 교회 학살 사건을 맹비난했다.

그 무렵 일본에서 민본주의를 제창하여 다이쇼 데모크라시의 아버지로 불리던 도쿄대학 교수 요시노 사쿠조吉野作造(1878~1933)는 3·1운동 직후 〈주오고론中央公論〉에서 일본국민을 향해 '국민 어디에도 자기반성이 없다. 무릇 자기에 대해 반대운동이 일어났을 때, 이를 근본적으로 해결하는 첫걸음은 자기반성이어야 한다.'라고 소리쳤다. 그는 두 달 뒤 중국에서 5·4운동이 일어나자 '일본을 배척하는 것은 사실 침략하는 일본을 배척하는 것이다. 오늘날의 일본에는 침략의 일본과 평화의 일본, 이 두 가지가 있다는 사실을 인정해야 한다.'라고 부르짖었던 일본의 양심이었다.

일제의 유혈진압과 사후처리에 대한 국내외의 비난이 높아지자 모처럼 서구 열강들과 같은 제국주의의 반열에 오른 것을 자랑스러워하던 일본인은 참담한 자괴감에 빠질 수밖에 없었다. 그로 인해 궁지에 몰린 일본 내각은 조선 경영의 총책임자인 하세가와를 교체한 다음 노회한 정치가 사이토 마코토를 파견하여 사태를 무마하기로 결정했다. 1919년 8월 13일, 조선 총독 하세가와 요시미치는 토지조사사업을 성공리에 완료시킨 공로에도 불구하고 '학살자'란 오명을 뒤집어쓴 채 불명예 퇴진했다. 시름에 빠진 채 노구를 이끌고 도쿄로 돌아간 그는 1924년 1월 27일 사망했다.

조선인도 내지인과
똑같은 대접을 받게 하겠다

문화정치를 내세운 노회한 정치가, 사이토 마코토

3·1독립만세운동을 통해 조선인은 이민족의 지배를 온몸으로 거부했다. 그로 인해 일본인은 더 이상 기존의 무력 통치 방식으로는 식민지의 안정을 유지할 수 없음을 깨달았다. 궁리 끝에 그들이 내놓은 것은 문화정치였다. 그것은 채찍 일변도에서 약간의 당근을 쥐어주는 방식이었다. 당시 일본 수상 하라 다카시는 능구렁이 정치인 사이토 마코토齋藤實(1858~1936)를 조선 총독으로 파견하면서 '조선통치사전'이라는 문서를 통해 보다 유연한 식민지 통치를 권유했다.

> 일본과 조선의 관계는 언어와 풍속이 다른 점이 있지만 근본에 거슬러 올라가면 거의 동일 계통에 속한다. 인종은 본래부터 차이가 없고 역사에서도 상고시대로 거슬러 올라가면 거의 동일하다. 조선을 통치하는 원칙으로 완전히 내지인을 통치하는 것과 같은 주의, 같은 방침에 의한 것을 근본 정책으로 정하지 않을 수 없다.

그처럼 피지배민족과 지배민족을 동일 선상에 올려놓고 통치한다는

사이토 마코토. 조선인도 일본인과 똑같은 대접을 하겠다는 감언이설과 함께 부임한 총독. 이른바 식민사관이 사이토의 문화정치에서 비롯됐으며 어용학자와 친일 학자가 이 시기에 대거 양산됐다.

것은 제국주의의 속성상 완전히 불가능한 일이었지만, 그들은 동화정책이라는 미사여구로 자신의 허위를 보기 좋게 포장했다. 그때부터 조선인의 단체 활동 및 언론 활동이 허가되었고 아주 기초적인 초등교육이 확대되었다. 그 과정에서 일본은 소수의 친일 관료에게 특권을 부여함으로써 조선 사회를 분열시키는 데 성공했고, 민족의 근대의식 성장을 호도했으며, 초급 학문과 기술 교육을 통해 식민지 운영에 보탬이 되는 준지식인들을 대량으로 양성했다. 그들은 헌병 경찰제를 보통 경찰제로 바꾸었지만 경찰력은 오히려 강화되었고, 독립운동가 색출을 위한 전문적인 고등경찰제까지 신설했다.

사이토의 문화정치는 기만과 협잡을 통해 조선인을 무력화하는 데

전력을 다했고, 그로서도 부족했던지 1925년 5월 가토 정권에 의해 입법된 악명 높은 치안유지법을 적용하여 노동운동과 반일 투쟁을 탄압했다. 아울러 독립군을 제거한다는 명목으로 간도대토벌 작전을 전개하여 수많은 조선인을 학살했다. 사이토 마코토는 부드러운 혀를 가졌지만 그 손은 도살자 하세가와 요시미치와 하나도 다르지 않았다.

해군 장성 출신의 능구렁이, 조선에 오다

1920년대 두 차례나 조선 총독으로 재임했던 사이토 마코토는 일본 군부의 주도권을 쥐고 있던 육군 출신이 아니라 해군 장성 출신이었다. 1858년 12월 2일 이와테 현에서 태어난 그는 해군 병학교를 졸업한 뒤 1884년 미국에 유학했고, 1888년까지 현지에서 일본 최초의 주재 무관으로 근무했다.

사이토는 귀국한 뒤 야전과 참모, 궁정직을 돌아가면서 섭렵했고 1897년에는 한 달 만에 2계급을 뛰어넘는 고속승진을 통해 대좌가 되었다. 그 후 7년간 해군차관으로 복무하며 중장까지 승진을 거듭하면서 해군력 증강에 전력을 기울임으로써 훗날 일본 해군이 러시아 해군을 격파하는 기반을 쌓았다. 1906년 사이온지 내각에서는 해군대신이 되었고, 이후에도 다섯 차례나 연속으로 해군대신을 지냈다. 1912년에는 대장으로 승진했지만, 1914년 야마모토 내각이 해군이 관련된 군수조달 비리사건, 이른바 지멘스 스캔들로 붕괴하자 책임을 지고 해군대신을 사임했다.

1919년 3월, 식민지 조선에서 일어난 대규모 독립만세운동을 하세가와 총독이 유혈 진압하면서 국내외의 비난이 쏟아지자 일본 총리 하라 다카시는 식민지 경영 방침을 재고할 수밖에 없었다. 게다가 군부 일각에서는 조슈 군벌의 호전성을 비판했고, 언론에서는 식민지에서의 무단정치 자체를 공격했다. 그들은 조선인이 식민지 지배 자체에 저항하고 있다는 엄연한 사실은 안중에도 없었다. 동물원에 갇힌 호랑이는 철창 안에서 풀려나고 싶은 데 사육사는 사료 배합에 문제가 있다는 꼴이었다.

결국 하라 다카시는 문관 출신의 야마가타 이사부로山縣伊三郎 (1858~1927) 정무총감을 조선 총독으로 내정했다. 군인 출신으로는 쏟아지는 비난을 희석시킬 수 없다고 판단했던 것이다. 그러나 실권을 쥐고 있던 원로대신 야마가타 아리토모와 조슈 군벌들이 격렬히 반대했다. 하는 수 없이 하라는 궁여지책으로 자신과 동향인 이와테 현 출신의 해군대장 사이토 마코토를 내세웠다. 군인이면서도 군인 같지 않은 정치 스타일에 군부의 주력인 육군이 아닌 해군 출신이라는 점이 사이토에게는 단점이면서 장점이 되었다.

1919년 8월 13일 제3대 조선 총독으로 임명된 사이토 마코토는 문화정치라는 히든카드를 만지작거리며 현해탄을 건넜다. 설레는 마음으로 서울에 들어왔을 때 그를 맞이한 것은 일장기를 흔드는 인파 속에서 날아온 우국지사 강우규姜宇奎(1855~1920)의 수류탄이었다.

강우규, 사이토에게 수류탄을 던지다

3·1독립만세운동은 조선인에게 가혹한 상처를 남겼지만 한편 민족적 자부심과 함께 나라의 주인이 자신들임을 깨닫는 계기가 되었다. 이제 조선인은 그 누구의 신민이 아니라 민주시민이었고 그에 상응하는 자유와 독립을 쟁취해야 했다.

1919년 3월 26일 블라디보스토크에서 노인동맹단을 결성했던 노인들에게도 독립은 포기할 수 없는 이상이었다. 그들은 일제 요인 암살과 같은 적극적 무장투쟁이야말로 독립의 지름길이라고 여겼다. 그리하여 블라디보스토크 신한촌 노인단 지린 성 지부장이었던 64세의 노인 강우규는 본국으로 잠입해 조선 총독을 암살하기로 결심했다.

현지에서 러시아인으로부터 수류탄을 구입한 그는 동지 허형과 함께 원산을 거쳐 경성으로 잠입했다. 그 무렵 조선인 학살을 총지휘했던 하세가와는 퇴임하여 본국으로 돌아갔고 신임 총독 사이토 마코토가 부임하고 있었다. 이미 학살자는 이 땅에 없었지만 강우규에게는 조선 총독 자체가 원흉이었다.

1919년 9월 2일 오후 5시경, 강우규는 남대문 역에 운집한 인파에 끼어 있다가 사이토가 타고 있는 쌍두마차를 향해 수류탄을 던졌다. 굉음과 함께 수류탄은 성공

강우규. 사이코 총독에게 폭탄을 던진 64세 노인 강우규는 법정에서 "조선 국민으로서 너희들에게 복종할 수 없다."고 카랑카랑하게 대답했다. 존경받는 어른으로 식민지 청년들에게 귀감이 되었을 것이다.

적으로 폭발했지만 불행히도 사이토는 파편이 허리띠에 맞는 바람에 멀쩡했고 호위하고 있던 경찰과 일본인 기자 등 37명이 죽거나 다쳤다. 의거를 마친 뒤 강우규는 재빨리 몸을 피했지만, 며칠 뒤 그를 예의 주시하던 고등계 형사 김태석에게 체포되고 말았다. 1920년 2월 15일, 커다란 키에 백발이 성성한 강우규가 회색 두루마기 차림으로 법정에 들어섰다. 그는 거사 이유를 묻는 판사의 질문에 이렇게 대답했다.

일본은 불의로써 우리나라를 병탄했다. 이는 세계의 인도人道가 용서하지 않는 것이다. 어찌 조선의 국민으로 너희들의 노예로 복종할 수 있겠는가. 일본은 조선을 지배할 능력이 없으며, 이른바 동화란 유치한 꿈에 지나지 않는다.

1920년 11월 29일, 서대문 감옥의 교수대에 선 그는 아들에게 다음과 같은 유언을 남겼다.

나의 죽음을 조금도 언짢게 생각하지 마라. 평생 세상에 대해 너무 한 일이 없어 부끄러울 뿐이다. 내가 자나깨나 잊지 못하는 것은 청년들의 교육이다. 내가 이만큼 애쓰다 죽는 것은 당연한 일이다. 조선 청년의 가슴에 인상만 밴다면 그만이다. 쾌활하고 용감하게 살고자 하는 13도 조선 청년이 보고 싶다.

그해 12월 29일 강우규는 사형 당하기 직전에 다음과 같은 한시를 읊었다.

단두대상에 홀로 서니　斷頭臺上

춘풍이 감도는구나.　猶在春風

몸은 있으나 나라가 없으니　有身無國

어찌 감회가 없으리오.　豈無感想

문화정치로 조선인을 속여라

가슴 섬뜩한 암살 위협에도 불구하고 사이토 마코토는 군인 출신답게 자신의 목적을 망각하지 않았다. 그는 취임 일성으로 이전의 무단정치를 배제하고 문치를 통해 조선인을 내지인들과 동일하게 취급하겠다고 선언했다. 그것은 식민지를 점진적으로 내지화 하겠다는 하라다카시 총리의 뜻을 충실히 반영한 것이었다.

문화적 제도의 혁신으로 조선인을 유도해 행복과 이익의 증진을 도모하고, 장래에 문화 발달과 국력을 충실하게 할 수 있도록 노력하며, 정치적·사회적 대우에 있어서도 내지인과 동일한 대우를 받을 수 있도록 하여 궁극적 목적을 달성하겠다.

1919년 8월 19일, 사이토는 부임 후 첫 조치로 칙령을 빌어 '조선총독부 관제개혁의 조서'를 공포했다. 지금까지 조선 총독은 육군대장급의 현역 무관만이 등용되었지만 이 조서를 통해 문관도 총독이 될 수 있게 했다. 하지만 실제로 문관이 총독이 된 경우는 한 차례도 없었다. 그는 또 조선 총독의 군사통수권을 병력 사용 청구권으로 바꾸어 총독이 함부로 병력을 남용할 수 없게 법제화했다. 하지만 그때부터 조선 총독과 조선군 사령관 두 사람이 동시에 군권을 행사하게 됨으로써 조선인의 저항에 대한 탄압은 두 배로 늘어났다.

그는 또 종래의 헌병 경찰제를 보통 경찰제로 바꾸었으나 헌병 기관과 경찰 기관을 분리해 각각의 기구를 강화함으로써 경찰력이 두 배로 늘어났다. 1918년 700개소이던 경찰관서가 이 조치 이후인 1920년에는 2700개소가 되었다. 경찰관 수도 1919년 6000여 명에서 1920년에는 2만여 명으로 늘어났다. 사이토의 관제개혁이 얼마나 아전인수 격인 조치였는지를 알 수 있다.

사이토는 이어서 '민의창달'이라는 명목으로 각 도에 도평의회라는 자문기관을 두었고, 부府와 면面에 부협의회, 면협의회를 설치했다. 하지만 각종 협의회 구성원의 대부분은 일본인이나 친일 조선인이 임명되었다. 문화 정책에 있어서도 동아일보와 조선일보 등 조선어 신문과 각종 잡지의 발간을 허용했지만 그들이 조금이라도 일본의 식민통치에 저촉되는 기사를 실으면 가차 없이 정간, 혹은 폐간조치를 내렸다.

일본은 1918년 여름, 러시아혁명을 지원하기 위해 시베리아 출병을 결정했다. 이 정보를 사전에 입수한 대형 상사와 미곡 상인들이 쌀을 대량으로 매점해 버리는 바람에 세간에 쌀 부족 현상이 일어나고 쌀값이 상승하면서 전국적인 쌀 소동이 일어났다. 마침 세계적인 공황 사태와 맞물려 일본은 몇 년 동안 쌀 부족 사태에 시달렸다. 그러자 사이토는 1926년부터 산미증식계획을 추진하면서 조선인의 복지 증진에 기여하겠다는 뜻을 밝혔지만 그것은 조선에서 쌀을 대량 증산하여 일본의 쌀 부족을 해결하려던 꼼수였다. 1925년 7월 12일자 동아일보는 총독부의 계획을 이렇게 비웃었다.

산미증수계획은 일본이나 조선에 모두 필요한 계획이다. 그러나 조선의 산미가 무한히 증수되기도 어렵거니와, 가령 당국자의 몽상대로 2000만 섬, 혹은 그 이상이 증수된다고 해도 그것은 대부분 혹은 그 이상을 일본으로 보내게 될 것이다 그 대신 조선 사람들은 조잡한 품질의 보급식량을 구하게 되니 생활에 하등의 이익이 없다.

내선일체의 동화 교육을 실시하라

사이토의 가장 핵심적인 동화정책은 교육정책이었다. 총독부는 1922년 2월 제2차 조선교육령을 공포하여 학제를 개정하고, 일본인과 조선인이 함께 배운다는 내선공학內鮮共學을 슬로건으로 내세웠다. 하지만 그것은 일본어 상용을 기준으로 학교를 구분하는 등 민족성을 무시한 정책이었다. 1926년 6월 1일 동아일보 김천일 기자는 '실행에 철저하라.'라는 기사를 통해 동화교육을 강제하는 총독부의 교육정책을 신랄하게 비판했다.

이른바 조선인의 교육 보급을 표방하여 신설된 보통학교는 문화정치를 가장하여 일본주의 연장-동화-기관으로서, 천진난만한 발육기에 있는 아동의 뇌에 어떤 기백을 주입시키는가는 우리가 주지하는 바다. …(중략)… 보통학교 1학년부터 6학년까지의 아동의 연령은 어떠한가. 대개 8세부터 14~5세에 불과한 소년이다. 이러한 천진난만한 소년 등에 대하여, 조선인에게 하늘이 준 조선어를 제한하고 일본어를 장려한다. 그 본의가 어디에 있는 것일까? 이것은 일본 연장책, 동화정책의 노골적인 표현이다.

1924년 경성제국대학령을 공포하고 1926년 문을 연 경성제국대학은 식민지 통치에 필수적인 고등 관리를 육성했다. 그 과정에서 사이토는 '일시동인一視同仁'*을 들고 나왔지만 문화의 정도나 생활 수준의 차이를 들어 실질적으로는 내지와 차별적인 제도를 행했고, 정책 결정과정이나 통치 체제의 요직에는 조선인을 철저하게 배제했다. 제도와 문화 측면에서 차별을 유지하면서 민족운동에 대항하기 위해 통치기구의 말단에 조선인을 포함시키는 제스처를 취했지만, 실상은 우호적인 친일파 양산이 주된 목적이었다.

사이토 마코토의 문화정책은 민족 회유정책, 민족 분열정책에 다름 아니었다. 무단통치에 온몸으로 저항했던 조선인의 반감을 희석시키는 한편 분열을 조장함으로써 일본의 식민지 통치를 합리화하려는 모략이 숨어있었다. 그래서 사이토는 동화를 지향하는 단체를 적극 지원해 주었다. 1921년 내선융화를 주장하는 박춘금의 상애회에 거금을 지원하고 그 모임의 고문이 되기까지 했다.

일제의 모략극이었던 문화통치는 조선 사회에 두 가지 커다란 변화를 가져왔다. 첫째 3·1운동 이전까지 독립운동을 주도해온 민족주의자들이 퇴진하고 노동자·농민의 대표들이 독립운동을 지도하는 방

---

* '일시동인'은 자애로우신 천황이 일본인이나 조선인을 차별하지 않고 은혜를 베풀어준다는 뜻으로 이용되었다. 이 말은 본래 당송팔대가의 한 사람인 당나라의 한유韓愈의 시 '원인原人'에 나오는 말이다./하늘은 해, 달, 별들의 주인이다. 땅은 풀, 나무, 산, 냇물 등의 주인이다. 사람은 오랑캐와 새, 짐승의 주인이다. 이 주인이 사납게 굴면 그 도를 지키지 못하게 된다. 이런 까닭에 성인은 하나로 보고 똑같이 사랑하며, 가까운 것은 도탑게, 먼 것은 칭찬해 준다. 天者日月星辰之主也 地者草木山川之主也 人者夷狄禽獸之主也 主而暴之不得其爲主之道矣 是故聖人一視而同仁篤近而擧遠

식으로 바뀌었다. 둘째, 민족주의 진영 내부에서 문화정치에 시비를 걸면서도 현실적인 상황을 인정하는 개량주의자들이 등장하기 시작했다. 그렇다고 해서 이전의 무장투쟁이 사라진 것은 아니었다. 그 무렵 단재 신채호는 의열단 김원봉의 요청으로 의열단 창립선언서인 '조선혁명선언'을 써서 강도 일본을 무력으로 퇴치하는 것이 최선의 길임을 역설했다.

조선인에게 자학사관을 주입하라

일본은 1910년 8월 조선을 강제 병합한 이후 이듬해 12월까지 전국 서적 색출에서 단군조선 및 고대역사서 51종 20만 권을 불태운 사실이 문정창의 《군국일본조선강점36년사》에 수록되어 있다. 1938년 6월 조선총독부가 발행한 〈조선사편수회사업개요〉에서는 조선사 조작 배경과 함께 1923년부터 1937년까지 15년 동안 압수하여 불태운 사료가 4950종이라고 밝혔다. 실로 광범위한 조선사 지우기 작업이 진행되었던 것이다. 당시 문화통치를 표방했던 사이토 마코토는 1922년부터 조선사편찬위원회를 만들고 사업을 진두지휘하면서 '교육시책'을 통해 조선인 동화정책을 밝혔다.

먼저 조선 사람들이 자신의 일, 역사, 전통을 알지 못하게 만듦으로써 민족혼, 민족문화를 상실하게 하고, 그들의 선조와 선인들의 무위, 무능과 악행 등을 들춰내 그것을 과장하여 조선인 후손들에게 가르침으로써 조선인 청소년들이 그 부조父祖들을 경시하고 멸시하는 감정을 일으키게 하여 그것을 하나의 기풍으로 만들고, 그 결과 조선인 청소년들이 자국의 모든 인물과 사적에 관하여 부정적인 지식을 얻어 반드시 실망과 허무감에 빠지게 될 것이니 그때에 일본 사적·일본 인물·일본 문화를 소개하면 그 동화의 효과가 지대할 것이다. 이것이 제국 일본이 조선인을 반일본인으로 만드는 요결이다.

그 결과 1925년 6월 총독부 내에 조선사편수회가 설치되었고 총독부 정무총감이 편수회 회장직을 겸임했다. 그때부터 조선사편수회는 일본인 어용학자와 친일파 학자들을 동원하여 조직적인 조선사 조작을 감행했다. 이에 대하여 1925년 10월 21일자 동아일보는 '우리 역사를 남이 서술하는 슬픔'이란 제하의 사설에서 이렇게 탄식했다.

알기 쉬운 일례를 말하면, 그들의 이른바 진구황후의 삼한 정벌이란 것은 이미 그들 자신의 진보한 역사가의 손에 위조, 반설임을 확실하게 분별하여 논파된 것이지만, 이것이 그들의 국민성 배육의 자료에 악영향이 있어서는 참을 수가 없다고 하여 그들의 손에 의해서만 선전되었다. 그런데 아직 무식한 외국인의 몰비판적인 승인을 얻어 마치 조선이 옛날에도 일본에게 굴욕 받은 적이 있는 것처럼 통설되는 것은, 아아! 얼마나 기막힌 원통이 아니냐. 또 이것이 최근 조선이 국가적으로 귀속할 곳이 없는 것에 대한 원한을 품고 펼 수 없는 일대 업보인 것처럼 선전되는 것은 과연 어떠한 슬픈 원망이 아니냐? 이것이 그대로 우리 자제의 교과서에 들어가서 없는 문서를 무리하게 있는 것처럼 믿으라고 말하는 노력을 하지 않으면 안 된다는 것은 어쩔 수 없는 우스운 비극이라고 하지 않을 수 없다.

조선사 편수 사업은 일본의 조선침략을 합리화하기 위해 사료를 왜곡하고 조선 역사를 폄하하기 위한 것이었다. 훗날 일본이 패망한 뒤 가쿠슈인대학교 교수가 된 조선사편수회의 수사관 스에마쓰 야스가즈末松保和는 조선사 편수 사업에 대하여 이렇게 고백했다.

　　이 37책의 조선사는 일본의 조선 통치에 하나의 선물임에 틀림없다. 다만 이것이 조선사 연구에 어느 정도 기여했는가에 대해서는 이론이 있다고 생각한다. 조선사 편찬 사업은 조선 통치, 즉 정치의 일부분으로서의 조선사 편수이다.

조선사편수회 임원들이 조선 기생과 일본 게이샤를 끼고 야유회하는 사진이다. 최남선·이병도·신석호 등이 중심이 된 조선사편수회는 조선 역사를 왜곡, 조작했다. 식민사관이 이때 비롯됐다.

조선사 편수 작업에는 근대 문학 개척기의 선구자이며 독립선언서를 기초했던 육당 최남선이 참가하여 조선인에게 커다란 충격을 안겨주었다. 다수 조선인의 여망을 외면하고 변절한 그는 조선사 편수위원을 거쳐 중추원 참의, 만주국 건국대학 교수가 되어 일제의 의도에 충실히 부응했다. 그래서 1928년 12월, 위당 정인보는 5전어치의 술을 사서 그의 집 대문 앞에 붓고는 '지금 우리 최남선이가 죽어버렸다.'라며 대성통곡하기까지 했다.

최남선은 1934년 3월 '신도가 성행했던 고대를 회고함.'이란 글에서 '일본 신도의 자랑스러운 윤리 관념은 그대로 고대 조선인의 기풍을 전한다.'면서 '이 귀한 전통을 아시아 대륙의 대부분에 펼치자.'라는 등의 망언을 늘어놓았다. 그렇게 반역의 강을 건넌 최남선은 1943년 11월 태평양전쟁을 성전이라 칭송하고 함께 변절한 이광수와 함께 일본으로 건너가 도요대학, 메이지대학의 조선인 학생들에게 학병 지원을 독려하기까지 했다.

식지 않는 조선인의 저항

1926년 4월 26일, 조선의 마지막 국왕이며 대한제국의 마지막 황제인 순종이 세상을 떠났다. 이왕직에 의해 그해 6월 10일이 국장일로 결정되자 조선의 열혈 청년들은 과거 3·1독립만세운동과 같은 거사를 펼치기로 결의했다. 심상찮은 조선인의 움직임을 감지한 일제 당국은 철저한 경계 태세를 갖추고 부산과 인천에 함대를 정박시켰다.

당시 만세운동을 주동했던 사회주의 계열의 권오설은 상하이에 머물고 있던 공산당 간부 여운형·조봉암·김단야·김찬 등과 연락하고 이지탁·인쇄직공 민창식·이용재·연희전문의 이병립·박하균·중앙고보의 이광호·경성대학의 이천진·천도교의 박내원·권동진 등과 함께 반일 독립운동을 주장하는 전단지 10만 장을 준비한 다음 구체적인 행동 계획을 논의했다.

그 무렵 조선은 노동자의 파업, 농민의 소작쟁의, 학생들의 동맹휴교, 중소상공업자의 소유권 침해에 대한 투쟁으로 몹시 시끄러웠다. 그 와중에 공산당 지도부는 순종의 승하를 애도하며 전국에서 모여든 조선인에게 민중의 불만을 호소했다. 그런 공산당의 움직임에 촉각을 곤두세운 일경은 한 위조지폐 용의자로부터 시위 단서를 포착하고 지도부를 일망타진한 다음 격문과 삐라를 대량 압수했다. 상하이에서 인쇄한 격문도 경성역에서 압수했다. '일본 제국주의 타도', '토지는 농민에게', '8시간 노동제 채택', '우리의 교육은 우리들 손에' 등이 훗날 밝혀진 격문의 주요 내용이었다.

이윽고 6월 10일이 되자 일경에 체포되지 않은 학생 일부가 순종의 영구가 통과하는 곳곳에서 군중들에게 전단을 뿌리며 '조선독립만세'를 외쳤다. 하지만 그들은 감시의 눈초리를 번득이던 군경과 헌병들에 의해 즉시 진압되었다. 당시 일제는 210명의 시위자를 검거했는데 그 과정에서 부상당한 사람이 160명이었다.

6·10만세운동은 조직원들끼리의 유대 결여, 민족진영의 조직 약화, 노동계와 사회주의 계열의 사전 검속 등으로 실패했지만, 그 여파로 고창·원산·개성·홍성·평양·강경·대구·공주 등지의 대규모 만세운동을 불러일으켰다. 그 결과 1000여 명의 조선인이 체포, 투옥되었다. 뿐만 아니라 제2차 고려공산청년회 책임비서 권오설을 비롯한 다

수의 공산당원이 체포됨으로써 제2차 조선공산당이 와해되는 결과도 불러왔다.

6·10만세운동 3년 뒤인 1929년 10월 30일부터 남도 광주에서 치열한 학생 항일운동이 일어났다. 나주에서 광주로 기차 통학하는 광주중학의 일본인 학생 후쿠다 일행이 나주역에서 광주여고보 3학년생 박기옥을 희롱해서 발생한 사건이었다. 후쿠다와 박기옥의 사촌동생인 광주고보 2학년생 박준채 사이에 싸움이 벌어졌는데, 나주역 앞 파출소의 일본인 순사가 시비도 가리지 않고 박준채를 폭행했다. 그 소식을 듣고 분개한 조선인 학생과 일본인 학생이 그날 오후 5시 돌아가는 열차 안에서 난투극을 벌였다. 그 후에도 작은 충돌이 이어지다가 11월 3일 광주고보생이 수기옥정(지금의 동구 수기동과 호남동, 충장로 4가와 금남로 4가, 대인동 일대)의 우편국 앞에서 광주중학의 일본인 학

순종의 국장일인 6월10일 영구 행렬을 일본 경찰이 지키고 있다. 6·10만세운동은 일제 치하에서 조선공산당이 전개한 가장 대표적인 대중투쟁이다. 전면적 만세운동으로 발전하지는 못했지만, 민중이 일제의 폭력성과 본질을 명확하게 인식하는 계기가 되었다.

생과 다시 충돌했다. 광주농교 등 인근 조선인 학생이 가세해 거리로 나서자 놀란 경찰은 소방대와 청년단을 동원했고 일본상점 등은 일제히 철시했다. 그날 광주역과 시장에서 일본인 순사와 역무원, 일본인 중학생 12명 등이 폭행당했다.

이튿날 경찰이 총동원되어 70여 명의 학생을 검거하고 40여 명을 투옥했다. 일경이 일방적으로 조선인 학생만을 처벌하자 분개한 학생들이 투쟁의 농도와 범위를 확대하면서 전국적인 시위로 발전했다. 이 투쟁은 목포·나주·함평 등지로 확대되었고 전라남도까지 확산되어 11월 19일과 22일, 목포상업 학생들이 가두시위를 벌이기까지 했다. 바야흐로 남도의 불길은 경성에까지 옮겨 붙었다가 이듬해 3월 가까스로 잦아들었다.

광주학생운동은 반일 민족독립을 절규하던 민족해방운동이었다. 광주학생운동에서 주목되는 것은 그때까지 없었던 새로운 구호, 즉 '약소민족 해방 만세', '제국주의 타도 만세', '피압박민족 해방 만세', '무산계급 혁명 만세' 등의 구호가 전면에 나타났다는 점이다. 이는 3·1운동 당시의 '조선독립만세' 대신에 '피압박민족', '약소민족'이란 구호가 등장하여 민족해방의 목표가 한층 구체화되었다. 광주학생항일운동은 1920년대 학생운동의 한 정점이었으며, 일제강점기 최대 규모의 항일 학생운동이었다.

쿠데타로 성하고 쿠데타로 쇠하다

사이토 마코토는 1927년 제네바 군축협상에 일본 전권대표로 참석하기 위해 사임하고 우가키 가즈시게가 대리 총독을 맡았다. 얼마 후 4대 총독으로 정식 부임한 가나가와[神奈川] 현 출신의 육군 대신 야마나시 한조[山梨半造](1868~1944)는 부정 의혹으로 물의를 빚다가 2년도 채 되지 않아 자리에서 쫓겨났다. 당시 민정당 출신의 수상 하마구치 오사치[濱口雄幸](1870~1931)는 내무관리 출신의 이사와 다키오를 조선 총독으로 임명하려 했지만, 민정당과 밀접한 인물이라는 비판에 부딪치자 상대적으로 무난한 사이토를 재발령했다.

일본에서는 1925년부터 보통선거법이 성립되면서 정우회와 민정당이 교대로 정권을 차지하고 있었는데 고관들의 뇌물 수수와 독직 사건이 빈발했다. 그와 함께 식민지를 본국의 정쟁에서 보호해야 된다는 인식이 팽배했다. 천황의 뜻에 따라 병합조칙에 의해 통치하는 총독의 독립권을 유지시키겠다는 뜻이었다.

1929년 8월 17일, 다시 조선 총독으로 부임한 사이토는 그런 관점에서 식민지를 본국의 정쟁에서 배제하기 위해 애썼지만 72세의 고령이라 목욕 도중 졸도하기까지 하는 등 건강이 받쳐주지 않았고 휘하의 관리들도 제어할 수 없었으므로 많은 어려움을 겪었다. 조선이야말로 부패한 일본 관리들이 일확천금을 취할 수 있는 엘도라도였기 때문이었다.

1931년, 제국의회에서는 충청남도의 도청 이전 비용 문제를 놓고 여당과 조선총독부가 충돌했다. 그때 사이토의 오른팔이었던 고다마 히데오[兒玉秀雄] 정무총감은 조선에 관련된 문제는 총독 고유의 권한이므로 본국 의회나 정당이 간여할 문제가 아니라고 강변했다. 그 일로 여당 의원들의 미움을 산 사이토는 그해 6월 경질되었다. 다시 취임한 지 1년 10개월 만이었다. 그의 후임으로는 임시총독을 지냈던 육군 출신의 우가키 가즈시게가 임명되었다.

사이토가 조선 총독에서 사임한 지 석 달 뒤인 1931년 9월 18일 이시하라 간지가 지휘하는 관동군이 선양 교외의 류타오거우[柳條溝]에서 철도를 폭파하고 중국군의 소행이라 주장하며 전쟁을 일으켰다. 일본군은 파죽지세로 중국의 동북지방을 무력으로 점령한 다음 이듬해 3월 1일 청조의 마지막 황제인 선통제宣統帝 부의溥儀를 내세워 괴뢰국인 만주국을 세웠다.

1930년, 입헌정우회 소속의 와카쓰키 레이지로若槻禮次郎(1866~1949) 총리가 런던에서 해군 군축 조약을 체결하자 해군 장교들이 거세게 반발했다. 그런데 1932년 2월, 총선거에서 금 수출 금지 등 불황 타개책을 공약으로 정권을 차지한 이누카이 쓰요시犬養毅(1855~1932) 내각은 만주사변을 묵인해주면서 실권을 쥐고 있던 육군과의 관계를 호전시켰다. 하지만 이누카이는 이전 내각에서 입안한 군비축소계획을 유지하면서 제 무덤을 팠다. 그해 5월 15일, 일본의 해군 급진파 청년 장교들이 중심이 되어 쿠데타를 일으켰다. 수상 관저에 난입해 이누카이 총리를 사살했던 것이다.

5·15사건으로 명명된 이 사건은 한 마디로 쿠데타를 빙자한 테러 행위였다. 대공황 이전의 다이쇼 데모크라시의 세례를 받은 일본의 지식인과 사회주의자들은 군비 축소에 호의적이었다. 그로 인해 위축되어 있던 해군 장교들이 민간으로부터 무기를 조달한 다음 일거에 상황을 역전시키려 했던 것이다. 하지만 그들의 거사는 천황 히로히토가 부정적인 입장을 취하자 즉시 진압되었다.

이누카이 수상의 죽음으로 내각이 와해되자 군부의 실력자로 군림하고 있던 사이토 마코토는 오카다 게이스케 등과 함께 거국내각을 수립하고 총리대신으로 취임했다. 그때부터 군부의 정계 진출이 활성화되고 재벌의 적극적인 경제지원이 뒷받침되면서 정부 시책에 군국주의적인 경향이 나타나기 시작했다. 조선과 인연이 깊었던 사이토는 총리로 재임하면서 조선인으로는 최초로 박영효를 귀족원 칙서의원으로 임명하였다.

1934년 총리직을 사임한 사이토는 이듬해인 1935년부터 옥새와 국새를 보관하고 황실과 천황을 돌보는 직책인 내대신內大臣이 되었다. 당시 그는 만주사변 이후 국가의 총체적 군국화를 주장하며 발호하는 혁신 우익 세력에 맞서 현상유지를 주장했다. 그로 인해 사이토는 군부 내 황도파 장교들의 목표가 되었다.

그 무렵 일본 군부 내에서는 행정권을 움켜쥔 통제파와 정통 군인 집단인 황도파 세력이 치열하게 경쟁하고 있었다. 통제파는 중견 군인 관료를 중심으로 쿠데타를 배제하고 군의 통제를 중시하면서 정치권력을 장악하려는 파벌이었다. 이에 비해 하급장교들로 구성된 황도파는 아라키 사다오, 마자키 진자부로 등 두 대장을 중심으로 런던해 군군축회의를 탈퇴하게 하는 등 일본의 직접적인 군국화를 지지하고 있었다. 국내정치에서의 군부의 입김이 세지면서 두 파벌의 투쟁도 격화되었다. 황도파와 통제파는 서로 상대를 '이단', 혹은 '군벌'로 부르며 적대감을 쌓아갔다.

1936년 2월 26일 새벽, 육군 대위 노나카 시로野中四郎를 비롯한 황도파 청년 장교들은 천황의 친정 등을 명분으로 내세우며 근위 보병 제3연대, 보병 제1연대, 보병 제3연대, 야전 중포병 제7연대 등 1500여 명의 병력을 이끌고 도쿄에서 봉기해 수상 관저와 의사당·육군성·경시청 등을 습격했다.

쿠데타 주동 장교들은 총리대신 오카다 게이스케·시종장 스즈키 간타로·대장대신 다카하시 고레키요·육군교육총감 와타나베 조타로·전 내대신 마키노 노부아키·내무대신 고토 후미오 등을 살해했다. 내대신 사이토 마코토도 기습을 받아 78세의 나이로 목숨을 잃었다. 일세의 간웅으로 5·15쿠데타를 통해 최고의 자리까지 올랐던 사이토 마코토는 그처럼 2·26쿠데타를 통해 비참한 죽음을 맞이했다.

당시 쿠데타를 일으킨 황도파 장교들은 가와시마 요시유키川島義之 육군대신에게 자신들의 궐기 취지를 밝히며 구체적인 조치의 시행을 요구했다. 그러자 군부의 수뇌들은 '대신고시大臣告示'를 작성하여 쿠데타군 측에 전달함으로써 흥분을 가라앉힌 다음, 이튿날인 27일 계엄령 선포와 함께 도쿄 일원의 육군과 잔류 보병 제1연대와 3연대, 근위사단을 출동시켜 봉기부대를 완전히 포위했다. 28일 오전 5시 8분, 군부는 쿠데타에 참가한 장병들에게 무조건 원대복귀하라는 천황의 명령을 전하고 불복하면 29일 오전 9시를 기해 총공격을 개시하겠다고 통보했다.

천황의 반대로 명분을 잃고 낙심한 장교들은 하사관과 사병들을 원대 복귀시키고 백기를 들었다. 그리하여 자살한 노나카 시로 대위 외에 장교 17명, 전직 장교 3명이 체포되었다. 곧 이어 열린 군사재판에 의해 1936년 7월 12일, 15명의 장교가 총살되었다. 그때 극우 지식인으로 유일한 민간인 반란 가담자였던 사회운동가 기타 잇키北一輝도 함께 처형되었다. 2·26쿠데타의 실패는 군부 내부에서는 황도파의 몰락을 가져왔지만, 전체적으로는 군부의 힘이 커짐으로써 일본의 군국주의화를 더욱 조장했다.

일본과 조선은 하나다

조선인의 영혼을 더럽힌 미나미 지로

식민지 시대 조선 총독은 조선인의 생살여탈권을 쥐고 있는 막강한 존재였다. 조선 총독이 조선에서 하지 못하는 일은 여자를 남자로 만드는 일뿐이라는 우스갯소리까지 나올 정도였다. 조선 총독은 천황의 직접 명령을 받아 천황의 영토인 조선과 천황의 백성인 조선인을 통치했다. 그들이 휘두를 수 있는 권한은 크게 다섯 가지로 구분할 수 있다.

첫째 정무총리권, 조선에서의 모든 행정사무를 장악했다.

둘째 출병청구권, 조선에 있는 육해군 사령관에게 병력의 사용을 요구할 수 있다.

셋째 제령제정권, 법률이 필요한 사항은 총독의 명령으로 제정할 수 있다.

넷째 명령권, 직권 또는 위임에 의해 총독부령을 내리고 1년 이하의 자유형, 200엔 이하의 재산형의 벌칙을 정할 수 있다.

다섯째 감독권, 하급행정관청(사법기관 포함)을 지휘 감독하고 그 법에 어긋나는 부당한 명령·처분의 취소 또는 정지하게 하고 소속 관리를 총괄한다.

미나미 지로. 일선동조론에 근거한 황국신민화 정책을 충실하게 수행한 7대 총독. 조선인의 성을 일본식으로 바꾼 창씨개명을 주도한 인물. 식민지 관리를 위해 개인의 이름마저 바꾸도록 강요한 예는 세계 역사에서 찾을 수 없다.

조선총독부의 예산은 본국의 제국의회에서 심의되는 데 답변은 정무총감과 재무국장이 하므로 총독은 출석의무가 없었다. 총독은 다만 통치에 대해 천황에게 상주할 뿐이었다. 제7대 조선 총독 미나미 지로南次郎(1874~1955)는 역대 조선 총독 가운데 이 지고무상의 절대 권력을 온전하게 행사함으로써 조선인을 수렁으로 몰아넣은 최악의 인물이었다.

전쟁의 방패막이로 조선인을 동원하라

1920년대 말기부터 세계를 덮친 대공황은 제국주의 국가들은 물론이고 그들이 경영하는 식민지에까지 커다란 고통을 주었다. 수많은 기업들이 도산하고 거리에 실업자가 넘쳐나면서 반정부 투쟁이 줄을 이었다. 그런 위기 상황에서 일본과 독일, 이탈리아 등 일부 제국주의 국가들은 위기를 탈출하기 위해 식민지 재편을 시도했다. 물론 식민지 백성에 대한 수탈과 탄압이 주목적이었다.

당시 만주 공략에 전력을 다하던 일본은 군대 유지에 필요한 자원 대부분을 식민지 조선에서 조달했다. 그 과정에서 일제는 조선인 노동자·농민들의 저항을 분쇄하기 위해 경찰력과 군사력을 대폭 증강했다. 그리하여 조선에 상주한 일본군은 병합 초기 2개 사단에서 중일전쟁 이후까지 8개 사단으로까지 늘어났다.

1931년, 조선에 부임한 6대 총독 우가키 가즈시게는 농촌경제를 재건하여 춘궁퇴치, 차금퇴치, 차금예방이라는 3대 슬로건을 내세우며 농·산·어촌 진흥운동을 펼쳤다. 그는 현대 일본의 신헌법에서 말하는 건강하고 청결한 문화생활을 빠른 속도로 한국 농촌에 널리 구석구석 보급하겠다고 큰소리쳤다. 하지만 그것은 당시 고양되고 있던 반일 독립운동·농민운동 등 민족 투쟁·계급 운동에서 농민들을 떼어놓기 위한 술책이었다. 우가키는 또 전력 개발·지하자원 발굴·공업지대 신설·남면북양 산업·북부지방 개척 등의 사업을 통해 조선인을 회유하면서 그 산물을 착취하여 만주의 일본군 주둔비용으로 썼다.

우가키 가즈시게에 이어 제7대 조선 총독으로 등장한 미나미 지로는 1874년 8월 10일 오이타 현에서 태어나 육군사관학교, 육군대학을 졸업하고 기병대의 일원으로 러일전쟁에 참가했다. 그 후 기병 지휘관으로 복무한 그는 1927년 육군의 참모차장을 거쳐 1929년 조선군 사령관에 임명되었다. 그 후 만주국에 부임하여 관동군 사령관 겸 특명전권대사를 역임했으나, 1936년 2·26사건의 여파로 예편한 다음 그해 8월 조선 총독에 임명되었다.

조선 총독으로 내정된 미나미 지로는 두 가지 원대한 목표를 정했다. 첫째 조선에 천황을 한 번 모시는 것, 둘째 조선에 징병제를 실시하는 것이었다. 그것을 실현하기 위해 미나미는 조선을 완전한 황토로 만들고 조선 전 민중을 나무랄 데 없는 황민으로 만들어야 했다. 그리하여 조선에 부임하자마자 미나미는 자신의 목표에 따라 일선동조론에 근거한 동조동근론을 바탕으로 황국신민화 정책을 펼쳤다.

미나미 지로는 고대 일본의 진구황후가 조선을 지배했다는 엉터리 역사를 기초로 두 민족이 동일 종족이었다는 억지 이론을 조선인에게 주입시키려 했다. 또한 '내선일체內鮮一體'라는 슬로건 아래 징병 제도, 창씨개명創氏改名, 조선어 사용 금지 등 민족 말살 정책을 강행했다. 그가 추진한 창씨개명에는 '위대한' 황군의 족보에 조선식 이름을 넣지 않겠다는 교활한 의도까지 담겨있었다.

1938년에 미나미는 '육군 특별 지원병령'을 내려 징병제를 예고했고, '제3차 조선교육령'을 개정하여 학교명, 교과서, 수업연도를 일본과 똑같이 정하고, 조선어를 선택과목으로 돌렸다. 또 학교와 직장에 신사참배를 강요하고 '황국신민서사'*를 암송하게 했다. 나아가 일본

---

* 황국신민 서사(아동용)-1.우리는 대일본제국의 신민입니다. 2.우리들은 마음을 합하여 천황폐하에게 충의를 다합니다. 3.우리들은 인고단련하고 훌륭하고 강한 국민이 되겠습니다./황국신민 서사(성인용)-1. 우리는 황국신민이다. 충성으로써 군국에 보답하련다. 2.우리 황국신민은 신애협력하여 단결을 굳게 하련다. 3.우리 황국신민은 인고단련 힘을 길러 황도를 선양하련다.

의 도나리구미(일본이 제국주의 전쟁을 벌일 때 산간벽지까지 관리하기 위해 서로를 감시하고 비방하게 한 제도)와 같은 애국반을 조직하게 하고 아침마다 궁성요배, 국기게양, 기미가요 제창 등을 강요했다.

조선인의 이름을 일본식으로 바꿔라

1939년 11월, 조선총독부는 '조선민사령朝鮮民事令'을 개정하고 창씨개명에 관한 조문을 공포한 다음 이듬해 2월부터 전면적인 시행에 들어갔다. 한국 가족제도의 근간이었던 부계혈족을 나타내는 성姓 제도를 일본식 가계家系와 같은 씨제氏制로 바꾸는 것이 주요 골자였다.

가야마 마쓰로라는 이름으로 얼른 개명한 조선 대표 작가 이광수의 창씨개명을 소개한 1939년 12월12일 경성일보 기사. 이광수는 '조선인의 본질과 껍데기까지 모두 벗어버리고 일본인이 되겠다.'고 했다. 그는 창씨개명 모델 역할도 충실하게 수행했다.

일찍이 개화승으로 유명한 이동인이 일본에서 활동하기 위해 1880년 10월 아사노 도진淺野東仁으로 창씨개명한 적은 있었지만, 식민지 관리차원에서 일제가 조선인에게 창씨개명을 강요한 것은 세계에서도 유례를 찾을 수 없는 일이다.

일제는 창씨개명을 황민화, 또는 내선일체의 지표라고 주장하면서 전국의 행정기관들과 학교 조직을 총동원하고 2943개에 달하는 경찰 주재소를 이용하여 강압적인 시행에 돌입했다. 더불어 창씨개명을 거부하는 조선인에 대해서는 학업 제한·징집·노역·취직 차별·비국민 취급 등 다양한 방법으로 제재와 압박을 가했다.

그런 일제의 민족 말살 정책에 맞서 조선인은 자살을 하거나 괴상한 이름을 지어 저항했다. 최익현崔益鉉(1833~1906) 문하로 의병장 출신인 전남 곡성의 유건영柳健永(1883~1940)은 '나라가 망할 때 죽지 못하고 30년 욕을 당하며 그들의 패륜과 난륜을 귀로 듣지 못하고 눈으로 보지 못하겠더니 이제 혈족의 성까지 빼앗으려 한다. 나는 짐승이 되어 살기보다 죽음을 택하겠다.'라는 유서를 남기고 스스로 목숨을 끊었다. 어떤 조선인은 미나미 지로 총독을 야유하기 위해 자신이 그의 형님이라는 뜻으로 미나미 다로南太郎라는 이름을 지어 신고하기도 했다.

경남 동래에 사는 한 50대 남자는 성을 이누노코(犬子), 즉 '개새끼'로 지어 신고했다. 읍장이 그 까닭을 묻자 "조선인은 성을 바꾸면 개새끼, 소새끼라고 하는데 오늘 내가 성을 바꿨으니 개새끼가 된 것 아니냐?"라고 대꾸했다고 한다. 그 밖에도 총독부 앞으로 '天皇族皆殺郎(천황 가족을 몰살시키려는 사내)', '昭和亡太郎(쇼와 천황을 멸망시킬 남자)'으로 창씨해도 되느냐고 묻는 엽서를 부친 사람도 있었다.

그처럼 조선인은 창씨개명에 격렬히 저항했지만 자녀의 입학부터 가족의 취직, 행정서류 접수 등 모든 사회활동에 제약이 가해지자 울며 겨자 먹기로 응하지 않을 수 없었다. 그래서 김金은 가네다(金田) 혹은 가네무라(金村), 이李는 리노이에(李家) 식으로 흔적을 남기거나 최崔는 요시야마(佳山) 식으로 파자破字하는 편법까지 등장했다. 조상의 성을 최소한이나마 유지하겠다는 눈물겨운 몸짓이었다. 그렇게 해서 1940년 8월 10일, 마감기한까지 조선인의 80%를 상회하는 약 322만

호가 새로운 창씨를 신고했다.

그 결과 창씨개명 제1호였던 송병준은 노다 헤이지로野田平次郎, 일본군 대대장 출신으로 만주 지역 독립군 탄압에 앞장섰던 김석원은 가네야마 샤쿠겐金山錫源, 만주군 헌병 대위 출신의 정일권은 나카지마 잇켄中島一權, 만주군 장교 출신으로 대한민국의 5·6·7·8·9대 대통령을 역임했던 박정희는 다카기 마사오高木正雄가 되었다. 또 이광수는 가야마 마쓰로香山光郎, 김동인은 콘도 후미히토金東文仁, 주요한은 마쓰무라 코이치松村紘一, 김활란은 아마기 가쓰란天城活蘭,이 되었다. 그러나 최악의 친일파였던 박흥식, 한상룡, 박춘금, 윤덕영 등은 창씨개명을 하지 않았다. 창씨개명 여부만으로는 친일파를 구별할 수 없는 한계가 여기에 있다.

내선의 무차별, 평등을 내세우다

미나미 지로가 총독 재임 중에 적극적으로 추진한 조선인 징병제에 일본의 육군은 우려를 나타냈다. 조선인을 전쟁터에 동원한다면 민족의식이 투철한 그들이 언제 어느 때 총구를 일본인에게 돌릴지 알 수 없다는 이유였다. 실제로 만주에서 오족협화五族協和*라는 구호 아래 만주군 속에 조선인을 끼워 넣었다가 낭패를 당한 사례가 있었다. 1936년 둥닝현에 있던 만주군 소속 조선인 1개 중대가 일본인 간부의

---

* 오족협화란 만주국의 건국이념으로 한족, 만주족, 몽골족, 조선, 일본이 사이좋게 살아가자는 것이다. 이 구호를 처음 외친 것은 재만 일본인 조직인 만주청년연맹이었다. 만주국 건국 당시 인구의 1%에 불과한 일본인을 압도적인 중국인들 속에 안주시키기 위한 술책이었다.

민족 차별에 불만을 품고 러시아로 도주했던 것이다.

군대에서 그와 유사한 사건이 종종 발생하자 일본 해군은 소중한 군함에 확실한 자가 아니면 절대로 태울 수 없고, 만약 정부의 강요로 조선인을 승선시켰다가 사고가 일어나면 군함과 함께 승무원 전원이 바다에 빠져 죽겠다며 결사적으로 반대했다. 반대 의견이 많아지자 미나미 지로의 통치 행보는 벽에 부딪혔다.

그해 8월에 열린 독일의 베를린 올림픽 마라톤 경기에서 손기정이 일본인 선수로 출전하여 우승했다. 이 쾌거를 보도한 동아일보는 손기정의 가슴에 있는 일장기를 시커멓게 칠한 사진을 게재했다가 무기정간 처분을 받았다. 그러나 오랜 차별과 핍박에 시달리고 있던 조선인은 새삼 독립투쟁의 불씨를 되살리며 환호했다. 얼마 후 중일전쟁이 발발하자 조선인은 일본의 패배 소식을 학수고대했다.

조선총독부가 황국신민화 정책으로 내건 '내선일체'를 '보도보국'과 함께 내건 동아일보 사옥. 내선일체 보도를 잘해서 일본의 은혜를 갚을 생각인가. 1936년 베를린 올림픽 마라톤에서 우승한 손기정 선수의 일장기에 검은 칠을 했던 동아일보의 기개는 그 뒤로 찾아보기 어려웠다.

그런 상황에서 조선인의 황민화를 조속히 달성하고 싶었던 미나미는 '내선일체의 마지막은 내선의 무차별, 평등에 있다.'라는 식으로 지식인 계층을 회유하여 변절을 유도했다. 그리하여 33인의 한 사람이었던 박희도는 1939년 1월 〈동양지광〉을 창간하고 내선일체를 찬양하는 글을 실었다.

내선일체의 요체는 국민적인 의무와 권리에 있어서 바로 내선이 완전히 일원화를 의미하는 것이다. 따라서 이것은 조선인이 그 때문에 끝내 고민해온 모든 문제, 즉 민족적 차별과 식민지 문제 등을 일거에 해결하여 조선인의 생활을 내지인의 그것으로까지 고양시키고자 하는 위대한 역사운동의 지표이다.

근대문학의 아버지라 일컬어지는 이광수도 1944년 8월 15일 '가야마 미쓰로 아베 신 총독에게 기대함'이란 글을 〈국민총력〉에 게재했다.

조선인의 소망을 단적으로 말씀드린다면 조선인이 내지인과 추호도 차이가 없는 황민이 되는 것입니다. 조선인은 신뢰를 받고 싶은 것입니다. 경계당하고 싶지 않습니다. 어엿한 신민으로서 대우받고 싶은 것입니다.

그처럼 조선의 지식인들은 내선일체라는 허망한 수사를 통해 차별의 굴레에서 벗어나고 싶어 했다. 그들은 내선일체가 무차별한 평등의 개념이 아니라 그들의 자발적인 희생을 이끌어내려는 음모임을 간파하지 못했다. 한편 어린 시절부터 식민지 교육을 받아온 젊은 세대들은 일제의 통치를 기정사실로 여겼다. 그로 인해 미나미 지로의 내선일체 전략은 성공적인 결실을 맺고 있었다.

조선인의 영혼을 더럽히다

1942년 5월 8일, 일본 각의에서 조선인 징병제가 통과되자 미나미 지로는 쾌재를 불렀다. 자신이 조선 총독으로 재임하는 동안 천황이 식민지 땅을 밟지는 않았지만 애초에 의도한 목표가 모두 달성되었다고 확신한 그는 5월 29일 총독을 사임하고 일본으로 돌아가 추밀원 고문관이 되었다. 1942년 10월 28일, 미나미는 추밀원 회의 석상에서 전시체제를 구축하기 위해 내외지 행정을 일원화하고 조선 총독의 권한을 견제하려는 도조 내각을 정면으로 비판했다.

> 조선이 최근까지 수천 년에 걸쳐 한 나라를 형성해 왔기 때문에 사상, 인정, 풍속, 습관, 언어 등을 달리하는 이민족임은 엄연한 사실이다. 정부와 국민 및 현지 위정자는 이 엄연한 사실을 솔직하고 올바르게 인식하면서 정책을 세우도록 하라.

그가 총독에 재임할 때는 내선일체를 부르짖으면서 일본과 조선이 멀리 신화시대부터 깊은 관계가 있고 인종적으로나 문화적으로나 동일한 뿌리에 속하므로 조선인이 완전한 일본인이 되는 것은 당연하다고 말했다. 하지만 일본에 돌아가자 조선인은 어디까지나 이민족이니 그에 걸맞은 정책을 입안하라고 주장했던 것이다.

그처럼 겉 다르고 속 다른 미나미 지로의 황민화 정책은 조선인의 뇌리에 커다란 상처를 남겼다. 광복 이후에도 일부 조선인은 대일본 제국의 영광을 꿈꾸며 그들의 은혜에 감읍했던 것이다. 그들의 유전자와 사고방식을 여과 없이 받아들인 전후 세대들 또한 엽전이나 냄비근성 등 자학적인 용어를 사용하며 자기비하를 서슴지 않았다.

미나미 지로는 태평양전쟁이 끝나자 연합군 측에 A급 전범으로 체포되었다. 이어진 도쿄 재판에서 육군 장관 재직 시절 중일전쟁과 만주국 수립에 관련된 혐의로 종신형 판결을 받았다. 하지만 그는 1954년 건강 악화로 석방되었고, 그로부터 1년 후인 1955년 12월 5일 사망했다.

태평양전쟁은 일본의 성전이다

조선의 호랑이로 군림했던 고이소 구니아키

태평양전쟁이 한창이던 1944년, 오대산 상원사를 방문한 총독 고이소 구니아키小磯國昭(1880~1950)가 조실스님인 한암선사에게 물었다.

"이번 전쟁은 인류역사상 일대 성전이라 할 것인데, 미국이 이길까요, 우리 대일본제국이 이길까요?"

스님은 잠시 생각에 잠기는가 싶더니 붓을 들어 이렇게 썼다.

'정법필승正法必勝'

말문이 막힌 고이소는 우물쭈물하다가 슬그머니 자리를 떴다.

조선의 제8대 총독 고이소 구니아키는 1880년 3월 22일 도치키 현 우쓰노미야의 야마가타 사족 집안에서 경찰 간부인 소이소 츠츠무의 장남으로 태어났다. 그는 야마가타 중학과 육군사관학교를 거쳐 육군대학 22기생으로 입학했는데 졸업할 때의 성적이 55명 가운데 33등이었다. 그처럼 고이소의 실력은 별 볼 일 없었지만 대인관계에서 뛰어난 능력을 발휘하여 출세가도를 달렸다.

그는 러일전쟁에 참전한 뒤 만주에 있는 관동군 참모본부에서 장교

고이소 구니아키. 8대 조선 총독으로 태평양 전쟁이 한창일 때 징용과 징병으로 조선의 수많은 젊은이를 산업시설과 전쟁터로 내몰아 강제노동에 시달리거나 죽게 만든 원흉이다.

시절을 보낸 까닭에 군 내부의 특정 파벌에 휘둘리지 않았다. 1922년 유럽 항공 부대를 시찰하고 온 그는 육군 장교임에도 불구하고 공군력 증강을 주장하는 등 유연한 입장을 견지함으로써 군부의 신임을 얻었다.

　그의 연설은 논리적이고 표현력이 매우 뛰어났는데, 목소리가 고와서 '강 개구리'라는 별명으로 통했다. 관동군이 만주사변을 일으켰을 때 도쿄의 화류계에서는 '햐쿠즈산부시(白頭山節)'란 창가가 유행했는데 그 노래는 고이소를 따를 사람이 없었다고 한다. 1929년 소장으로 진급한 고이소는 육군성 군무국장, 관동군 참모장을 거쳐 중장으로 진급하고 1935년 12월, 조선군 사령관으로 부임하여 전국의 부대를 시찰하던 그는 이순신 장군의 고향인 아산에서 이렇게 말했다.

"옛날에 조선의 수군이 강했기 때문에 남해안 일대의 조선인들은 커다란 자부심을 가지고 있었다. 그러므로 금일 일본에 대해서도 여전히 적개심을 품고 있을 것이다."

중일전쟁, 일본군의 광기가 발현되다

1937년 7월 7일 중국에서 루거우차오(蘆溝橋) 사건을 획책함으로써 만주에서 피바람을 일으킨 관동군의 급진파 장교들은 소련의 참전을 경계하는 비확전파의 반대를 물리치고 8월 13일 제2차 상하이사변을 일으켜 중국군과 정면으로 맞부딪쳤다. 그때부터 파죽지세로 대륙을 공략하던 일본군은 곧 국공합작을 이룬 중국인들의 완강한 저항에 부딪혔다.

그해 12월 천신만고 끝에 난징(南京)을 점령한 일본군은 분풀이하듯 엄청난 학살을 자행했다. 약 20만 명이 살해된 비극의 현장에서 살아남은 한 중국인의 증언에 따르면 일본군은 어린 소녀나 노파를 가리지 않고 닥치는 대로 강간한 다음 잔인하게 살해했다. 당시 광기에 휩싸인 일본군은 중국인 포로를 총검 훈련에 이용하는가 하면 누가 먼저 100명의 목을 베는가를 겨루는 백인참수경쟁*을 벌이기도 했다. 이 극악무도한 시합의 결승전에는 소위 무카이 도시아키向井敏明와 노다 쓰요시野田毅가 올라 연장전 끝에 106대 105로 무카이가 우승했다.

---

* 100인 참수경쟁은 일본군이 난징을 점령했을 때 벌어진 학살 사건이다. 영미권에서는 'The Contest To Cut Down 100 People'로 잘 알려져 있다. 1937년 11월 30일자 오사카마이니치신문(大阪每日新聞)과 12월 13일자 도쿄니치니치신문(東京日日新聞)에서 일본군 무카이 도시아키向井敏明 소위와 노다 쓰요시野田毅 소위가 일본도로 누가 먼저 100명을 참수하는지를 겨뤘다고 보도했다.

백인 참수경쟁을 소개한 1937년 12월13일자 도쿄니치니치신문. 그들을 어떻게 군인이라고 할 수 있겠는가.

두 사람은 1948년 중국 정부에 의해 체포되어 총살당했다. 그들의 만행은 사진 촬영이 취미였던 병사 무라세 모리야쓰에 의해 세상에 공개되었다.

일본군은 1938년 5월에 쉬저우〔徐州〕, 10월에 광둥〔廣東〕과 우한〔武漢〕을 점령했다. 그러나 중국군의 반격이 예상외로 강력했고 보급에 차질이 빚어지면서 전황이 교착상태에 빠지자 도시와 철도를 확보하는 데 주력했다. 그 무렵 육군대장으로 승진한 고이소는 1938년 7월 예편한 다음 히라누마 기이치로平沼騏一郎 내각과 뒤를 이은 요나이 미쓰마사米内光政 내각에서 척무대신으로 복무했다.

중일전쟁이 장기화되면서 일본이 전쟁물자 부족으로 허덕이고 있을 때 갑자기 미국이 해외에 주둔하고 있는 모든 일본군의 철수를 요구했다. 이에 반발한 일본이 1939년 미일통상조약을 파기하자 미국은 일본에 석유·철광석 등의 수출을 중단해 버렸다. 그 결과 조선이나 만주 등지에서 나오는 지하자원으로는 도저히 전쟁수요를 감당할 수 없게 된 일본은 대안으로 프랑스 식민지 인도차이나 침공을 결정했다.

그 무렵 유럽에서는 제2차 세계대전이 발발했다. 히틀러의 나치 독일은 네덜란드·벨기에·폴란드 등을 모두 무너뜨리고 파죽지세로 서진하여 프랑스 파리를 함락시킨 다음 페탱의 괴뢰 정부를 세웠다. 그 여파로 드골이 영국에서 망명 정부를 세우자 일본은 인도차이나에 잔류해 있던 프랑스 세력을 몰아내고 아시아 남부지역까지 세력을 떨쳤다.

태평양전쟁을 지원하라

1941년 일본에서는 러일전쟁의 영웅 도조 히데키를 수상으로 하는 군부 내각이 들어섰다. 석유 금수조치로 일본의 숨통을 죄고 있는 미국에 커다란 반감을 가지고 있던 도조 내각은 개전을 결의하고 12월 8일 급거 진주만 공격을 감행했다. 그때 하와이에 있던 중한비밀동맹의 대표 한길수韓吉洙(1900~1976)는 미국 정부에 일본의 진주만 기습 계획과 하와이 지역 일본인의 불온한 움직임을 수차례 경고했다. 그러나 루스벨트 정부는 제2차 세계대전 참전의 명분을 잡기 위해 의도적으로 일본의 도발을 방치했다.

과연 일본의 기습으로 진주만이 전화에 휩싸이자 미국 정부는 아시아 태평양 지역에서 일본의 세력 확장을 막는다는 명분으로 참전을 선언했다. 일부 평화론자의 반대도 있었으나 '진주만을 잊지 말자.'라는 구호가 전체 미국인들을 자극했다. 하지만 제1차 세계대전 이후 전술 교리 연구에 소홀했던 미군은 우수한 장비와 병력에도 불구하고 일본군과의 전투에서 패배를 거듭했다. 그러나 미군은 1942년 6월 5일 미드웨이 해전과 이듬해 2월까지 이어진 과달카날 전투에서 압승을 거두면서 수세를 공세로 전환했다.

태평양전쟁이 한창이던 1942년 5월 일본의 도조 내각은 조선인 징병제를 각의에서 통과시켰다. 전황이 기울면서 일본군의 희생자 수가 늘어나고 군수지원이 한계를 드러내자 보다 많은 인적·물적 자원을 식민지 조선에서 조달하고자 했던 것이다. 그러나 조선인의 반발을 고려해 조선 총독을 능구렁이 같은 고이소 구니아키로 교체했다.

조선 병합이 이루어진 지 30여 년이 되었다. 그들을 다시 독립시켜도 과연 현재보다 나은 문화생활을 유지, 향상할 수 있는지 어떤지 마음이 쓰인다. 자연 취해야 할 최선의 방책으로는 조선인으로 하여금 명실상부하게 진정한 일본인이 되게 하는 것이다.

제8대 조선 총독으로 부임한 고이소 구니아키는 전임 미나미 지로가 추진하던 황민화정책을 고스란히 이어받는 동시에 전쟁 지원을 위한 총력전에 들어갔다. 그는 의무교육제 실시, 조선인 관리의 등용, 조선인 기업의 추진, 차별 취급 제규정의 철폐, 조선인 정치관여의 실현을 추진하는 등 조선인을 회유했다. 그러나 태평양전쟁이 심화되자 조선 통치정책을 합리적인 경영에서 일본의 성전을 지원하기 위한 무한 수탈로 바꾸었다. 그 중에 가장 핵심적인 사항이 '징용徵用'으로 불리는 노무동원과 '징병徵兵'이라는 병력동원이었다.

최악의 수탈 징용과 총알받이 징병

태평양전쟁 말기 일제는 '국가총동원법國家總動員法'에 따라 수많은 조선인을 강제노동에 투입했다. 징용은 주로 석탄광산·군수공장·토목건축·항만운수 등에 동원된 인적 동원이었고, 징병은 지원병, 혹은 징병 형태의 순수 병력 동원을 비롯하여 해군설영대, 포로감시원 등의 준병력 동원과 군속(군무원) 등의 형태로 이루어졌다.

1939년 7월 28일 내무·후생차관의 이름으로 발표한 '조선인 노무자 내지 이입에 관한 건', 그해 9월의 '노무동원계획'에 의한 집단적 조선인 노동 동원이 시작되었다. 초기에 일본 정부는 모집 형식을 취했지만 후기에는 관 알선·할당·징용 등 각종 명목으로 조선인 노동자들을 끌어 모았다.

당시 조선인 노동자들은 공장과 탄광 등지에서 12시간 이상의 단순하고 험한 육체노동에 시달렸지만 임금은 일본인의 절반 수준이거나 절반 수준을 약간 상회하는 정도였다. 특히 임금에서 각종 명목으로 공제되는 것이 많았으므로 실제로 강제 동원된 조선인의 임금은 푼돈에 불과했다. 게다가 충군애국忠君愛國을 내용으로 하는 황민훈련皇民訓鍊의 명목으로 일본어 교육·작업훈련·생활훈련·체련·조선현지 훈련·취로지 도착훈련·취로 예비훈련·취로 후 재훈련·불량자 특별 훈련 등을 강요당했다.

일본인의 차별과 멸시에 분개한 조선인 노동자들은 파업과 태업 등을 통해 저항했다. 한편 노역장에서 도주한 사람은 1939년부터 1945년까지 무려 22만 명에 달했다. 하지만 징용으로 끌려간 조선인은 1945년 해방 이후에도 연합군 총사령부나 일본의 방임 속에 대다수가 귀국하지 못하고 일본 사회의 이방인으로 남았다.

1937년 7월, 중일전쟁이 발발하면서 개시된 조선인 병력 동원은 1945년 8월 15일 일본이 항복할 때까지 지원병 제도와 징병 제도의 2단계로 실시되었다. 1938년 2월 일제는 '육군특별지원병령'을 칙령 제95호로 공포하여 본격적으로 지원병을 모집했다.

그해 3월 29일 '조선총독부 육군병지원자 훈련소관제'가 칙령 제156호로 공포되었고, 이어서 '육군특별지원병령 시행규칙', '육군병지원자 훈련소규정', '육군지원자훈련소생도 채용규칙', '육군특별지원병에 의한 병영의 약부호기입에 관한 건' 등의 부가 법령이 공포되었다. 그와 같은 법령에 따라 그해 4월부터 나남·함흥·평양·대구 등에 육군 지원자 훈련소가 설치되었다.

1941년 12월 8일 진주만 공습과 함께 시작된 태평양전쟁은 무차별적인 조선지원병 모집의 계기가 되었다. 미드웨이 해전을 비롯해 잦은 해전의 패배로 수많은 해군 병력을 상실한 일본은 1943년 7월 27일 '해군특별지원병령', '조선총독부 해군병지원자 훈련소관제', '해군특별지원병령 시행규칙' 등을 공포하여 조선인을 해군으로 징발했다. 그때까지 조선인 병력에 부정적이었던 해군도 어쩔 수 없이 전함에 의심스러운 조선인을 태워야 했다.

그해 1943년 10월 20일에는 '육군특별지원병 임시채용규칙'을 공포하면서 조선인은 훈련 과정조차 거치지 않고 즉시 현역병으로 편입되어 동남아시아의 최전선에 배치되었다. 그와 함께 전문학교·대학교 재학생 2만 3681명을 학도병으로 모집하여 전선의 총알받이로 내보냈다. 총독부와 그 밖의 자료에 의하면 조선인 육군지원병은 1938년에 2946명이었던 것이 1941년에는 14만 4000여 명, 1942년에는 25만 4000여 명, 1943년에는 30만 3000여 명으로 증가했고, 해군지원병도 무려 9만 명에 달했다.

1942년 5월, 일본 내각은 1944년도부터 징병제를 시행할 것을 결정하고, 징병제 시행 준비위원회를 설치한 다음 징병제도 취지를 선전·계몽하고 조선인의 호적을 정비하여 징병 준비를 마쳤다. 아울러 무학자들에게는 일본어를 가르쳤고, 중등학교 이상의 대상자들에게는 현역 장교를 배속시켜 군사훈련을 실시했다. 또 국민학교 졸업생은 청년훈련소, 이를 수료하지 못한 자는 1942년 10월 '조선청년특별훈련령'에 의해 설치된 청년특별훈련소에 의무적으로 입소시켜 군 복무에 필요한 기초 훈련과 근로 작업 등을 강요했다.

일제는 그해 10월 조선 청년들의 징병적령 신고를 받았는데, 국민총력운동조선연맹의 애국반이 동원되어 적령자의 96퍼센트에 달하는 25만 8000여 명을 등록시켰다. 1944년 2월에는 '조선여자청년연성소규정'을 공포하여 조선 여자청년에 대한 황국민연성을, 4월에는 '총독부군무예비훈련소규정'을 공포하여 청년특별연성소 수료자에게 병역 예비훈련을 실시했다.

이와 같은 주도면밀한 준비 끝에 일제 패망 1년 전인 1944년 4월부터 징병제가 실시되었다. 전체 대상자의 94.2퍼센트인 20만 6000여 명이 징병검사를 받았고, 그 중 갑종 합격 33.5퍼센트, 제1을종 30퍼센트, 제2을종 16퍼센트, 제3을종 11.1퍼센트였다. 그렇게 해서 선발

된 조선 청년들이 태평양전쟁 말기의 생지옥으로 끌려갔다.

당시 일본군에는 정규군인 외에 준 군인 신분의 군속이 있었는데, 이들 군속은 남방의 비행장이나 철도 신설 현장, 군 관할 군수공장의 노동자, 운송요원, 포로수용소의 감시요원 등으로 일했다. 일본이 항복한 뒤 이들 가운데 포로수용소 감시원들은 포로 학대 혐의로 체포되어 전범심사를 받아야 했다. 그 결과 사형 23명, 무기징역 18명, 유기징역 107명 등 도합 148명의 조선인 군속이 희생당했다. 1945년까지 전장에 끌려 나간 조선인 군인, 군속은 무려 36만여 명이었고, 전후 일본에 의해 귀환이 확인된 사람은 16만여 명이었다. 그러므로 나머지 20만여 명은 사망 혹은 생사 불명 상태로 잊혀졌다.

궁여지책용 내각 총리대신이 되다

1944년, 일본은 거듭된 패배로 미군의 본토 상륙이 예상되는 가운데 도조 히데키東條英敎가 내각 총리직에서 물러났다. 그때 군부에서는 후임 총리로 남방군 총사령관이던 데라우치 히사이치와 조선 총독 고이소 구니아키 2명을 물망에 올렸다. 그러나 남방전선의 상황이 급박하게 돌아가는 바람에 데라우치가 제외되면서 결국 고이소가 최종 낙점되었다.

1944년 7월, 고이소 구니아키는 조선의 마지막 총독 아베 노부유키阿部信行(1875~1953)에게 바통을 넘기고 일본 내각의 제41대 총리대신으로 취임했다. 하지만 그는 1931년 3월, 사쿠라회〔櫻會〕 소속 영관급 군인들이 육군대신 우가키 가즈시게宇垣一成(1868~1956) 장군을 앞세

위 민간정부를 전복하려던 이른바 3월 사건에 가담한 전력 때문에 대신이나 천황으로부터 환영받지 못했다.

고이소는 내각에서 도조 히데키를 몰아내기 위한 대역에 불과했다. 게다가 예편한 지 오래 되어 전쟁의 상황에 무지했다. 그래서 육해군 수뇌부는 걸핏하면 그를 따돌렸다. 또 고노에 후미마로, 키도 고이치 등의 문관들도 그를 믿지 않았다. 특히 고노에는 고이소와 전 해군상 요나이 미츠마사 연립내각을 성사시켜 총리의 발언권을 제한하기까지 했다.

어쨌든 사관학교 열등생으로 총리가 된 고이소 구니아키는 주어진 책임을 완수하려 애썼다. 그는 상대적으로 열세인 일본의 전력을 통감하면서 미군에게 일격을 가한 다음 대미강화에 나서자고 군부에 제안했다. 그러나 육군 통수부는 그의 주장에 전혀 동조하지 않았다. 하타히코사부로秦彦三郎 육군참모차장은 최고전쟁지도회의에서 '근대적 작전, 용병을 모르는 수상은 발언할 자격도 없다.'라고 그를 힐난하기까지 했다.

고이소 구니아키는 공동체에서 소외 받으면서, 이성을 잃은 군인이 한 나라의 운명을 좌우하는 위치에 올랐을 때 어떤 일이 발생할 수 있는지를 생생하게 보여주었다. 그는 총리로 재임하는 동안 끝까지 전쟁 완수를 고집했고, 제1항공함대 사령관 오니시 다키지로大西瀧治郎*

---

* 가미카제 특공대의 아버지로 불리는 오니시 다키지로大西瀧治郎는 해군병학교 출신으로 해군항공대를 조직한 인물이다. 일본해군 제11비행단의 참모장을 역임한 뒤 태평양전쟁이 발발하자 군수성에 근무하던 그는 미국과의 국력 차이를 들어 개전에 반대했다. 1944년부터 제1항공함대의 사령관으로 필리핀의 레이테 만 전투에서 처음으로 가미카제라는 자살공격을 사용했다. 필리핀 함락 이후 귀국하여 1945년 5월 군령부 차장으로 근무하다 일본이 항복하자 할복자살했다. 그는 유서에서 가미카제 희생자들에게 사죄하면서 생존자들에게 일본의 재건과 세계평화를 당부했다. 그가 할복에 사용한 칼은 야스쿠니 신사에 전시되어 있다.

의 제안에 따라 자살특공대인 가미카제(神風)를 도입함으로써 일제의 광기를 부채질했다. 그것은 연이은 패전으로 물자와 장비 면에서 수세에 몰린 일본이 최후의 상황에서 선택한 히든카드였다.

가미카제는 '신이 일으키는 바람'이라는 뜻으로 13세기 여몽연합군이 일본으로 침입할 때 연합군의 함대를 격파한 태풍의 이름을 따라 명명한 것이다. 태평양전쟁 말기 전투기에 폭탄을 싣고 적함에 충돌하여 자살 공격을 감행했던 일본 공군의 특공대를 말한다. 가미카제에 사용된 비행기는 주로 경폭격기였는데 폭탄과 여분의 연료를 싣고 이륙하여 목표물인 적 함대에 충돌했다.*

1944년 10월 21일 오전 6시 15분, 필리핀 레이테 만 인근 해역. 함포 사격을 위해 항진하던 연합국 함대를 일본 해군 항공대의 공습편대가 덮쳤다. 대공포탄의 탄막을 뚫고 일본의 미쓰비시 Ki-51 급강하 뇌격기가 호주 해군의 기함인 1만 3450톤급 중순양함 오스트레일리아호의 함교 위 통신구조물에 내려 꽂혔다. 탑재한 대형 폭탄은 불발돼 함체는 큰 손상을 입지 않았으나 운동에너지만으로 사망 30명에 부상 20명이 발생했다. 계획에 의한 자살 공격, 이른바 가미카제가 시작된 것이었다.

가미카제의 첫 격침 기록은 그달 24일, 1120톤급 예인선이었다. 이튿날에는 7800톤짜리 호위 항공모함 세인트로 호가 격침됐다. 미군과 일본군이 닷새 동안 도합 250만 톤이 넘는 함정을 동원해 사상 최대 규모의 공방전을 벌였던 레이테 만 해전에서 가미카제로 5척 격

---

* 당시 일본은 가미카제 비행기와 비슷한 유인 미사일도 개발했다. 미군으로부터 일본어로 바보를 뜻하는 '바카'라고 불린 이 미사일은 비행기에 한번 고정되면 탑승한 조종사는 절대로 탈출이 불가능했던 자살폭격용 미사일이었다.

침, 23척 대파, 12척 파손이라는 성과를 거두었다. 전투의 패배에도 불구하고 소기의 성과를 거두었다고 여긴 일본은 가미카제 작전을 모든 전선에서 시행했다. 종전까지 가미카제에 동원되어 희생된 일본인은 3812명(미국 자료), 혹은 1만4009명(일본 자료)이었다. 연합군의 피해는 50척의 함정 침몰에 사망 4907명, 부상 4824명이었다. 그러나 정규 항공모함이나 대형 전함 같은 주력 함정은 단 한 척도 침몰되지 않았다.

1944년 4월 오키나와에 미군이 상륙하자 패닉 상태에 빠진 일본은 가미카제 작전으로 5000여 명의 미군을 살상하기도 했다. 그와 함께 군부에서 1억 국민의 옥쇄를 외치자 미국은 연합군을 본토에 상륙시킬 경우 엄청난 희생이 따를 것으로 판단해 원자폭탄 사용을 결심하게 되었다.

가미카제 특공대원. 주로 20대 초반의 젊은이들로 구성된 자살특공대의 성공률은 고작 6%였다. 조선인도 16명이나 특공대원이 되었다가 전사해 특공대원 추모비에 이름이 새겨져 있다.

그처럼 비인도적인 일제의 가미카제 작전에는 조선인 청년들도 동원되었다. 가고시마의 지란 마을에 있는 지란특공평화회관에 있는 조선인 병사들의 추모비에는 조선인 탁경현, 김상필, 노용우, 이현재, 박동훈, 최정근, 이윤범, 김광영, 한정실, 임장수 등 총 16명의 이름이 새겨져 있다. 당시 25세의 나이로 가미카제 특공대원에 선발되었던 연희전문학교 출신의 청년 김상필은 오키나와 출격을 앞두고 평양에서 면회 온 친형이 탈출을 권유하자 이렇게 대답했다고 한다.

"나는 조선을 대표하고 있습니다. 만일 여기서 도망치면 조국이 비웃음을 당하게 됩니다. 많은 동포가 더 한층 굴욕을 참지 않으면 안 됩니다."

개성 출신의 인재웅松井伍長도 가미카제 특공대원이었다. 그가 제로센 비행기를 이끌고 출격한 뒤 돌아오지 않자 일제는 천황을 위해서 감연히 희생했다며 대대적으로 선전공세를 벌였다. 총독부 기관지 매일신보는 송정오장을 따르자는 사설을 싣기도 했다. 그 기사를 읽은 시인 서정주는 감격에 겨워 '송정오장송가'*라는 시를 발표했다. 그런데 해방 후 죽은 줄 알았던 인재웅이 포로수송선을 타고 인천항을 통해 귀국했다. 맹목적인 일제의 천황주의와 친일시인의 찬송가가 헛소리로 증명되는 순간이었다.

---

* 서정주의 '송정오장 송가(松井伍長 頌歌)' – '아아 레이테 만은 어데런가./언덕도/산도/뵈이지 않는/구름만이 둥둥둥 떠서 다니는/몇 천 길의 바다런가.//아아 레이테 만은/여기서 몇 만 리런가…….//귀 기울이면 들려오는/아득한 파도 소리…….//우리의 젊은 아우와 아들들이/그속에서 잠자는 아득한 파도소리…….//얼굴에 붉은 홍조를 띄우고/"갔다가 오겠습니다."웃으며 가더니/새와 같은 비행기가 날아서 가더니/아우야 너는 다시 돌아오지 않는다.//마쓰이 히데오!/그대는 우리의 오장 우리의 자랑./그대는 조선 경기도 개성 사람/인씨(印氏)의 둘째 아들 스물한 살 먹은 사내.//마쓰이 히데오!/그대는 우리의 가미카제 특별 공격 대원./귀국 대원.//귀국 대원의 푸른 영혼은/살아서 벌써 우리게로 왔느니.//우리 숨 쉬는 이 나라의 하늘 위에/조용히 조용히 돌아왔느니.//우리의 동포들이 밤과 낮으로/정성껏 만들어 보낸 비행기 한 채에/그대, 몸을 실어 날았다간 내리는 곳./소리 있어 벌이는 고운 꽃처럼/오히려 기쁜 몸짓하며 내리는 곳./쪼각쪼각 부서지는 산더미 같은 미국 군함!//수백 척의 비행기와/대포와 폭발탄과/머리털이 샛노란 벌레 같은 병정을 싣고/우리의 땅과 목숨을 뺏으러 온/원수 영미의 항공모함을/그대/몸뚱이로 내려져서 깼는가?/깨뜨리며 깨뜨리며 자네도 깨졌는가.//장하도다./우리의 육군 항공 오장 마쓰이 히데오여!/너로 하여 향기로운 삼천리의 산천이여!/한결 더 짙푸르른 우리의 하늘이여!//아아 레이테 만이 어데런가./몇 천 길의 바다런가.//귀 기울이면/여기서도, 역력히 들려오는/아득한 파도소리/레이테 만의 파도소리'

A급 전범으로 비참한 최후를 맞다

1944년 10월, 일본의 꼭두각시였던 왕징웨이汪精衛(1883~1944)가 사망하면서 중국의 상황이 악화되자 고이소는 한때 평화협상을 구상했지만 연합군과 일본의 의견 접점을 찾기가 쉽지 않아 전쟁을 계속할 수밖에 없었다. 그 와중에도 고이소는 점령지였던 네덜란드의 식민지 인도네시아의 독립을 승인하는 여유를 보였다.

그 무렵 태평양전쟁은 미군의 필리핀 수복과 남방전선의 임팔전투를 계기로 일본의 패전 양상이 뚜렷해졌다. 1944년 사이판 상륙, 1945년 2월 이오지마 점령 등을 통해 태평양에 항공 기지를 확보한 미군은 B-29 등의 고고도 폭격기를 동원하여 일본 본토에 폭격을 개시했다.

그해 4월, 미군이 오키나와에 상륙하자 고이소 구니아키는 육군상을 겸임해 지휘체계를 일원화하려고 했지만 육군의 반대로 무산되었다. 마지막으로 그는 정치브로커를 이용해 중국과 손잡으려 했지만 외무상인 시게미츠 마모루重光葵(1887~1957)가 거부하자 1945년 4월 7일 수상직을 사임했다. 약 8개월여의 단명 내각이었다. 그의 후임은 해군 출신으로 당시 78세의 고령이었던 스즈키 간타로鈴木貫太郎(1868~1948)가 이어받았다.

고이소가 퇴임하고 얼마 지나지 않아 연합군은 오키나와의 일본군 수비대를 전멸시킨 다음 7월 26일 포츠담 선언을 통해 일본의 항복을 권유했다. 스즈키 수상이 그 제안을 거부하자 미국은 종전을 앞당기기 위해 1945년 8월 6일 및 8월 9일 히로시마와 나가사키에 두 발의 원자폭탄을 투하했다.

인류 최후의 무기로 불리는 원자폭탄은 두 도시에서 수십만 명의 인

명을 살상했을 뿐만 아니라 옥쇄를 다짐하던 일본인의 광기를 한순간에 녹여버렸다. 그러자 천황 히로히토는 군부의 반대에도 불구하고 일본 전역의 초토화를 방지하고 황실을 보전하기 위해 종전을 결심했다.

1945년 8월 14일, 그는 연합군에 무조건 항복 의사를 전달한 뒤, 이튿날인 8월 15일에 항복을 선언했다. 9월 2일 도쿄 만에 정박한 전함 미주리호 함상에서 일본의 외무대신 시게미쓰 마모루가 정식으로 항복문서에 조인했다. 1948년 극동군사재판에 회부된 고이소 구니아키는 A급 전범으로서 종신금고형을 언도받았고 1950년 11월 3일 스가모 구치소에서 복역 도중 식도암에 걸려 71세의 나이로 사망했다. 일찍이 한 암선사가 예견했던 '정법필승'이 마무리되는 순간이었다.

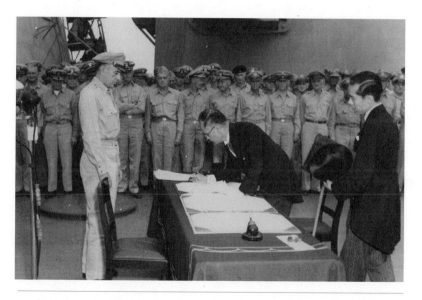

1945년 8월 15일 일본 천황은 무조건 항복을 선언했고, 전쟁은 끝났다. 9월 2일 도쿄 만에 들어온 미군 미주리호에서 외무대신 시게미쓰 마모루가 항복문서에 서명했다. 그러나 지금 일본은 전쟁을 금지한 평화헌법 개정 음모를 통해 군국주의 부활을 꿈꾸고 있다.

나는 신이 아니라 인간이다

전범의 멍에를 피한 전범, 쇼와 히로히토

짐은 깊이 세계의 대세와 제국의 현상에 감하여 비상조치로써 시국을 수습코자 여기 충량한 그대들 신민에게 고하노라. 짐은 제국 정부로 하여금 미·영·중·소 4국에 대하여 그 공동선언을 수락할 뜻을 통고케 했다.

······ 적은 새로이 잔학한 폭탄을 사용하여 빈번히 무고한 백성을 살상하여 참해에 미치는바 참으로 측량할 수 없게 되었다. 이 이상 교전을 계속하게 된다면 종래에 우리 민족의 멸망을 초래할 뿐더러 결국에는 인류의 문명까지도 파괴하게 될 것이다.

······ 제국 신민으로서 전진에 죽고 직역에 순하고 비상에 패한 자 및 그 유족에 생각이 미치면 오체가 찢어지는 듯하며 또 전상을 입고 재화를 만나 가업을 잃어버린 자의 후생에 관해서는 짐이 길이 진념하는 바이다. 생각하면 금후 제국의 받을 바 고난은 물론 심상치 않다. 그대들 신민의 충정은 짐이 선지하는 바이나 짐은 시운의 돌아가는바 심란함을 감하고 인고함을 인하여서 만세를 위해서 태평을 고하고자 한다.

······ 모름지기 거국일치 자손상전하여 굳게 신국의 불멸을 믿고 각자 책임이 중하고 갈 길이 먼 것을 생각하여 총력을 장래의 건설에 쏟을 것

쇼와 히로히토. 입헌군주로서의 책임을 충실히 수행했고, 재위 기간 일본은 경제부흥에 성공하여 강대국으로 재도약했다. 그는 전쟁과 광기로 얼룩진 전반기와 평화와 번영을 누린 후반기로 기억되지만, 전쟁을 도발한 전범이라는 사실은 변함이 없다.

이며 도의를 두텁게 하고 지조를 튼튼케 하여 국체의 정화를 발양하고 세계의 진운에 뒤지지 않도록 노력할지어다. 그대들 신민은 짐의 뜻을 받들라.

1945년 8월 15일 정오, 일본 전역에 '옥음방송玉音放送'*이 예고되어 있었다. 방송시간이 되자 조선인은 라디오를 켜고 경성방송의 중계를 통해 나오는 쇼와 히로히토昭和裕仁(1901~1989) 천황의 건조한 목소리에

---

* 이 방송은 당시 일본 국민들에게 최초로 공개된 천황의 육성녹음으로 8월 14일 밤, 도쿄 황궁에서 아세테이트 디스크에 녹음한 다음 이튿날인 8월 15일 정오에 방송되었고, 두 시간 뒤에 재방송되었다. 방송 직후에 원본 디스크는 국가의 수치라 하여 방송국 직원들에 의해 파괴되었지만, 여러 지방 방송국과 미군 방송에서 복사한 디스크가 있었으므로 오늘날까지 전해질 수 있었다.

귀를 기울였다. 하지만 일본 측의 의도적인 잡음 삽입으로 무슨 내용인지 제대로 알아들을 수 없었다. 방송이 끝나자 경성방송국에서 그 내용의 요지를 알려주었다. 그것은 바로 '일본의 무조건 항복'이었다.

비로소 일제의 너울에서 벗어나게 되었음을 알게 된 조선인은 너나 할 것 없이 만세를 부르며 길거리로 뛰쳐나갔다. 같은 시각 일본 전역은 무거운 침묵 속에 빠져들었다. 일본인은 메이지 유신 이후 욱일승천하던 대일본제국의 패망을 믿을 수가 없었다. 하지만 난생 처음 들은 천황의 옥음을 통해 자신들이 서구 열강들과 자웅을 겨루며 아시아를 호령하던 일류 국가의 주인이 아니라 패전국의 비참한 백성으로 전락했다는 것을 깨닫게 되었다.

천황 망국의 인간이 되다

1945년 8월, 히로시마와 나가사키에 떨어진 원자폭탄*의 위력에 놀란 일본 정부는 급히 어전회의를 열고 미국에 무조건 항복을 선언했다. 더 이상 미적거렸다가는 북쪽에서 남하하고 있는 러시아 군에 의해 일본 전역이 초토화될 가능성이 농후했다. 당시 회의에서는 일본의

---

* 히로시마에 원자폭탄이 투하된 것은 1945년 8월 6일 월요일 아침 8시 15분 15초였다. 미 공군 제509 혼성비행대대 소속의 B-29 폭격기 세 대 가운데 기장 폴 티비츠 대령이 조종하던 '에놀라 게이'에서 투하된 길이 3미터, 지름 71센티미터, 무게 4.3톤의 원자폭탄 'Little boy'가 8시 15분 59초에 히로시마 상공 570미터 지점에서 폭발했다. 폭심지의 온도가 10억분의 1초 동안 6천만도로 상승하면서 1킬로미터 내의 모든 것들을 일순간에 녹여버렸고, 시속 320킬로미터의 폭풍이 건물과 사람을 날려버렸다. 이어서 폭발 당시 생긴 엄청난 열에 의해 만들어진 진공으로 후폭풍이 일어나면서 남아있던 건물과 사람을 태웠고, '검은 비'라고 불린 방사능 낙진까지 떨어졌다. 일본 측 집계에 따르면 이 날 11만 8661명이 현장에서 목숨을 잃었고, 방사능 낙진으로 그해 연말까지 4만 5000여 명이 더 사망했다. 그때 일제에 의해 징집된 군인, 징용 노무자 등 조선인 2만 명도 목숨을 잃었다.

항복을 찬성하는 강화파와 연합군이 감행할 것으로 예상되는 공격에 맞서 본토를 필사적으로 지켜야 한다고 결사항전파로 나뉘었다. 그때 천황 히로히토는 다음과 같은 발언으로 강화파의 손을 들어줌으로써 논쟁을 종식시켰다.

"견딜 수 없는 치욕이라도 참아야 한다."

그렇게 일본의 항복이 확정되자 군인들의 자살이 줄을 이었다. 8월 14일 밤 종전칙서에 서명한 육군대신 아나미 고레치카阿南惟幾(1887~ 1945)는 '죽음으로써 대죄의 용서를 구한다.'는 유서를 남기고 할복자 살했다. 16일 새벽에는 가미카제의 창시자 오니시 다키지로 역시 할 복했다. 15일 규슈에 있던 우가키 마토메宇垣纏(1890~1945) 중장은 9명 의 부하들과 함께 비행기를 몰고 미군함정 커티스 호에 가미카제 식 으로 몸을 던졌다. 8월 24일 밤 동부군관부 사령관 다나카 시즈이치田 中靜壹(1887~1945) 대장이 권총 자살했고, 9월 12일에는 육군참모총장 출신의 스기야마 하지메杉山元(1880~1945) 원수 부부도 같은 방법으로 생을 마감했다. 11월 30일에는 만주사변 당시 관동군 사령관 혼조 시 게루本庄繁(1876~1945)가 그들의 뒤를 따랐다.

항복 이후 히로히토는 승전국 대표인 더글라스 맥아더Douglas MacArthur (1880~1964) 원수에게 패자의 예의를 깍듯이 갖추었다. 당시 그는 일 본의 대표로서 그 동안의 국가 범죄에 대한 책임을 인정하고 자신의 처형을 요구했지만 그것은 생명을 구걸하는 역설적인 제스처였다. 하 지만 맥아더는 일본인의 천황에 대한 맹신을 이용하여 점령지를 원활 하게 통치하기로 결정했다.

그로부터 1년 뒤인 1946년 1월 1일 히로히토는 두 번째 육성방송을 통해 자신은 신이 아니라 인간임을 선언했다. 자신의 신적인 지위를 포기함으로써 황실의 전통을 살려 나가기 위한 고육책이었다. 그 무렵 천황이 누추한 모습으로 점령군 사령관 맥아더와 사진을 찍은 것은 그와 같은 와신상담의 의지였다. 견딜 수 없는 치욕을 감내한 대가로 히로히토는 전범재판에 회부되지 않았고, 1947년 제정된 일본 헌법을 통해 입헌군주체제를 유지할 수 있었다. 1952년 4월 28일 샌프란시스코 조약으로 일본이 주권을 되찾자 그는 여러 신궁과 야스쿠니 신사를 참배하며 일본의 국가 주권 회복을 대내외에 선언했다.

1945년 9월27일 승장 맥아더와 패장 히로히토가 만났다. 히로히토는 전범이었지만, 맥아더와 연합군은 일본을 효율적으로 다스리기 위해 상징적 권위를 가진 히로히토를 재판에 넘기지 않았다.

히로히토는 군국주의 신료들이 도쿄 전범재판을 통해 처벌 받는 동안 일본인에게 평화와 통합을 외치며 정치적인 영향력을 행사했다. 하지만 그가 중일전쟁과 태평양전쟁을 도발했으며 그 과정에서 일어난 범죄와 학살의 책임을 져야 할 원흉이라는 점은 부인할 수 없는 사실이다. 그는 일본 제국 헌법상 일본군의 통수권을 가진 대원수였기 때문이다. 그러나 일본의 보수적인 사가들은 히로히토가 미국과의 전쟁을 염려했고 독일, 이탈리아와 동맹을 맺는 것도 반대했을 뿐만 아니라, 당시 군대와 정부를 장악했던 군국주의자들을 저지할 만한 힘이 없었다고 주장하고 있다.

쇼와 시대의 개막

쇼와 히로히토는 일본의 제124대 천황으로 자는 히로히토裕仁, 어릴 때 이름은 미치노미야迪宮, 도장에 새겨진 인장명은 와카타케若竹이다. 그는 《일본서기》에 등장하는 신화 속의 인물들을 제외한다면 역대 천황 가운데 재위기간이 가장 오랜 천황이다.

히로히토는 1901년 4월 29일 도쿄 아카사카 구 아오야마의 도구고쇼(東宮御所)에서 다이쇼 천황의 맏아들로 태어났다. 생후 70일 만에 추밀원 고문 카와무라 스미요시 백작에게 맡겨져 누마즈 황실별장에서 양육되었다. 1908년에 가쿠슈인(學習院) 초등과에 입학한 히로히토는 가쿠슈인 원장이던 노기 마레스케 육군대장의 엄격한 교육을 받았다. 당시 가쿠슈인의 교사가 어린 학생들에게 존경하는 사람은 누구냐고 질문하자 학생들은 이구동성으로 메이지 천황을 외쳤지만 히로히토는 미나모토 요시츠네源義經(1159~1189)라고 말했다. 교사가 그 이유를 묻자 그는 자신이 할아버지의 일은 잘 모르지만 미나모토만은 공부를 해서 잘 알고 있다고 대답했다. 미나모토 요시츠네는 헤이안 말기 겐페이(源平) 간의 싸움을 승리로 이끌었던 비운의 사무라이였다.

1912년 7월 30일 다이쇼 천황이 즉위한 뒤 히로히토는 '황족신립명'에 의해 육해군 소위로 임관하여 근위보병 제1연대에 배속되었다. 1916년, 황태자로 내정된 그는 1919년 만 18세가 되자 성년식을 겸해 정식 황태자로 책봉되었다. 1921년 다이쇼 천황의 병세가 악화되자 20세의 나이로 섭정에 올랐다.

히로히토는 1924년 구니노미야 나가코久邇宮良子와 혼례를 치렀고, 2년 뒤인 1926년 12월 25일 다이쇼 천황이 사망하면서 영욕의 쇼와昭和

시대 막을 열었다.

난바 다이스케, 황태자 히로히토를 쏘다

1920년대 일본은 대공황으로 인해 경제의 토대가 한순간에 무너졌다. 실업자와 유랑민들이 양산되었고 기업은 줄지어 문을 닫았다. 엎친 데 덮친 격으로 1923년 9월 1일에 엄습한 간토대지진(關東大地震)으로 일본 전역이 술렁였다. 겁을 먹은 일본인은 수도를 도쿄에서 히메지(姬路)나 조선의 경성, 경기도 용인으로 옮겨야 한다고 수런거렸다. 간토대지진은 사망자와 행방불명자가 도합 10만 600명, 부상자 5만 2000명, 파괴된 가옥이 69만 호에 달하는 일대 재앙이었다. 그 무렵 사회주의자들의 혁명운동과 조선인의 독립운동에 대한 탄압 구실을 찾고 있던 일본 정부는 사회주의자들과 조선인이 폭동을 일으키고 불을 지르고 다닌다는 유언비어를 유포하여 군경과 자경단 등으로 하여금 수많은 재일조선인을 학살하게 했다. 그 무렵 병약한 다이쇼 천황 대신 황태자 히로히토가 섭정을 맡았지만 실권은 모후 사다코가 틀어쥐고 있었다.

　그해 12월 27일 히로히토는 귀족원에서 열리는 제48회 통상의회 개원식에 참석하기 위해 궁궐을 나섰다. 그가 탄 자동차가 도라노몬(虎門)을 지나 거리로 나타나자 연도의 군중들 틈에서 갑자기 한 청년이 장총으로 히로히토를 저격했다. 굉음과 함께 자동차 유리창이 깨지고 비명소리가 터져나왔다. 실탄을 다 발사한 청년은 혁명 만세를 외치며 도망치다가 군중들에게 사로잡혀 린치를 당했다.

그의 이름은 난바 다이스케難波大助. 야마구치 현 구마게 군의 명문가 출신으로 중의원 의원인 난바 사쿠노신의 아들이었다. 어린 시절 아버지의 영향을 받아 황실 중심 사상을 갖고 '백홍白虹' 사건으로 알려진 '오사카아사히신문 불매운동'에 앞장서기도 했다. 한때 극우파였던 난바가 천황 저격이라는 경천동지의 사건을 저지른 것이다.

평소 권력자들의 전횡에 비판적이었던 난바 다이스케는 1921년 대학입시를 위해 도쿄에 올라온 뒤 마르크스주의 경제학자 가와카미 하지메의 논문 '단편斷片'을 읽고 사회주의 혁명 사상에 눈을 떴다. 1922년 와세다 제1고등학원에 입학했다가 1년차에 퇴학 당한 그는 일용직 노동자로 살아가면서 공산주의에 더욱 빠져들었다. 그로부터 1년 뒤 간토대지진에 이어 조선인 학살, 가메이도 사건, 아마카스 사건 등이 연이어 일어나자 난바는 그와 같은 사건들의 배후에 경찰과 군부, 우익, 그 위에 일반 민중들의 우상으로 자리 잡은 천황이 있다는 사실을 깨닫고 황실에 대한 테러를 감행하기로 결심했다.

그 무렵 천황 다이쇼 요시히토는 뇌막염 등의 질환으로 1917년부터 정무를 보지 못했고, 1919년부터는 말도 제대로 할 수 없는 상태였다. 그 때문에 1921년부터 황태자 히로히토가 섭정으로 천황의 업무를 대신하고 있었다. 그러므로 난바 다이스케는 히로히토를 일차 타깃으로 삼았던 것이다. 그때 저격을 받은 히로히토는 무사했지만 곁에 있던 시종장 이리에가 큰 부상을 입었다.

이 사건으로 1924년 1월 1일 내각이 총사퇴하고 유아사 구라헤이 경시총감과 쇼리키 마쓰타로 경무부장이 경비 책임을 지고 파면되었다. 또 난바의 출신지역인 야마구치 현지사는 감봉, 소학교 시절의 교장과 담임선생도 사직했다. 아버지 사쿠노신은 의원직을 사퇴했고 형도 직장에서 쫓겨났다. 하지만 난바 다이스케는 자신의 행위를 결코 후회하지 않았다.

내 행위는 어디까지나 올바른 것이다. 나는 사회주의 선구자로서 자랑할 만한 권리를 가졌다. 그러나 사회가 가족과 친구들에게 가할 박해를 미리 알았다면 행위를 결행하지 않았을 것이다. 황태자에게는 미안하다. 내 행위로 다른 공산주의자들이 폭력주의를 채용한다고 오해하지 말라. 황실은 공산주의자의 명확한 적이 아니다. 황실이 적이 되는 경우는 지배계급이 무산자를 압박하는 도구로 황실을 사용할 때에 한한다. 그러므로 황실의 안녕은 지배계급이 공산주의자를 대하는 태도에 달려 있다.

11월 13일 법정에서 사형선고를 받은 그는 사흘 뒤인 15일에 전격 처형되었다. 아버지 사쿠노신은 대역죄인인 아들의 시신 인수를 거부하고 자택에 칩거하다가 굶어죽었다. 얼마 후 그의 아나키스트 동지들이 무연고자 묘지에 매장된 그의 시신을 찾으러 갔다가 체포되기도 했다. 이 사건은 간토대지진 이후 일본 정부가 의도적으로 조선인을 탄압하기 위해 조작한 박열, 가네코 후미코 사건과 달리 일본인에 의한 대역사건이란 점에서 사회 안팎에 커다란 충격을 안겨주었다.

김종성의 비수, 히로히토를 위협하다

1929년 6월 21일자 조선일보에서는 아래와 같이 히로히토 천황 주살 미수사건을 보도했다.

> 지난 4일 천황폐하께서 오사카에 행차하던 도중 길가에서 거동이 수상한 남자를 발견하고 체포하여 취조 중이다. 그는 전라남도 무안군 해제면 신정리에 사는 김종성으로 품에 한자 이상이나 되는 단도를 품고 있었는데 폐하의 나들이 행렬 앞에서 할복자살할 목적으로 배회한 것이 판명되었다. 그는 조선 ○○○○운동자의 한 사람으로 ○○에 비밀결사가 있는 듯하여 계속 취조중이다. 그는 19세 때 목포부 순사 길○○개의 소개로 오사카에 와서 과자집 점원을 하다가 이듬해에 고향에 돌아갔는데, 재작년에 다시 오사카에 왔다가 전기 과자집의 냉대에 분개하여 뛰쳐나와 방랑하던 중이라더라.

이 사건은 동아일보와 매일신문에서도 크게 보도되었지만 보잘것 없는 식민지 백성이 신격화된 천황을 노렸다는 점을 껄끄럽게 여긴 신문들은 사건을 사회 불만분자에 의한 우발적인 사건으로 축소 보도했다. 그러나 비록 미수에 그쳤을지라도 김종성은 천황 주살이라는 큰 뜻을 품고 단독으로 현해탄을 건너 거사를 준비한 애국지사였다. 이 사건은 임시정부 한인애국단 소속의 이봉창(李奉昌(1901~1932))의 폭탄 투척 의거보다 3년이나 앞선 것이다.

김종성은 고향 전남 무안 해제에서 스승인 잠와潛蝸 김용수에게 학문을 배우며 조국의 독립의지를 불태웠다. 잠와 선생은 조선 병합 이후 신안군의 사옥도라는 작은 섬에 식솔들을 데리고 들어가 은둔했던 대쪽 같은 선비였다. 1924년 19세의 김종성은 스승에게 '나라를 되찾는 큰일을 하고 오겠다.'며 하직인사를 올린 뒤 자신의 고무신을 벗어 드린 다음 스승의 짚신을 신고 현해탄을 건넜다. 오사카에 당도한 김종성은 현지에서 천대 받는 조선인의 실상을 목도하고 분개하면서 목표가 포착될 시기를 노렸다.

1929년 6월 4일, 드디어 일본의 수괴 히로히토 천황의 오사카 순시 소식이 들려왔다. 24세의 청년으로 성장한 김종성은 히로히토를 주살하고 자살하기로 결심했다. 그러나 오전 9시 비수를 품고 환영인파 속에 섞여 있던 그는 삼엄한 경비망을 펼친 경찰에 의해 체포되고 말았다.

재판에 회부된 김종성은 대역죄 혐의로 무기징역을 선고받고 오사카 형무소 698호 감옥에 갇혀 고된 수형생활을 해야 했다. 그로 인해 부유했던 그의 집안은 풍비박산이 났고 어머니도 충격으로 세상을 떠났다. 그로부터 6년 뒤인 1935년 히로히토는 둘째아들 마사히토政仁를 얻자 자신과 관련되어 투옥된 죄수들을 모두 사면했다. 그 덕에 김종성도 지긋지긋한 옥살이에서 벗어날 수 있었다.

피폐한 심신을 이끌고 귀국한 김종성은 일경의 보호관찰 대상으로서 삼엄한 감시를 받았다. 호구지책으로 서당을 열어 한학을 가르쳤지만 수입이 미미했다. 그 후 김종성은 해방된 조국에서 묵묵히 살아가다 1977년 72세의 나이로 숨을 거두었다. 뒤늦게 가족들의 청원으로 그의 의거를 알게 된 정부는 1990년 애국훈장 애국장을 추서했다.

이봉창의 폭탄, 히로히토를 노리다

1923년의 간토대지진 당시 조선인 학살이 자행되자 의열단의 보복 공격이 이어졌다. 9월 1일 김지섭이 일본 황궁의 상징인 니주바시[二重橋]에 폭탄을 던졌고, 1925년 3월 북경에서는 의열단 회원들이 일제의 밀정 김달하를 처단했다. 1926년 12월 28일에는 나석주가 경성의 동양척식주식회사와 조선식산은행을 폭파했다. 일본천황 히로히토를 제거하려는 시도도 계속되었다. 1929년 김종성의 개인적인 거사가 미수에 그쳤지만, 그로부터 3년 뒤인 1932년 1월 8일에는 상해임시정부 한인애국단 소속의 이봉창이 히로히토의 자동차 행렬에 폭탄을 던져 조선인의 독립의지를 세계만방에 떨쳤다.

1900년 8월 10일 서울에서 태어난 이봉창은 가난한 집안 사정으로 10세 때 용산의 문창보통소학교에 입학해 4년 뒤에 졸업했다. 보통학교를 졸업한 뒤 가게 점원과 철도 운전 견습생 등으로 일하던 이봉창은 1925년 형 이범태와 함께 일본으로 건너가 일본인의 양자가 되어 기노시타 쇼조木下昌藏라는 일본 이름을 얻었다. 그때부터 도쿄와 오사카 등지를 전전하며 일본인으로 생활하던 그는 1931년 1월 상하이로 건너가 임시정부를 찾아가 김구에게 천황을 죽일 수 있도록 무기를 지원해 달라고 요청했다.

임시정부 요인들의 의심에도 불구하고 김구는 몇 가지 시험을 통해 그의 진의를 확인한 다음 철저한 신분 세탁을 명했다. 2월부터 이봉창은 다시 일본인으로 변신하여 일본인 인쇄공장과 악기점에서 일했다. 12월 13일 김구는 마침내 그를 임시정부 산하 한인애국단에 가입시킨 다음 히로히토 암살을 지시했다.

나는 적성으로써 조국의 독립과 자유를 회복하기 위하여 한인애국단의 일원이 되어 적국의 괴수를 도살하기로 맹서하나이다.

그날 안공근의 집에서 김구와 함께 기념사진을 찍은 이봉창은 12월 17일 상하이를 떠나 적지 일본으로 향했다. 도쿄에 도착한 이봉창은 일본인을 통해 천황의 거동에 대한 정보를 수집하며 거사의 기회를 노렸다.

폭탄을 들고 환하게 웃는 이봉창. 백범 김구는 마치 봄바람과 같이 온화하고 의지가 굳으면서 열정이 불꽃처럼 뜨거웠다고 그의 성품을 회고하고, 그의 위대한 인생관을 보고 감동의 눈물이 벅차오름을 금할 길이 없다고 했다.

1932년 1월 8일, 이봉창은 히로히토가 도쿄 교외에서 벌어진 관병식에 참석한다는 정보를 입수했다. 환궁로인 사쿠라다문(櫻田門) 근처의 인파 속에 섞여 있던 그는 천황의 자동차가 지나가자 재빨리 수류탄 2개를 던졌다. 그러나 그 차에는 안타깝게도 히로히토가 타고 있지 않았다. 현장에서 경찰에게 체포된 이봉창은 대역죄로 곧장 재판에 회부되었다. 1932년 9월 16일 도쿄 대법원은 이봉창에게 사형을 선고했다.

이봉창이 이치가야 형무소에서 교수형을 당하던 날, 상하이 임시정부 주석 김구는 전체 단원에게 단식을 명했다. 1946년 김구는 일본으로부터 그의 유해를 돌려받아 윤봉길, 백정기와 함께 효창공원에 안장했다. 1962년 대한민국은 그에게 건국훈장 대통령장을 추서했다. 이봉창의 수류탄 의거는 비록 수포로 돌아갔지만 1930년대 한국독립운동사를 장식하는 의열 투쟁의 선구자가 되었다.

군부를 희생양으로 권좌를 지키다

1928년 11월 히로히토는 국상 기간이 종료되자 교토 고쇼에서 정식 즉위식을 거행함으로써 명실상부한 일본의 천황이 되었다. 그 무렵 국제정세는 일본에게 매우 유리하게 돌아가고 있었다. 이에 고무된 군부에서는 적극적으로 대륙 병탄의 야욕을 불태웠고 히로히토는 그들의 도발을 묵묵히 추인해 주었다. 일본은 1931년 만주사변과 1937년 중일전쟁을 도발했으며, 1941년에는 진주만 폭격으로 태평양전쟁을 일으켰다. 그때까지 히로히토는 군부의 대표자였던 도조 히데키의 꼭두각시나 다름이 없었다. 그런데 얼마 후 미드웨이 해전에서 일본 해군이 궤멸되고 과달카날의 참패가 이어지자 그는 전쟁의 책임이 자신에게 미칠까봐 전전긍긍했다.

패전의 기미가 완연해진 1945년 초 그는 내각의 항복 권유를 거부했다. 하지만 히로시마와 나가사키에 원자폭탄이 투하되자 그는 더 이상의 저항은 무의미하다고 판단하고 항복을 선언했다. 천황으로 재임하는 동안 그가 취했던 가장 빠른 결단이었다.

맥아더는 이런 일본의 최고지도자 히로히토를 전범 재판에 회부하지 않음으로써 한때 제국주의 동지로서의 아량을 과시했지만 이는 커다란 실책이었다. 제2차 세계대전의 종전이 임박했던 1945년 4월 28일 이탈리아의 독재자 무솔리니는 반파쇼 의용군에 체포되어 처형당했다. 이틀 뒤인 4월 30일에는 독일의 총통 아돌프 히틀러가 애인 에바 브라운과 함께 베를린의 지하벙커에서 자살했다. 하지만 그들과 함께 삼국동맹의 일원이었던 일본의 천황 히로히토는 자신의 죄상에 아무런 책임도 지지 않았고, 1947년 5월 일본의 신헌법이 시행된 이후 상징적인 천황으로서 41년 동안이나 재위했다.

전후 히로히토에게 닥친 첫 번째 위기는 '도쿄 재판'이었다. 히로히토는 침략전쟁은 자신의 뜻이 아니라 도조 히데키를 비롯한 군부의 모험주의적 책동이라고 변명하면서도 도덕적 책임은 피하지 않겠다는 이중적인 자세를 취했다. 이 모순되는 주장을 통해 그는 법적 책임을 회피할 수 있었을 뿐 아니라 도덕적 비난에서도 벗어날 수 있었다.

그 다음 위기는 한국전쟁이었다. 일각에서 제3차 세계대전으로 명명되었을 정도로 자본주의 세력과 공산주의 세력이 정면으로 충돌한 한국전쟁이 발발하자 히로히토는 전율했다. 만일 연합군 측이 패배하게 되면 일본에서 어떤 상황이 전개될는지 알 수 없는 상황이었다. 때문에 히로히토는 일본의 안전보장을 조건으로 미군의 일본 주둔을 옹호했다.

한국전쟁이 동서 진영의 휴전으로 마무리되자 안정을 되찾은 히로히토는 자신이 좋아하는 생물학 연구에 열중했다. 1971년에는 황후와 함께 전후 처음으로 2차 세계대전의 적국이었던 영국과 네덜란드를 방문하기도 했다. 1978년 그는 야스쿠니 신사에 A급 전범들이 합사되자 강한 반감을 드러내며 정례적인 참배를 거부했다. 그런 형식적인 제스처에도 불구하고 과거에 감추어졌던 자료들이 대부분 공개된 오늘날 히로히토의 전쟁 책임은 더욱 무거워지고 있다.

화학전과 생물학전의 배후로 밝혀지다

일본은 1925년 6월 17일 제네바에서 채택된 '독가스 등의 금지에 관한 의정서'를 비준했다. 그런데 1932년 만주사변이 중일전쟁으로 확대되면서 천황이 화학무기를 사용하도록 수차례 허가한 사실이 밝혀졌다.

1937년 7월, 히로히토 천황의 재가를 바탕으로 간인노미야 고토히토閑院宮載仁(1865-1945) 참모총장은 화학무기 부대를 중국 상하이에 배치했고, 1938년 중반부터는 중국과 몽골의 주요 전투지역에서 독가스가 대규모로 살포되었다. 당시 독가스는 매우 민감한 사안이었으므로 철저한 지휘명령 계통을 밟아야만 사용이 가능했다. 일선의 지휘관들에게는 화학무기에 대한 재량권이 없었다. 반드시 천황이 재가하고 참모총장이 '대륙지大陸指'라는 명령을 대본영 육군부를 통해 현지 부대에 내려야 사용할 수 있었다.

대본영은 1938년 8월부터 10월까지 우한(武漢)을 공격하면서 376회에 걸쳐 독가스 사용을 허가했다. 또 1939년 3월에는 오카무라 야스지岡村寧次 중장에게 대량의 독가스 사용을 허가했다. 같은 해 4월 11일에는 대륙지 제110호에 의해 북중국방면군 및 내몽골 혼성여단에도 독가스 사용이 허가되었다. 특히 5월에 쉬저우(徐州)가 함락될 때까지 일본군은 전황을 호전시키기 위해 화학무기를 수시로 사용했다. 또

1939년 5월 15일에는 대륙명大陸命 제301호에 의해 만소滿蘇 국경지역에서 화학무기의 실험적 사용을 허가했고, 1940년 7월에는 참모총장이 요청한 남중국방면 사령관의 독가스 사용도 허가했다.

그러나 1년 후인 1941년 7월 일본 육군이 남부 프랑스령 인도차이나에 진주했을 때 스기야마 하지메 참모총장은 독가스 사용을 금지했다. 서구 국가에 독가스를 사용할 경우 일본이 동일한 보복공격을 받을 것을 우려했기 때문이었다. 일본이 태평양전쟁에서 연합국에 화학무기를 사용하지 않은 것도 같은 이유였다.

그는 독가스 같은 화학무기뿐만 아니라 생물, 세균무기의 사용에도 적극 개입했다. 1940년 중국에 대한 세균무기의 실험을 허가했고 실제로 일본군은 1942년까지 세균무기를 사용했음이 밝혀졌다. 당시 이시히 시로石井四郎(1892~1959)가 이끄는 관동군 731부대는 중국인과 조선인 등의 마루타(인체실험 대상자)로 잔혹한 생체실험까지 자행했다.

혹자들은 당시 히로히토 천황은 군부의 결정을 형식적으로 추인했을 뿐이라고 주장하지만 어처구니없는 변명에 불과하다. 그런 논리라면 2차 세계대전에 대한 히틀러나 무솔리니의 책임은 어디에도 없고, 청나라의 마지막 황제 부의나 대한제국의 고종황제나 순종황제 역시 망국에 아무런 책임이 없을 것이다.

그러나 전범을 단죄하는 도쿄재판에서는 일본군의 독가스 및 세균무기 개발과 사용 문제를 전혀 다루지 않았다. 만일 일본군의 독가스 문제가 거론되면 전무후무한 원자폭탄 투하 문제도 도마 위에 오를 것을 우려한 미국이 불문에 부쳤기 때문이었다. 게다가 미국은 731부대의 실험정보를 소련 측에 감추기 위해 고의적으로 재판에서 그 내용을 누락시켰다. 냉전 초기 소련을 견제할 수밖에 없었던 미국의 입장 때

문이라지만 그 와중에 최악의 전범 히로히토는 기소를 면하고 자유의
몸이 되었다.

인간은 사라져도 죄악은 남는다

전후 성립된 일본의 시데하라 기주로幣原喜重郎(1872~1951) 내각은 미국
정부의 의도에 따라 1945년 11월 5일 비밀리에 천황의 전쟁 책임에
대한 각의 결정을 내렸다. 그에 따르면 천황 히로히토는 대미교섭의
원만한 타결을 위해 끝까지 노력했을 뿐만 아니라 개전 결정 및 작전
계획을 수행하는 데 헌법 운용상의 관례에 따라 통수부 및 정부의 결
정을 재가하는 위치에 있었기 때문에 직접적인 전쟁 책임을 지지 않
는다는 것이었다. 미군 총사령관 맥아더 역시 1946년 1월 아이젠하워
미 육군참모총장에게 보낸 편지에서 그와 같은 히로히토의 면책을 지
지했다.

> 천황이 과거 10년간 일본 정부의 결정에 크게 관여한 증거는 없다. 만약
> 천황제를 파괴하면 일본도 붕괴할 것이다. 만일 일본에서 게릴라전이
> 벌어진다면 100만 명의 병력이 필요하다.

맥아더는 천황의 카리스마와 상징성을 이용해 일본 열도의 점령 정
책을 원활하게 수행하고자 했다. 천황의 상징적인 자리를 지키려 했
던 히로히토와 그의 권위를 이용해 일본을 반공의 보루로 삼고자 했
던 맥아더의 필요가 절묘하게 맞아떨어졌던 것이다.

히로히토에 대한 면책은 뜻있는 지식인들의 반발을 샀다. 1946년 12월 도쿄대학교 총장 난바라 시게루南原繁(1889~1974)와 헌법학자 사사키 소이치佐々木惣一는 의회에서 천황 퇴위론을 펼쳤다. 또 시인 미요시 다쓰지三好達治(1900~1964)는 국민의 도의를 퇴폐로부터 구하기 위해 최고책임자인 천황이 물러나는 게 바람직하다는 글을 발표했다. 한편 시데하라 내각의 문부대신이었던 철학자 아베 요시시게安部能成(1884~1966)는 '국민에게 복종의 의무를 지웠던 천황 스스로가 책임이 없다고 하면 이는 모순이다.'라고 주장했다. 도쿄재판의 결심 직전이던 1948년경에는 일본의 진보적 지식인들이 천황의 퇴위를 요구하기도 했다.

미국의 적극적인 비호로 히로히토는 전범의 멍에를 쓰지 않았지만 영·미 양국을 제외한 대부분의 연합국 참전 국가들은 엄중하게 그의 책임을 추궁했다. 특히 태평양전쟁 당시 최악의 피해국이었던 호주·뉴질랜드·중국이 가장 적극적으로 히로히토의 죄상을 물고 늘어졌다. 1971년 히로히토가 유럽 각국을 순방했을 때 현지 언론의 태도는 냉랭했다. 네덜란드를 방문했을 때는 거리 한복판에서 물벼락을 맞는 봉변을 당하기도 했다. 1975년 일본의 오키나와 주민들은 히로히토를 대신해 방문한 황태자 아키히토明仁(1933~)를 향해 화염병을 던지기도 했다.

그 후 히로히토는 현대적 입헌 군주로서의 임무를 수행했고, 그가 재위하는 동안 일본은 경제부흥에 성공하여 강대국으로 재도약했다. 때문에 그의 시대는 일본인에게 있어 전쟁과 광기로 얼룩진 전반기와 평화와 번영을 누린 후반기로 나누어 인식되고 있다.

히로히토는 로마가톨릭교회학교를 졸업한 평민 쇼다 미치코正田美

智子를 황태자 아키히토의 배우자로 받아들였고, 그 자신은 생물학자로서 식물 및 해양 생물의 연구에 힘을 쏟아《아마쿠사 제도의 히드로충류》,《나스의 식물》,《황거의 식물》등의 저서를 출간하기도 했다.

1989년 1월 7일 오전 6시 33분, 십이지장 종양을 앓던 히로히토 천황은 재위 62년 만에 87세를 일기로 사망했다. 그해 2월 24일 황태자 아키히토가 즉위하면서 일본의 연호는 헤이세이〔平成〕로 바뀌었다.

2001년 8월 15일자 아사히신문은 사설을 통해 '전후의 원점에 다시 선다면 어쨌든 피할 수 없는 것이 쇼와 천황의 전쟁 책임이다. …(중략)… 황군에 대한 모든 명령이 육·해군의 통수권자인 천황의 이름으로 내려졌다는 것을 생각하면 천황은 전쟁 책임을 면할 수 없다.'라며 여전히 해결되지 않은 히로히토의 책임 문제를 거론했다.

그들과 다른
일본인들

폭압적인 제국주의의 폭풍이 몰아치던 20세기 초, 야나기 무네요시는 민족과

국적의 구분을 뛰어넘어 문화적인 시선으로 조선 정신의 실체를 파악했던 희

귀한 일본인이었다. 그럼에도 그가 조선의 미를 애상이나 정한의 미로 규정한

것이 식민사관의 연장이며 3·1독립만세운동 이후 시행된 문화 통치의 일환이

었다는 비판적인 주장이 심심찮게 불거져 나오고 있다.

이것은 조선의 막사발이다

조선 문화의 아름다움에 심취했던 야나기 무네요시

일본은 제1차 세계대전 이후 대륙 병탄의 교두보로서 식민지 조선에
대한 무단통치를 강화했다. 하지만 미국 대통령 윌슨의 민족자결주의에
고무된 조선인은 조선의 자주독립을 염원하며 대대적인 3·1독립만
세운동을 감행했다. 당황한 조선총독부는 군대와 헌병, 경찰 등 가능
한 무력을 총동원하여 시위를 잔혹하게 진압했다. 그 과정에서 수많
은 살인과 인권유린이 자행되었다. 그로 인해 일본의 야만적인 본색
이 드러나자 세계 언론들은 일제히 일본 정부를 비난했고 조선인의
끈질긴 저항 의식에 찬사를 보냈다.

그 무렵 수원 제암리 교회의 학살사건을 전해 들은 일본의 저명한
민예학자 야나기 무네요시柳宗悅(1889~1961)는 1919년 5월 11일 발표
한 '조선을 생각한다.'란 글에서 총독부의 전횡을 정면으로 비판하면
서 군국주의로 이행하고 있던 일본의 정책까지 싸잡아 공격했다.

일본인이여, 칼로 일어난 자는 칼로써 망하는 법이다. 어서 군국주의를

야나기 무네요시. 제국주의의 광풍이 몰아치던 20세기 초, 민족과 국적의 구분을 넘어 문화적인 시선으로 조선정신의 실체를 파악하려한 희귀한 일본인. 조선의 미를 애상과 정한으로 규정한 그의 연구가 식민사관의 연장이며, 3·1독립만세운동 이후 시행된 문화 통치의 일환이라는 비판도 공존한다.

버려라. 자신의 자유를 존중한다면 남의 자유도 존중해야 한다. 만약 이 자명한 인륜을 짓밟는다면 세계는 일본의 적이 될 것이다. 그렇게 되면 멸망하는 것은 조선이 아니라 바로 일본이다.

그는 조선에 민족문화의 전통이 남아있는 한 거기에는 독자적인 생활이 있고, 그 생활이 이끄는 미의식이 있기에 독립성을 잃을 수 없는 것이라고 강조하면서, 미적으로 우월한 조선인을 일본인이 지배하는 것은 윤리적으로나 도덕적으로 맞지 않는다고 설파했다. 그러면서 야나기는 조선인에게 일본의 양심은 아직도 살아있다는 것을 믿어달라고 애원했다.

조선 사람들이여, 비록 내 나라의 모든 지식인들이 당신네를 욕하고 또 당신네를 괴롭히는 일이 있더라도 그들 가운데에는 이 글을 쓴 사람도 있다는 것을 알아주기 바란다. 일본이 올바른 인도를 걷고 있지 않다는 분명한 반성이 우리들 사이에 있다는 사실을 알아주기 바란다.

야나기 무네요시는 일본의 군국주의를 부정하고 조선의 막사발에서부터 민화와 석굴암, 광화문에 이르기까지 오랜 전통을 이어온 조선의 문화를 극찬했던 인물이다. 그는 조선 도자기의 아름다움과 그것을 만들어낸 도공의 심원한 경지에 큰 의미를 부여했고, 우아한 선과 정한이 어우러진 조선미를 세계적인 문화유산으로 규정하면서 일제의 병합으로 암흑기에 접어든 조선의 상황이야말로 세계 예술계의 커다란 손실이라고 안타까워했다.

조선 민족이 언젠가 독립을 얻어 자유의 마음이 회생되면 다시 한 번 동양예술에 빛이 돌아올 것이다.

운명의 연꽃 항아리

야나기 무네요시는 일본의 사상가이자 민예운동의 창시자, 미술평론가, 종교철학자이다. 그의 아버지 야나기 나라요시柳楢悅는 해군 소장으로 메이지 유신 때의 공적으로 일본 귀족원 의원을 지냈다. 1889년 2월 21일 도쿄에서 태어난 그는 1910년 가쿠슈인 고등과에 재학하면서 시가 나오야, 무샤노코지 사네아쓰 등과 함께 문예잡지 〈시라카바白樺〉를 창간했다. 1913년 도쿄제국대학 철학과를 졸업하고 유럽에 유학한 뒤 돌아와 1919년부터 도요 대학·메이지 대학·도시샤 대학 등지에서 종교철학을 강의했고, 동양미술국제연구회 상무이사를 역임했으며, 1929년부터 1930년까지 미국 하버드대학에서 동양미술을 강의한 일본의 대표적인 석학이다.

1914년 9월, 조선의 남산소학교에 근무하고 있던 조각가 아사카와 노리타카浅川伯教(1884~1964)는 야나기가 로댕의 작품을 소장하고 있다는 소문을 듣고 지바〔千葉〕 현 아비코〔安孫子〕에 있는 야나기의 집을 찾아갔다. 그때 야나기는 노리타카가 인사차 가져간 조선백자를 보는 순간 커다란 충격을 받았다. 그것은 청화백자추초무늬모따기항아리〔靑花秋草文面取壺〕로 조선백자의 단아함과 품격을 갖춘 명품이었다. 그때부터 조선의 도자기에 커다란 관심을 갖게 된 야나기는 1916년 8월, 처음으로 조선에 건너가 노리타카의 동생 아사카와 다쿠미를 만나 깊은 예술적 교감을 나누었다. 그는 당시 다쿠미가 내민 청화백자진사연꽃무늬항아리〔靑華辰沙蓮花紋壺〕를 보고 심혼을 빼앗겨버렸다. 그것은 45센티미가 넘는 당당한 체형에 연꽃이 그려져 있는 걸작 중에 걸작이었다.

그 청화백자가 야나기에게 《조선과 그 예술》을 쓰고, 조선민족미술관을 설립하게 만든 운명의 연꽃 항아리였다. 새삼 조선 도자기에 매료된 야나기는 곧 조선의 다양한 문화유산에 깊숙이 빠져들었고 정치적으로 조선을 비호하는 입장이 되었다. 훗날 조선의 미를 비애의 미에서 무작위의 미, 무기교의 미로까지 승화시키기까지 했던 야나기는 동양 3국의 도자기를 비교하면서 조선 예술의 아름다움은 지극히 자연스럽고 유려한 선線에 있다고 말했다.

조형의 3요소를 형·색·선이라고 할 때 중국 도자기는 형태에, 일본 도자기는 색채에, 조선 도자기는 선에서 그 특징을 찾을 수 있다. 중국 도자기는 형태의 완벽성과 위엄, 일본 도자기는 색채의 화사함과 장식성이 특징이라면 조선 도자기의 아름다움은 우리의 가슴을 저미게 하는 곡선에 있다.

그는 도자기 외에도 조선의 조형물, 가령 석굴암·첨성대·지붕처마 선·버선 등에서 곡선의 아름다움을 발견한 최초의 인물이었다. 그 후 조선의 도자기에 대하여 해박한 지식과 견문을 갖추게 된 야나기는 일본 국보로서 천하제일의 다완이며 불후의 명품으로 칭송받고 있는 기자에몬이도〔喜左衛門大井戸〕를 보자마자 단번에 그 정체를 폭로했다.

16세기 조선에서 만들어진 높이 8.8센티미터의 막사발. 임진왜란 때 일본으로 건너간 이 막사발이 기자에몬이도라는 이름을 얻고 일본에서 최고의 다완이며 불후의 명품으로 칭송됐다.

이것은 아주 평범한 물건으로 조선의 막사발이다. 그것도 가난뱅이가 예사로 사용하던 아주 볼품없는 막사발이고, 전형적인 잡기로 가장 값싼 물건이다.

기실 야나기가 기자에몬이도를 막사발이라고 밝힌 것은 그것을 폄하한 것이 아니라 평범한 도자기에서 미적 가치를 발견했던 일본인의 문화적인 수준에 대한 긍지를 표현한 것이었다. 그만큼 조선 막사발에 대한 야나기의 사랑은 지극했다.

세상에 간단하기도 한 찻종, 한국의 막사발이다. 흙은 뒷산에서 파오고 유약은 노로爐에서 퍼온 재(灰)다. 물레는 축軸이 흔들린다. 유약은 고대高臺에 쏟아지고 손에는 흙이 묻은 채다. …… 이것이 천하 명기의 정체다. 꾸밈없는 것, 솔직한 것, 뽐내지 않는 것. 그것이 어여쁘지 않고 무엇이 어여쁠까.

기자에몬이도는 1592년 임진왜란 때 일본군이 전리품으로 가져간 것이었다. 조선에 상륙한 일본군은 교두보를 확보하자마자 가장 먼저 김해 향교의 도자기 제기들을 모아 일본으로 보냈다. 그때 전리품을 받고 기뻐한 도요토미 히데요시와 그의 뒤를 이어 권좌에 오른 도쿠가와 이에야스는 이도다완(井戸茶碗)으로 알려진 조선의 막사발을 최고의 다기로 쳤다. 그와 같은 전통으로 조선의 막사발은 현재까지도 일본에서 보물 3점, 중요문화재로 20여 점이나 지정되어 있다.

조선의 친구에게 보내는 글

1916년 처음으로 조선을 방문한 야나기 무네요시는 부산에 도착하자마자 철화항아리를 구입했고, 서울에 도착한 뒤에는 아사카와 다쿠미와 함께 골동품상을 돌면서 조선의 전통미술에 흠뻑 빠져들었다. 그는 원래 미술전문가는 아니었지만 조선 백성들이 창조해낸 미술작품에 심취하면서 당대의 누구도 따를 수 없는 심미안을 갖추게 되었다. 특히 전통 도자기와 공예품에 주목했던 야나기는 조선의 이름 없는 장인들이 만들어 낸 도자와 민화*의 독특한 아름다움을 통틀어 '민예民藝'로 정의했다.

　그는 조선만이 가지고 있는 독특한 민예에 감동하면서 조선인은 자신들이 만들어낸 전통문화가 얼마나 소중하고 우수한 것인지 자각해야 한다고 목소리를 높였다. 그는 식민지 치하에서 많은 물건들이 일본풍으로 바뀌어가는 현실을 개탄하면서 조선인조차 자신들의 전통문화를 경시하는 풍조를 몹시 안타까워했다.

　3·1독립만세운동 1년 뒤인 1920년 성악가인 아내 가네코柳兼子와 두 번째로 조선을 방문한 야나기는 '조선의 친구에게 보내는 글'을 통해 핍박받고 있는 조선인에 대한 애정을 표시하고, 가해자인 조국 일본에 대해 깊은 실망감을 토로했다.

---

* 조선의 민화는 조선 후기부터 유행한 단순한 장식 그림으로 다남, 부귀공명, 길상 등의 의미를 담은 민중의 그림이다. 민화는 장식, 장소와 용도에 따라 종류를 달리하는데, 화조도·십장생도·산수도·문자도·책가도·풍속도·고사도·작호도鵲虎圖·어해도魚蟹圖·무속도 등이 있다. 이규경의 《오주연문장전상고伍洲衍文長箋散稿》에 따르면 민화는 세화歲畵에 바탕을 둔 '속화俗畵'로서 여염집의 병풍, 족자 또는 벽에 붙여졌다고 한다. 대부분 무명화가나 떠돌이 화가들에 의해서 그려졌으며, 서민들의 생활 양식이라든지 관습 등에 맞춰 진화했기 때문에 창의성보다는 형식미가 짙게 깔려 있다.

조선은 지금 외로운 고통을 겪고 있다. 태극의 깃발은 높이 펄럭이지 못하고, 봄이 와도 이화는 영원히 그 꽃봉오리를 닫은 듯하다. 고유의 문화는 날로 멀리, 태어난 고향을 떠나 사라져간다. 많은 탁월한 문명의 사적은 단지 과거의 책에서만 볼 수 있다. 지나는 사람들은 고개를 숙이고 고통과 원한이 눈가에 드리워져 있다. 말하는 목소리조차 지금은 그 소리도 희미하고 백성은 햇빛을 두려워하며 어두운 그늘로 모이는 듯하다. 어떠한 정세가 여러분을 이렇게 만든 것인가. 나는 여러분의 몸과 마음이 얼마나 어두운 그늘로 가려져 있는가를 보게 된다. 여러분은 필시 피의 눈물을 흘리고 있을 것이다.

일본에서 태어난 한 사람으로서 나는 그 죄를 여러분에게 사죄하고 싶다. 나는 은밀히 신에게 그 죄의 사함을 구걸하지 않을 수 없다. 일본이 신의 나라에서 죄 많은 자로 간주되는 것은 나도 참을 수 없다. 나는 일본의 명예를 위해서라도 나의 조국을 신앙으로 정화하고 싶다. 나는 목격자가 아니라고 하지만 여러 참혹한 일이 여러분에게 일어난 것을 들을 때 내 마음은 고통스럽다. 그것을 침묵으로 견뎌야만 하는 여러분의 운명에 대하여 나는 말을 잃는다.

여러분은 인간으로서의 일본인을 받아주시라. 나의 정당한 관찰에 의하면 개인으로서 조선인에게 미움의 마음을 가진 사람은 거의 없다. 아니 우리는 예술을 통해 언제나 조선이 탁월한 국민이었던 것을 기억하고 있다. 과거 러시아와 전쟁을 하던 때에도 우리는 러시아의 위대한 사상과 문학을 깊이 공부했다. 두 나라가 분열되는 것은 개인과 개인의 증오에 의한 것이 아니다. 나는 정에서 우리 동포가 이웃 친구를 잊지 않고 있다는 것을 믿는다. 적어도 미래의 일본을 만들어가는 사람들은 결코 이를 멀리하고 정에 차갑지 않을 것이다.

여러분과 우리는 역사적으로도, 지리적으로도, 또는 인종적으로도, 언어적으로도 실로 육신의 형제이다. 나는 지금의 상태를 자연스런 것으로 생각하지 않는다. 또 이 불행한 관계가 영속되어야 한다고도 생각하지 않는다. 부자연스러운 것이 도태된다는 것은 이 세상의 흔들리지 않는 이치이다. 나는 지금 두 나라에 있는 부자연스러운 관계가 바로잡아질 날이 올 것을 진실로 바란다. 진정 일본에게 형제인 조선은 일본의 노예가 되어서는 안 된다. 그것은 조선의 불명예인 것보다도 일본에게 더할 수 없는 치욕이다.

나는 학대받는 사람들보다 학대하는 사람들 편이 더 죽음의 끝에 가깝다고 생각한다. 전자에 대해서는 인간의 편이 일어날 것이나 후자에게는 반드시 자연의 형벌이 가해질 것이다. 칼로 일어난 자는 칼로 망할 것이라 예수는 말했다. 이 세상에 영원한 악의 번영은 없는 것이다.

많은 외국의 선교사들은 스스로를 탁월한 민족이라는 망상을 가지고 있다. 그와 같은 추함이 우수하다고 믿는 우리의 태도에도 있는 것을 나는 느낀다. 그러나 존경과 겸양의 덕이 없는 것에 어찌 우정이 유지될 수 있겠는가. 진실한 사랑을 나눌 수 있겠는가. 나는 일본에 대한 조선의 반감은 극히 자연스런 결과라고 생각한다. 일본이 스스로 초래한 소란에 대하여는 일본 스스로가 책임을 져야 한다.

석굴암의 진정한 미를 발견하다

야나기 무네요시는 현재 유네스코 세계문화유산으로 등록된 석굴암의 가치를 최초로 높이 평가한 인물이었다. 그는 1919년 6월 〈예술〉에 '석불사의 조각에 대하여'라는 장문의 논문을 발표했다.

그는 석굴의 여러 조상彫像을 바라보면서 굴 밖의 수호신상에서 굴 안의 불보살상으로 들어가면서 힘의 세계에서 내면적 성찰의 세계로 바뀐다는 탁견을 내놓았다. 그는 또 미켈란젤로가 시스티나 성당벽화를 5년 동안 그리면서 최초로 그린 '노아의 방주'에서 최후에 그린 '천지창조' 사이에 보여준 미묘한 차이처럼 석굴암에서도 점차 진보된 발전의 자취를 발견해냈다. 그는 조상의 시선 처리에서 일어나는 기이한 심리적 변화까지 놓치지 않는 등 탁월한 분석력을 발휘했다.

1917년 9월 석굴암을 찾은 야나기 무네요시. 그는 석굴암의 가치를 최초로 밝혀낸 연구자다. 석굴암의 진정한 아름다움을 발견해내고 '석굴학'이라는 학문 영역을 만들었다.

이 논문에서 야나기는 석불사라 불렸던 굴원의 구조와 본존불상으로 한 각종 조상의 배치에서 발휘된 정연한 균제성 등 전체적 구성에 대한 설명과 함께, 그 안에 녹아있는 신앙심의 표현이야말로 조선의 마음을 통해서만 존재할 수 있는 아름다움이라는 것을 유려한 문장으로 기술했다.

나는 이제 나머지 하나 이 굴원의 중앙을 차지하고 있는 불타의 좌상에 대해서 이야기할 차례가 되었다. 그러나 누가 능히 이 조각에 나타난 그의 뜻을 이야기할 수 있겠는가? 이야기할 수 없는 사실에 바로 이 조상의 미가 있으니 말이다. 우리는 여기에서 아무런 착잡한 수법도 볼 수 없다. 그것은 덮은 옷의 선도 가까스로 셀 수 있을 따름이다.

좌선하는 그의 가슴은 단정하고, 얼굴은 앞을 향해 있으며, 한 손은 꺾어서 가슴 아래에 놓고, 다른 손은 그저 드리워 앞에 있을 뿐, 이것이 작가가 준 외형이다. 그는 아무런 과장도 복잡성도 지니지 않았다. 그러나 실로 아무 것도 없는 지순의 그 속에서 작가는 불타로서의 지고의 위엄을 정확히 포착했고, 그것을 정확히 표현할 수 있었다. 모든 의미는 그 단정한 얼굴에 집중되어 있다.

그는 조용히 입을 다물었고, 감은 눈은 쉬는 듯하다. 그는 그윽하고 고요한 이 굴원 속에 앉아서 참으로 깊은 선의 세계에 잠겨있다. 모든 것을 말하는 침묵의 순간이다. 모든 것이 움직이는 정사靜思의 찰나이다. 모든 것을 품에 안은 무의 경지이다. 그 어떤 진실, 그 어떤 미가 이 찰나를 초월할 것인가. 그의 얼굴은 이상한 아름다움과 깊이로써 빛나지 않는가.

그 동안 나는 많은 불타의 좌상을 보아왔다. 그러나 이것이야말로 영원의 신비를 품은 유일한 작품이다. 나는 이 좌상을 통해 지난날 조선의 불교가 위대했음을 알게 되었다. 이와 같은 작품은 종교도 예술도 아니다. 다만 우리는 미에서 참을 보고 참에서 미를 즐길 뿐이다.

야나기는 이어서 신라의 장인이 이 작품을 만들면서 어떻게 자연과의 조화를 생각했고, 어떻게 균제의 미를 준비했으며, 어떻게 낱낱의 것들을 하나의 종합으로 이끌었고, 어떻게 미 가운데 종교를 살리고 있는가에 대하여 설명해 나갔다.

사상가 박종홍은 1922년 4월부터 12회에 걸쳐 〈개벽〉에 '조선미술사'를 연재하다가 삼국시대까지 서술하고 붓을 꺾었다. 훗날 그는 〈새날의 지성〉에 실린 '독서회상'이란 글에서 연재 중단 이유가 야나기의 석굴암에 대한 글이 실린 《조선과 그의 미술》이라는 책을 읽고 나서 충격을 받은 탓이었다고 고백했다.

실로 야나기가 완성한 조선 미술 비평의 경지를 뛰어넘는 것은 박종홍뿐만 아니라 한국 미술사가 모두의 과제이기도 하다. 그 동안 석굴암의 이력이나 불교적 해설은 많이 나왔지만 그 예술성과 미학적 서술에 있어서는 야나기를 극복하지 못하고 있다. 석굴암이 세계문화유산으로 등재된 이면에는 석굴암의 진정한 아름다움을 발견하고 '석굴학'이라는 독립된 학문영역까지 개척했던 야나기 무네요시의 노력이 있었다.

광화문이여, 광화문이여

자연에 피가 흐른다면 서울의 도성에 그 피를 수혈하고 있는 것은 경복궁이다.

구한말 조선 전역을 여행했던 영국의 지리학자 이사벨라 비숍의 말이다. 조선의 건국과 함께 창건된 경복궁은 명실상부한 조선의 법궁이다. 본래 경복궁은 임진왜란 때 일본군의 방화로 소실되었다가 고종 때 흥선대원군의 단안으로 중건되어 조선의 상징적인 궁궐로 자리잡았다. 야나기는 경복궁에 대하여 "엄청난 규모인데도 초석 하나 놓는 데 몇 번이고 자연을 뒤돌아보며 그곳 아니면 한 치 밖도 안 되는 혈穴을 찾아 지은 경복궁이다."라며 감탄을 아끼지 않았다. 그러나 경

1920년 이전의 광화문 모습. 야나기 무네요시는 일제의 만행으로 조선의 예술이 담긴 건축물이 하나둘씩 사라져가는 것을 애통해했다. 사라져버릴 광화문을 이전, 복원한 것은 그의 공이다.

복궁은 조선 병합 이후 또 다시 시련을 겪어야 했다. 1917년 창덕궁의 강령전이 불타자 일제는 경복궁의 교태전을 뜯어 창덕궁에 옮겨지었고, 그 밖에 많은 건물들을 해체하는 데 서슴지 않았다.

일제는 경복궁 안에 서양건축기법을 이용한 거대한 총독부 청사를 지어 조선 백성들의 황실에 대한 숭앙의 시선을 위압적인 높이로 차단해 버렸다. 이어서 교통문제를 빌미로 광화문까지 파괴하려 했다. 중국의 상징은 베이징에 있는 쯔진청〔紫禁城〕의 정문인 톈안먼〔天安門〕이고, 일본의 상징이 황궁 입구에 있는 니주우바시〔二重橋〕라면 조선의 상징은 경복궁의 정문인 광화문光化門이다. 더불어 그것들은 인류가 보호해야 할 소중한 문화유산이다.

그런 관점에서 야나기 무네요시는 일제의 야만적인 문화재 파괴행위를 맹렬히 비난했다. 그는 1922년 9월 〈가이조改造〉에 '장차 잃게 될 조선 건축을 위하여'라는 제목의 사설을 기고함으로써 일본의 지식인들을 격동시켰다. 이 사설은 막 창간된 동아일보에 '아 광화문'이란 제목으로 번역되어 조선인의 심금을 울렸다.

광화문이여! 광화문이여! 너의 목숨이 조석朝夕에 절박하였다. 네가 이 세상에 있다는 기억이 냉랭한 망각 가운데 장사葬事되어 버리려 한다.

동아일보는 이글을 닷새에 걸쳐 연재했다. 4회(1922년 8월 27일)에는 이미 파괴되어 보이지 않는 돈의문과 소의문, 부분 파괴가 진행된 혜화문이나 숭례문 등 아름다운 조선의 도성이 조각나는 현실을 비감한 모습으로 그렸다.

아! 광화문이여, 너는 얼마나 적막히 생각하는가? 너의 많은 여러 벗들은 이미 너보다 먼저 죽어버렸다. 도성都城의 서방西方을 장식하고 있던 돈의문과 소의문의 양문은 벌써 시민의 눈에서 자취를 잃어버린 지가 오래였다. 선년先年에 내가 혜화문을 방문하였을 때 그 문은 보호자가 없는 까닭에 그 가련한 모양은 풍우에 쓰러져버릴 듯이 보였다. 너의 존귀한 숭례문은 성벽에서 고립이 되었으며 보잘것없는 철갑鐵匣으로 겨우 몸을 보존하고 있다.

그러면서 야나기는 조선을 상징하는 광화문의 의미를 새삼 강조하면서 일제의 전통문화에 대한 무지와 횡포를 강력하게 성토했다.

아! 광화문이여, 광화문이여, 웅대하도다. 너의 자태 지금으로부터 50여 년 전 옛적에 너의 왕국 중에 강력한 섭정 대원군이 그의 주저치 아니하는 강한 의지에 의하여 왕궁을 잘 지키라는 의미로 남면南面한 훌륭한 장소에 굳은 기초를 정한 것이다. 이곳으로부터 조선이 존재한다는 거룩한 사명을 다하고 있는 여러 많은 건축이 전면좌우前面左右에 연락連落하여 있으며 광대한 도성의 대로를 직선으로 하여 한성을 지키는 숭례문과 서로 호응하여 있으며 그리고 북에는 남산의 요위澆圍가 있어서 이 황문皇門은 과연 위엄 있는 위치를 태연히 점령하였다.

이런 야나기의 공세로 국내외 여론이 나빠지자 총독부는 광화문을 다른 곳으로 이전, 복원하기로 결정했다. 그로 인해 광화문은 완전 소멸의 위기에서 벗어났던 것이다. 그러나 광화문의 시련은 아직 끝나지 않았다. 해방 이후 정부가 광화문을 복원하면서 제자리에서 14.5미터

나 물려서 짓고 방향도 동쪽으로 5.6도나 비틀어졌다. 그나마도 석재나 목재가 아니라 콘크리트로 외모만 비슷하게 꾸며놓았다. 그도 모자라 한국전쟁 때에는 포탄을 맞아 파괴되기까지 했다. 최근 들어 광화문은 제 자리를 되찾았지만 박정희 전 대통령이 쓴 한글 현판 처리 문제와 여러 가지 고증 문제 등으로 인해 몸살을 앓고 있다.

조선 사람보다 더 조선을 사랑하다

1921년 야나기는 조선민족미술관을 설립하기로 결심하고, 이듬해 1월호 〈시라카바〉에 그 구상을 발표하여 각계각층에 협력을 요청했다. 그와 함께 야나기는 아사카와 형제와 더불어 조선의 도자기와 목공예품 수집에 몰두했다. 1922년 5월에는 《조선의 미술》을 발간해 고구려 고분 벽화나 후류지의 백제관음 등의 도판을 첨가하여 민족예술로서의 특징과 가치를 설명했고, 10월에는 경성에서 '조선도자기전람회'를 열었다.

1924년 4월 그는 아사카와 다쿠미와 함께 총독부로부터 빌린 경복궁 집경당 안에 조선민족미술관을 개관했다. 그것이 현재 국립중앙박물관의 전신이다. 당시 야나기는 '조선민족미술관 설립에 관하여'란 글에서 '조선민족미술관 건립으로 싸움터인 경성에 하나의 새로운 평화의 집을 세울 수 있다고 믿는다. 아름다움에 마음을 빼앗길 때 어디서 싸울 생각이 나겠는가.'라고 주장하며 미술을 통한 조선과 일본 간의 평화공존을 염원했다.

1923년부터 야나기는 부인 가네코와 함께 간토대지진에서 피해를 입은 조선인을 돕기 위한 자선음악회를 준비했다. 가네코는 독일 유학 출신으로 일본 최초의 엘리트 성악가였다. 첫 번째 자선음악회는 1923년 11월에 예정되었지만 가네코의 병으로 연기했다가 1924년 4월 3일 서울의 기독교청년회관에서 열렸다. 당시 음악회의 총책임자는 시인 남궁벽南宮璧이었고, 동아일보 기자인 염상섭廉想涉이 개회사를 했으며, 가네코의 남편 야나기 무네요시가 염상섭의 통역으로 청중에게 인사를 했다. 자선음악회는 그 후에도 계속되어 태평양전쟁 발발 전까지 20회 이상 열렸다.

1961년, 72세로 생을 마치는 날까지 그는 조선과 일본 각지의 공예 조사, 수집 여행, 전람회, 집필 활동을 전개했다. 평생 '조선 사람보다 더 조선을 사랑했다'는 수식어를 달고 살았던 야나기 무네요시에게 1984년 대한민국 정부는 보관문화훈장을 수여했다.

한국 최고의 시인 정지용을 가르치다

최근 일본학자 사나다 히로코眞田博子는 박사 논문에서 한국 최고의 시인으로 추앙받는 정지용이 야나기 무네요시의 제자임을 밝혀냈다. 정지용이 1924년부터 29년까지 교토 도시샤[東志社] 대학에 유학했을 때 휘트먼과 윌리엄 블레이크 연구의 권위자였던 야나기 무네요시가 같은 학교에서 영문학을 강의한 기록이 발굴된 것이다. 당시 정지용의 졸업논문은 야나기가 전공했던 윌리엄 블레이크였다. 정지용은 블레이크 시 5편과 휘트먼의 시 12편을 한국어로 번역하기도 했다.

도시샤 대학 재학 중에 정지용은 일본의 대표적인 서정시인인 기타하라 하쿠슈北原白秋의 시 세계에 깊이 빠져들면서 '압천'·'향수'· 'Dahlia'·'바다'·'말'·'카페 프란스' 등의 걸작 20여 편을 창작했다. 그런데 초기에 모더니즘 계열의 시를 썼던 그가 상고주의, 정신주의의 전통으로 회귀하고 산수시, 자연시를 썼을 뿐 아니라 다수의 시론을 발표한 것은 야나기 무네요시의 미학이론에 영향 받았을 가능성도 크다는 것이 사나다 히로코의 분석이다. 그 동안 두 사람의 사제 관계가 드러나지 않았던 것은 정지용의 유학 기간 동안 야나기가 정식 교수가 아닌 강사 신분이었기 때문이다.

한국어의 독특한 어감을 유연하게 구사함으로써 가장 한국적인 시인이라는 평가를 받았던 정지용은 평생 140여 편의 주옥같은 작품을 남겼다. 그는 또 1930년대 말부터 〈문장〉의 편집인으로 활동하면서 청록파를 등단시킴으로써 한국 현대시의 아버지라는 평가를 받았다. 그러나 한국전쟁 당시 행방불명된 그를 정부는 월북자로 규정하고 문학교과서나 문예지에 정××, 정○○ 등으로 이름조차 제대로 쓰지 못하게 했으며 그의 시를 금기시했다. 제국주의 정권이든 독재정권이든 간에 문학과 예술에 무지하기는 마찬가지였다.

그의 조선 사랑은 가짜였을까?

일본 고우가쿠신문〔向學新聞〕은 야나기 무네요시에 대해 '조선의 독립을 동정하면 매국노로 매도되던 제국주의 시대에, 점령국가의 국민으로 식민지 민족의 아픔을 이해하려 했던 몇 안 되는 일본인'이라고 평가했다.

폭압적인 제국주의의 폭풍이 몰아치고 있던 20세기 초, 그는 민족과 국적의 구분을 뛰어넘어 문화적인 시선으로 조선 정신의 실체를 파악했던 희귀한 일본인이었다. 그럼에도 그가 조선의 미를 애상이나 정한의 미로 규정한 것이 식민사관의 연장이며 3·1독립만세운동 이후 시행된 문화 통치의 일환이었다는 비판적인 주장이 심심찮게 불거져 나오고 있다. 그의 영향으로 조선인이 고통과 한에 익숙한 민족이라는 자학사관에 빠져들었다는 것이다.

1970년대 초, 시인 최하림崔夏林(1939~2010)은 야나기 무네요시의 역사관이야말로 조선인을 패배감으로 몰아넣으려는 술책과 한국사를 사대주의와 의존적인 역사로 호도하려는 일본 제국주의의 정책이 교묘히 버무려진 사고방식이라고 비판하고 한국인은 그의 미학적 결론을 모두 버려야만 식민사관을 떨쳐낼 수 있을 것이라고 주장했다. 또 최근 국내에서《사회를 바꾸려면》을 번역 출간해 좋은 반응을 얻은 일본 게이오대학 역사사회학과 오구마 에이지小熊英二 교수는 야나기가 조선예술을 집중 거론한 것은 일제의 조선 지배를 정당화하고 재구성하기 위한 일본적 오리엔탈리즘이라고 단정하고 있다. 한편, 고도자기 연구가 이데가와 나오키出川直樹의 주장은 충격적이다.

야나기가 식민통치 아래 신음하는 조선 민족의 현실을 제대로 보지 않고, 관념적이고 정서적 세계인 예술의 중요성만을 강조한 것은, '비극의 민족'의 관심을 예술로 돌려 현실 타파를 단념시키기 위한 허구이자 기만이며, 조선예술을 비애미로 해석한 것도 그 때문이다.

비판자들은 야나기가 3·1독립만세운동을 계기로 부임해온 사이토

총독의 문화통치에 일조한 제국주의의 공범이라고 공격하고 있다. 그가 조선의 3·1독립만세운동 이후 1919년 5월 20일부터 24일까지 5회에 걸쳐 요미우리신문에 연재했던 '조선인을 생각하다.'를 분석해 보면 야나기는 일선동화日鮮同化 정책을 비판하고 있는 듯이 보이지만 실제로는 총독부 무단통치의 폐단을 지적하고 있을 뿐 조선의 독립을 촉구하는 내용이 들어있지 않다. 조선인의 '반항'이 현명하거나 칭찬할 태도가 아니라며 독립운동에 대한 반대의 뜻을 분명히 했으며, 반대로 식민지 관료들에게 '정과 종교, 예술'로 식민지 백성을 다스려야 평화를 되찾을 수 있다고 훈수했다는 것이다.

또 그가 쓴 '조선의 친구에게 드리는 글'에서도 '우리가 총칼로 당신들을 해치게 하는 것이 죄악이듯이, 당신들도 유혈의 길을 택해 혁명을 일으켜서는 안 된다.'고 강조하고, '조선 사람들이여, 무익하게 독립을 갈망하기 전에 위대한 과학자를 내고 위대한 예술가를 배출하라. 될 수 있는 한 불평의 시간을 줄이고 면학의 시간을 많이 가져라.'라고 회유하고 있으며, '정애情愛를 통해 하나의 나라로 굳게 맺어지면, 그것은 곧 미래 동양문화의 새 틀을 만드는 아름답고 커다란 동인이 되리라 확신한다.'라는 식으로 일본의 조선 점유를 기정사실화했다는 것이다.

야나기 무네요시, 그는 과연 순수한 학자적인 양심으로 조선의 전통문화를 연구했고, 조선인에게 일본인의 죄악을 사죄하며 미래의 동반자가 되자고 부르짖었던 양심적 지식인이었을까. 아니면 양의 얼굴을 한 늑대의 심장으로 순진한 조선인을 속여 넘긴 제국주의자의 하수인이었을까.

나는 나의 길을 걷는다

목숨을 걸고 조선인을 사랑한 아나키스트, 가네코 후미코

1926년 2월 27일 조선의 독립투사이자 아나키스트였던 박열朴烈 (1902~1974)과 함께 일본 형법 제73조 대역죄 및 폭발물단속벌칙 위반 혐의로 재판정에 선 가네코 후미코金子文子(1903~1926)가 낭랑한 목소리로 '26일 밤'이라는 제목의 수기를 낭독했다.

나는 박열을 알고 있다. 박열을 사랑하고 있다. 그가 갖고 있는 모든 과실과 모든 결점을 넘어 나는 그를 사랑한다. 때문에 그가 나에게 저지른 모든 과오를 무조건 받아들인다. 박열의 동료들에게 말한다. 이 사건이 우습게 보인다면 우리 두 사람을 비웃어도 좋다. 그렇지만 이것은 두 사람의 일이다. 재판관에게도 말한다. 부디 우리를 함께 단두대에 세워 달라. 박열과 함께 죽는다면 나는 만족스러울 것이다. 그리고 박열에게 말한다. 설령 재판관들이 우리 두 사람을 갈라놓는다 해도 나는 당신을 결코 혼자 죽게 하지는 않겠다.

그녀는 박열의 연인이었지만, 모국인 일본의 천황제에 회의를 품고

가네코 후미코. 아름다운 조선의 자연과 조선인의 따뜻한 인심에 감동하여 일본의 가족들에게 핍박 받은 자신과 일제에 핍박 받는 조선인을 동일시했다. 식민지 조선을 사랑한 일본인 아나키스트 가네코는 조선인 아나키스트 박열을 만나 짧고 굵은 사랑을 했다.

강렬하게 저항했던 한 명의 아나키스트였다. 그 무렵 일본의 위정자들은 자신들의 폭력성을 은폐하고 내부의 결속을 다지기 위해 사회주의자와 아나키스트들을 교묘히 이용했다. 박열과 가네코 후미코 사건역시 간토대지진 당시 자행된 조선인 학살 문제를 무마하기 위해 만들어낸 모략극이었다.

일제의 간계에 맞서 두 사람은 법정에서 일본의 근대를 형성하고 지탱해온 천황제를 정면으로 부정함으로써 일본 사회에 뜨거운 논쟁을 불러일으켰다. 특히 일본 여인 가네코 후미코는 법정에서 공개적으로 조선인 박열에 대하여 뜨거운 사랑을 드러냈고, 사형 판결 후 천황에 의해 감형되자 자신의 소신을 지키기 위해 자결함으로써 누구에게도 속박되지 않는 인간의 자유의지를 생생히 보여주었다.

버림받은 소녀, 조선에 오다

가네코 후미코는 1903년 1월 25일 일본의 요코하마 시에서 태어났다. 아버지는 야마나시 현의 텅스텐 광산 노무자였던 사쿠노 분이치, 어머니는 가네코 기쿠노이다. 두 사람은 요코하마에서 동거하며 가네코를 낳았지만 아버지가 호적에 올리지 않는 바람에 무적자로 컸다. 게다가 방탕했던 분이치는 아내를 폭행하고 처제와 간통하기까지 했다. 기쿠노는 남편의 학대와 방종을 견디지 못하고 어린 딸과 함께 가출하여 여러 남자를 거치며 하루하루 연명했다.

일곱 살이 되어서도 무적자라는 이유로 소학교에 입학하지 못한 가네코는 빈민굴의 사설학원에 다니다가 기쿠노가 대장장이 나카무라와 동거하면서 간신히 소학교에 입학했다. 하지만 1학년 종업식 날 선생님은 다른 아이들에게 빳빳하고 튼튼한 사각종이에 활자로 인쇄한 수업증서를 주었지만 가네코에게는 싸구려 종이에 붓으로 쓴 증서를 내밀었다. 가네코는 그 일로 커다란 마음의 상처를 입었다. 여덟 살 때 어머니가 잡화상의 후처로 들어가면서 가네코를 친정에 맡겼고, 아버지에 이어 어머니까지 자신을 버렸다고 생각한 가네코는 자신의 운명을 저주했다.

1912년, 가을 조선의 충청북도 청주에 살던 친할머니가 일본에 왔다. 가네코를 함께 살고 있는 딸 부부의 양녀로 데려가기 위해서였다. 외조부 가네코 도미타로는 외손녀를 무적자로 타국 땅에 보낼 수 없다면서 가네코를 자신의 다섯 번째 딸로 호적에 올려주었다. 그리하여 그녀는 가네코란 성을 갖게 되었다.

할머니를 따라 낯선 조선의 지방도시에 살게 된 가네코는 고모부

이와시타 게이자부로 집에 살면서 부강심상소학교에 다녔다. 그런데 할머니와 고모 부부는 그녀가 가난한 집안 아이들과 어울리는 것을 싫어했다. 고모는 그녀가 이발소 집 딸 오마키와 함께 하교했다는 이유로 발로 차고 주먹으로 때렸으며, 할머니는 그녀를 걷어찬 뒤 창고에 가두기도 했다. 열두 살 무렵부터 가네코는 그 집에서 거의 하녀 같은 취급을 받았다. 분개한 가네코는 자살을 결심하기도 했지만 언젠가는 복수하고야 말겠다고 다짐하며 마음을 단단히 고쳐먹었다.

> 조선의 고모 밑에서 살던 때 생각하니
> 문득 솟아나는 명성에 대한 동경.
> 이것 보라 말하고 싶은 간절한 마음에
> 유명한 여자가 되겠노라 다짐하네.[*]

그 무렵 가네코는 아름다운 조선의 자연과 조선인의 따뜻한 인심에 감동하며 일본인에게 핍박받는 조선인과 자신을 동일시하게 되었다. 그녀는 훗날 박열과 동지 구리하라 가즈오 등을 만났을 때, 조선에서의 비참한 생활을 떠올리며 눈물을 흘리기도 했다. 그때부터 그녀와 조선인은 하나였다.

1919년 3월, 조선에서 독립만세운동의 열풍이 번지면서 그녀가 사는 부강에도 만세 소리가 사방에서 울려 퍼졌다. 한밤중에는 높은 산등성이에 횃불이 길게 늘어서기도 했다. 사나운 관헌의 총칼에 찔리거나 감옥에서 분사하고 총탄에 쓰러지면서도 조선인의 저항은 쉬 진정

---

[*] 1925년 7월 15일에 가네코 후미코가 지은 단카의 일절이다.

될 기미를 보이지 않았다. 그와 같은 조선인의 의기에 어린 가네코는 크게 감동했다. 그들의 피와 눈물은 가네코 자신의 바로 그것이었다.

1919년 4월, 가네코는 정들었던 부강을 떠나 7년 만에 일본으로 돌아왔다. 그녀는 도쿄에서 여학교 졸업검정시험을 치른 뒤 의과대학에 진학할 계획을 세웠지만 돈에 눈이 먼 아버지가 돈 많은 승려인 가네코의 외삼촌 모토에이에게 시집보내려고 하는 등 원치 않는 상황이 연이어 발생하자 고학을 결심하고 집을 떠나 도쿄로 갔다.

박열과의 만남

그 무렵 도쿄에는 수많은 조선인 학생이 있었다. 그들은 인력거꾼·신문 배달·우유 배달·인쇄소 교정원·공장 직공 등의 갖가지 아르바이트를 하며 힘든 유학생활을 견뎌 나갔다. 1920년 11월, 조선인 고학생과 노동자들은 상호부조를 목적으로 '고학생동우회'를 창립했다. 간부는 박열·김약수·백무·최갑춘·황석우·임택룡 등으로 회원 수는 200명이 넘었다. 그해 12월 9일에는 또 공산주의자와 아나키스트를 망라한 일본사회주의 동맹이 결성되었는데 조선인도 많이 가담했다. 이듬해인 1921년 11월 29일에는 박열과 원종린·황석우·백무·손봉원·정태성 등 조선인 공산주의자와 아나키스트들이 '흑도회'를 결성했다.

그때 도쿄에 도착한 가네코는 신문판매점에 취직하여 오전에는 세이소쿠영어학원, 오후에는 연수학관을 다니며 이를 악물고 공부에 매달렸다. 그러던 어느 날 가네코는 사회주의자 히라사와 다케노스케를 비롯해 전투적 아나키스트 다카오 헤이베에 등과 교류했다.

1921년 그녀는 하라사와 다케노스케의 소개로 조선인 원종린을 알게 되었고, 그를 통해 공산주의자 정우영·김약수·정태성 등을 만났다.

그녀는 슈티르너, 알티바셰프, 니체 등에 심취했고, 또 사카이 도시히코의 저서와 사회주의 잡지를 읽었다. 특히 크로포트킨의 《청년에게 고함》이란 책에 깊은 감명을 받았다. 1922년 2월, 정우영이 가네코에게 〈청년조선〉의 교정쇄를 보여주었는데, 그 잡지에 박열의 '개새끼'란 시가 실려 있었다.

개새끼

나는 개새끼로소이다

하늘을 보고 짖는
달을 보고 짖는

보잘것없는 나는
개새끼로소이다

높은 양반의 가랑이에서
뜨거운 것이 쏟아져
내가 목욕을 할 때

나도 그의 다리에다

뜨거운 줄기를 뿜어대는

나는 개새끼로소이다

식민지 백성의 참담함을 표현한 이 시의 한 구절 한 구절이 그녀의
심장을 고동치게 했다. 핍박받아온 그녀의 삶과 다르지 않았다. 그 감
동의 여운이 채 가시기 전에 가네코는 정우영의 하숙집에서 박열과
만났다.

내가 찾고 있던 것, 내가 준비해온 일, 그것은 분명히 그의 내면에 있다. 그
야말로 내가 찾고 있던 사람이다. 그야말로 내가 할 일을 알고 있다.

박열. 경성고보 재학 중 3·1독립만세운동에 가담한 혐의로 퇴학당하고, 도쿄로 건너가 아나
키스트 모임인 흑도회에서 활동하다가 간토대지진시 투옥됐다. 한국전쟁 때 납북되었는데
사진은 1968년 경 대동강변에서 찍은 것으로 알려졌다.

그로부터 한 달 뒤인 3월 초 가네코 후미코는 박열에게 사랑을 고백했는데 박열 역시 가슴이 두근거리던 차였다. 당시 박열은 3·1운동 이후 잔학한 총독부의 탄압을 피해 일본으로 건너간 뒤 반일 민족주의와 범汎사회주의 사상에 경도되어 있었다. 하지만 혁명 이후 러시아의 상황을 보면서 소수 권력자가 국가사회를 강제하는 상황에 실망하고 무정부주의에 빠졌다.

당시 일본의 사회운동가끼리의 배신과 변절에 염증을 느낀 박열은 '강자와 약자의 투쟁, 약육강식 관계가 우주의 대원칙'이라는 전제 하에 '모든 사물에 반역 복수함으로써 만물을 멸하는 것이 위대한 자연에 대한 합리적 행위'라는 결론에 도달했다. 거기에는 약자인 조선을 학대하는 일본 제국주의 타도도 포함되어 있었다. 가네코는 철저한 투쟁 자세로 기성의 가치관에 저항하는 박열에게 깊은 신뢰와 사랑을 느꼈다.

요시찰 조선인 갑호

가네코는 박열과 평등한 인간으로서 교감을 느꼈다. 그녀가 옥중에서 쓴 편지에도 그 같은 심정이 절절하게 나타나 있다.

지금 내가 찾고 있는 것은 남자가 아닙니다. 여자도 아닙니다. 인간일 뿐입니다. 나는 인간으로서 살고 있습니다. 나는 이상의 이유에 기초하여 연약한 성을 지닌 여성으로 간주되는 것을 거부함과 동시에 그런 전제 위에 서 있는 모든 은혜를 단호하게 거절합니다. 상대를 주인으로 간주하여 시중드는 노예, 상대를 노예로 간주하여 딱하게 여기는 주인, 이 둘 모두를 나는 배척합니다. 개인의 가치와 평등한 권리 위에 선 결속, 그것만을, 오로지 그것만을 긍정합니다. 그것이 바로 인간 상호간의 정당한 관계이기 때문입니다.

1922년 4월 말경 가네코와 박열은 동거를 시작했다. 그때 가네코는 박열에게 다음과 같은 세 가지를 요구했다.

첫째, 동지로서 함께 살 것.
둘째, 내가 여자라고 생각하지 말 것.
셋째, 둘 중 하나가 사상적으로 타락하면 즉시 공동생활을 청산할 것.

1922년 7월 10일 가네코와 박열은 흑도회 기관지 〈흑도黑濤〉를 창간하고 조선과 일본 양국의 민중, 나아가 세계 민중의 해방을 위해 싸우기로 결의했다. 그러나 〈흑도〉는 2회 간행으로 끝났다. 조선인 아나키스트와 공산주의자가 뒤섞여 있던 흑도회 회원들이 그해 11월에 결별했기 때문이었다. 공산주의자 김약수와 백무 등은 북성회를, 아나키스트 박열과 홍진유 등은 흑우회를 세우며 각자의 길을 가기 시작했다.

박열과 가네코는 〈흑도〉를 폐간하고 역설적인 제호인 〈뻔뻔스러운 조선인〉을 창간했다. 본래 신청한 제호는 불령선인不逞鮮人*이었지만

---

* 가네코는 〈동지〉 2호에서 '불령선인'이란 칭호에 대하여 이렇게 설명했다. '불령선인이란 어디까지나 자유를 향한 열정을 안고 살아가는 인간이며, 아무리 제멋대로인 진압책을 내세운다 해도, 아무리 교묘한 단속법을 시행한다 해도 우리 불령선인은 금일 일본과 조선의 관계가 이대로 계속되는 한 늘면 늘었지 결코 줄어들지 않을 것이다.'

경시청의 허가가 나지 않았다. 〈뻔뻔스러운 조선인〉은 사람들이 표제를 혐오하여 광고를 실어주지 않자 1923년 3월에 발간된 3호부터 〈현사회現社會〉로 제호를 바꾸어 4호까지 발간되었다. 그 무렵 두 사람은 불령선인의 지도자급을 가리키는 요시찰 조선인 갑호 해당자로서 경찰의 감시와 미행에 시달렸고 무려 50여 회에 달하는 검속을 당했다.

투쟁의 시대, 불령사

1923년, 박열과 가네코는 인삼 판매 등을 통해 어렵게 생활비를 조달했지만 동지적인 삶을 살아가는 두 사람의 얼굴에는 생기가 돌았다. 그해 4월 가네코와 박열은 김철·육홍균·박랭·홍진유·정태성·서동성·나가타 게이자부로·오가와 다케시·최규종·이필현·서상경·하일 등과 함께 불령사不逞社 정기모임을 시작했다. 얼마 후 최영환·김중한·장찬수·박홍신·김영화·한현상·니야마 하쓰요·노구치 시나니·구리하라 가즈오 등이 합세함으로써 불령사 회원은 총 23명이 되었다.

박열과 가네코는 흑우회 회원이 세련된 아나키스트였으므로 그들과는 거리가 있는 사람들을 규합하기 위해 불령사를 만든 것이다. 불령사의 결성 취지는 '민중과 호흡하는 사회운동'이었다. 그들은 각자의 자유의지를 구속하지 않는 상태에서 권력에 반항하고 파괴하는 작업을 각자 알아서 결행하기로 다짐했다.

그 무렵 일본 언론에서는 니가타 현 나카쓰 강변의 조선인학살사건이 연일 보도되어 일본은 물론 조선까지도 떠들썩했다. 최초로 이 사건을 보도한 요미우리신문에 의하면, 니가타 현 나카오우누마군 아키시로촌에 있는 시나에쓰전력주식회사의 발전소 건설을 하청 받은 오바야시 조합과 니혼토목주식회사의 공사현장에서 연일 조선인이 죽어가고 있다는 것이다. 현장의 노동자는 총 1208명이었는데 그 중 600명이 조선인이었다. 그들은 새벽 4시부터 저녁 9시까지 광차 밀기, 땅파기, 암석파괴, 토목, 재목 나르기 등 중노동에 시달렸다. 그리하여 견디다 못한 조선인이 도주하다가 잡혀 잔혹하게 살해된 다음 나카쓰 강변에 버려진다는 내용이었다.

그 사실을 알게 된 박열과 백무는 노동자로 자원하여 공사장의 비인간적인 대우를 상세히 취재했다. 그해 9월 두 사람은 미토시로쵸에 있는 조선기독교청년회관에서 수천 명의 청중이 운집한 가운데 자본가들의 횡포와 그들과 결탁한 경찰의 비행을 고발했다. 이어서 두 사람은 서울 경운동의 천도교 교당에서 조선인에게 학살사건을 고발했다.

그 와중에 박열은 의열단 소속의 김한을 만나 일제의 폭압적 식민지 지배 체제를 종식시키기 위해 비상수단을 모색하다가 폭탄 테러를 감행하기로 합의했다. 마침 의열단의 김원봉은 경성과 도쿄에서 테러를 기획하고 있었으므로 폭탄을 요구하는 박열의 요구를 선선히 응락했다. 하지만 이 계획은 폭탄 운반자들이 조선 국경 근처에서 중국 군벌 장쒜린張作霖의 부하에게 체포되어 폭탄을 빼앗김으로써 수포로 돌아갔다. 1923년 1월에는 김상옥 사건으로 검거된 김한이 김원봉의 폭탄 입수 계획을 자백하면서 박열의 계획은 좌절되었다. 하지만 박열은 포기하지 않고 재차 폭탄 입수 계획을 세웠다.

박열은 불령사의 회원인 김중한과 함께 의열단을 통해 폭탄을 입수해 황족이나 외국대사 등에 대한 테러를 계획했다. 그러나 대상이나 시기에서 의견이 엇갈렸고, 더군다나 경제적으로 폭탄 구입 자금을 마련할 수 있는 형편이 아니었다. 그런데 얼마 후 김중한은 애인 니야마 하쓰오에게 자신들의 대화를 발설하면서 두 사람 사이에 금이 갔고, 흑우회는 해체되었다.

간토대지진의 희생양이 되다

1923년 9월 1일 오전 11시 58분, 일본의 간토 지방에 대지진이 엄습했다. 그와 동시에 도쿄와 요코하마 등지에서 조선인과 공산주의자들이 건물에 불을 지르고 우물에 독약을 풀었다는 유언비어가 퍼져나갔다. 지진이 멎자 정부는 즉시 재난 복구를 위해 도쿄시와 인근 지역에 계엄령을 선포했다. 현지에 출동한 군인들은 경찰, 자경단과 합세하여 조선인에게 린치를 가하고 학살하기 시작했다. 얼마 지나지 않아 민간인들까지 가세해 집집마다 수색하며 조선인을 끌어내 일본도와 죽창, 각목 등을 휘둘렀다. 일본의 민·관·군이 하나가 되어 도쿄에서만 1798명, 전국을 통틀어 6618명의 조선인을 살해하는 천인공노할 만행을 저질렀다.

여러 사람의 증언에 의하면 당시 유언비어의 진원지는 경찰이었다. 지진 발생 당일 저녁 한 경찰이 도쿄 혼고의 아케보노쵸 자경단에 찾아와 조선인이 살인과 방화를 자행하고 있다고 말했고, 다른 경찰은 "조선인이 오면 그냥 해치워도 상관없다."고 선동하기까지 했다. 이성적으로 상황을 분석하고 사태를 진정시켜야 할 언론 매체마저 조선인이 폭탄과 총기를 휴대하고 군대와 싸우고 있다는 등의 엉터리 기사를 보도함으로써 유혈사태를 부추겼다.

간토대지진 때 재일 조선인을 학살한 후 이를 확인하는 일본 경찰과 자경단원.

　민·관·군이 합세하여 벌인 이 조선인 대학살 사태가 외국 언론들
에 의해 알려지자 세계인들은 새삼 일본인의 잔인하고 비정한 심성에
고개를 저었다. 국제사회의 비난이 연일 이어지자 일본 정부는 적화
된 일본인과 조선인 아나키스트, 사회주의자들에게 책임을 떠넘길 궁
리를 하게 되었다. 그런 상황에서 희생양으로 지목된 조직이 그 동안
감시하고 있던 불령사 회원들이었다.

　지진 발생 이틀 뒤인 9월 3일, 일본군 제1사단 병참 제1대대 하사관
스즈키 가메오는 도미카야에 있는 이시카와 목장 근처에서 박열과 가
네코 등을 보호검속 명목으로 체포하여 세타가야 경찰서에 억류한 다
음 그들의 집에서 각종 서적과 선전삐라 등을 압수했다. 이어서 10월
중순까지 김중한·정태성·장상중·최규종·홍진유·니야마 하쓰요 등

불령사 회원 전원이 체포되었다.

회원들에 대한 취조 과정에서 박열의 폭탄 입수 계획을 탐지한 검사는 곧 간토대지진 당시 자행된 조선인 학살의 빌미를 조작하기 시작했다. 그러자 가네코는 동지들만이라도 구하기 위해 자신이 박열과 함께 폭탄을 입수하려 했다고 자백했다. 10월 20일 박열을 비롯한 불령사 회원 16명이 치안경찰법 위반 혐의로 기소되자 오사카아사히신문에서는 '진재震災 중의 혼란을 틈타 제도에서 대관 암살을 기도한 불령선인의 비밀결사 대검거'란 제하에 다음과 같이 보도했다.

금년 가을에 있을 황태자 전하의 혼례식 때에 고관대작들이 모이는 것을 기회로 폭탄을 투척하여 암살한다는 대음모를 기도하고 동지와 함께 준비에 분주하던 일당이, 대진재가 발발하자 급히 예정을 바꾸어 도쿄에 사는 소수의 동지들과 약속하고 제국의 도시 도쿄가 혼란에 빠진 틈을 타 대사를 결행하기로 한 사실이 발각되기에 이르렀다.

실로 조선인 학살 사건을 정당화하는 데 안성맞춤인 기사였다. 공판 초기에 묵비권을 행사하던 박열은 가네코와 불령사 회원들을 구하기 위해 폭탄 구입과 테러 계획이 오직 자신의 뜻이라고 주장했다. 1924년 5월 12일, 제10회 심문조서에서 박열은 이렇게 말했다.

첫째, 일본 황실이 얼마나 민중의 고혈을 착취하는 권력자들의 간판이고, 천황은 일본인이 숭배해야 할 신성한 존재가 아니라 유령 같은 존재인지를 알림으로써 그의 신성을 훼손하려 했다.

둘째, 조선 민중은 이 세상 모든 실권의 총본산을 일본 황실로 여기고 증오의 표적으로 삼고 있다. 우리는 그와 같은 황실을 타도함으로써 조선 민중의 독립 정신을 자극하고자 했다. 특히 황태자 결혼식에 폭탄을 사용하려한 것은 조선인의 일제에 대한 적개심을 세계만방에 표명할 가장 좋은 기회라고 생각했기 때문이다.

그 결과 1925년 박열과 가네코는 대역죄까지 추가되어 기소되었다. 당시 대역죄란 천황·태황태후·황태후·황후·황태자·황태손에게 위해를 가하거나 가하려 한 자는 사형에 처한다는 것으로 대심원의 심리가 1심으로 종결되는 중죄였다. 그렇지만 두 사람의 혐의는 물증이 전혀 없었고 오직 자백만 있을 뿐이었다. 그래서 변호사 우에무라 스스무는 법정에서 검사에게 이렇게 되묻기까지 했다.

"부부가 잠자리에서 이야기한 내용도 범죄가 됩니까?"

실제로 이 사건은 구체적인 범죄로 몰아붙이기에는 무리가 있었다. 그런 검사의 허점을 간파한 박열과 가네코는 국내외의 관심이 집중된 이 재판에서 자신들의 사상을 널리 알리기로 마음먹었다. 그리하여 가네코는 심문 과정에서 천황제를 공격하며 자유로운 인간의 권리를 설파했다.

나는 평소 인간의 평등에 대해 깊이 생각해 왔습니다. 인간은 인간으로서 평등을 누려야 합니다. 거기에는 못난 사람도 없으며, 잘난 사람도, 강한 사람도, 약한 사람도 없습니다. 자연적 존재인 인간의 가치는 완전히 평등합니다. 따라서 모든 인간은 인간이라는 단 한 가지의 자격만으로 생활의 권리를 완전하고 평등하게 누려야 합니다. 그러므로 인간의 모태를 통해 태어난 천황을 신성시하는 것은, 한 주먹의 고깃덩어리를 숭배하는 것만큼이나 사기에 불과한 것입니다.

박열과 가네코는 그렇게 정면으로 일본의 천황제를 비판했다. 박열
은 자신의 단독범행으로 사건을 축소시키려 했지만, 동지인 김중한이
폭탄입수계획에 자신도 가담했음을 자백하고, 가네코 또한 자신이 황
태자의 성혼식에 맞추어 '도련님'께 폭탄을 헌상할 방법을 박열과 논
의했다고 자백하는 등 손발이 맞지 않았다. 그녀는 결코 박열의 뒤로
숨고 싶지 않았던 것이다. 1926년 2월 26일, 그녀는 박열에 대한 무한
한 애정과 믿음을 다음과 같이 토로했다.

> 박열이 그의 길을 걷듯 나도 내 길을 걷는다. 나 자신의 세계에서는 내
> 가 절대적인 존재이다. 내가 어느 누구의 간섭도 받지 않고 내 길을 곤
> 장 걸어가려면 나는 혼자여야 한다. …(중략)… 박열은 내게 의논하지
> 않고 독단적으로 일을 처리했다. 따라서 내 입장에서 보면 외부에 존재
> 하는 다른 사람의 과실 때문에 희생되었다고 말할 수도 있다. 그런 사실
> 을 알면서도 김중한 씨와 교섭한 것이나 당시 내가 그런 계획을 세울 생
> 각을 하고 있었던 것은 사실이다. 그 때문에 희생당할 처지에 놓인 나
> 자신을 구할 방법이 없다. 그의 모든 과실과 모든 결점을 초월하여 나는
> 박열을 사랑한다.

1925년 11월 25일, 후세 다쓰지 변호사가 결혼신고서 3통을 가져와
두 사람의 서명날인을 받아갔다. 가네코는 자신이 사형당하면 부모가
유해를 거두어 주리라고 생각하지 않았다. 때문에 박열과 옥중에서 결
혼서류를 작성함으로써 그의 형 박정식이 그 일을 맡아주길 바랐다.

그녀는 자신이 죽어서도 고국 일본에 안주할 수 없다는 것을 잘 알고 있었다.

최후의 날

마침내 가네코 후미코와 박열은 대역죄를 담당하는 단심의 최고특별재판에 회부되었다. 그때 박열은 '일본의 권력자 계급에 주노라!', '나의 선언', '음모론', '일하지 않고 먹어치우는 자들' 등 4편의 선언문을 미리 작성해 둔 다음 담당판사에게 다음과 같은 네 가지 사항을 요구했다.

> 첫째, 나는 피고 아닌 조선 민족의 대표로서 일본 천황을 대표한 재판관과 동등한 자격으로 법정에 설 것이다. 재판관이 천황을 대신해 법관 법의를 입고 나온 것이라면 나도 조선 민족을 대표하는 입장이니 왕관과 왕의를 착용케 해줄 것.
> 둘째, 재판관이 심의를 시작하기에 앞서 조선 민족을 대표한 내가 먼저 법정에 서게 된 취지를 선언하게 해줄 것.
> 셋째, 법정용어는 조선말만 쓰겠다.
> 넷째, 피고의 좌석을 재판관과 동등하게 높일 것.

박열이 그처럼 당당하게 요구할 수 있었던 것은 그만큼 여론의 관심이 집중되어 있었기 때문이다. 박열의 요구사항을 재판부와 협의한 후세 다쓰지 변호사는 첫째, 둘째 조건을 제한적으로 허용 받는 데 성공했다. 그리하여 공판 당일 조선의 혼례복 차림으로 등장한 박열은 검사와 변호사의 질문에 조선어로 대답했다.

1926년 3월 25일 대심의 마키노 재판장은 박열과 가네코 후미코에게 형법 제73조 대역죄와 및 폭발물단속벌칙 제3조를 적용하여 사형을 언도했다. 그때 가네코는 웃으면서 '만세'라고 소리쳤고 박열은 '재판은 비열한 연극이다.'라고 중얼거렸다. 그처럼 강인한 모습을 보였던 가네코였지만 알고 보면 연약한 인간이었다. 그녀는 감옥에서 다음과 같은 시를 썼다.

> 손끝에 잡히는 이름도 없는 작은 풀, 불쑥 뽑으면
> 들릴 듯 말 듯 울먹이네. '나 살고 싶어요.'라며.

일본은 사형수의 막다른 심리까지도 교묘하게 이용하려 했다. 사형판결이 내린 뒤 검사총장 고야마 마쓰키치는 사법대신 에기 다스쿠에게 두 사람의 사면을 요구했다. 이들의 테러 목표가 황실이라기보다는 권력자에 대한 증오심이었고 계획 자체도 실현 불가능한 것이라는 이유였다. 그는 가네코 후미코는 종범으로 정상참작의 여유가 있는데, 그녀만 감형한다면 조선인의 반발이 예상되므로 박열에게도 은사를 내려 황실의 자애로움을 보여주자고 말했다.

그 결과 4월 5일 두 사람의 형량이 무기징역으로 감형되었고 이치가야 형무소장 아키야마가 박열에게 감형장을 가져다주었다. 박열은 수령을 거부했지만 아키야마가 어쩔 줄 몰라 하자 '당신을 위해 은사장을 맡아두겠다.'라고 말하며 받았다. 하지만 가네코는 감형장을 받자마자 갈기갈기 찢어버렸다.

이튿날인 4월 6일, 박열은 지바 형무소로 이감되었고, 가네코 역시 우쓰노미야 형무소로 옮겨졌다. 그때부터 박열은 단식하며 자살을 시도했지만 실패했다. 일본이 자신들을 정치적으로 이용하고 있음을 알게 된 가네코 역시 이감 이후 끊임없이 자살을 시도했다. 죽음만이 그들의 정당성을 증거할 수 있다는 믿음 때문이었다. 마침내 7월 23일 가네코는 마닐라 삼으로 꼰 노끈으로 목을 매 자결하는 데 성공했다. 23세의 창창한 나이였다. 소설가이자 비구니인 세토우치 하루미瀨戶內 晴美는 그녀의 죽음에 대해 이렇게 말했다.

국가권력에 저항했다는 이유로 그녀에게 부과된 사형은 가네코의 사상이 선택한 것이었다. 그 영광을 박탈당한 가네코는 국가권력이 부여한 삶을 부정하는 자살 말고는 자신의 사상을 관철할 방법이 없다고 판단했다. 평소 그녀의 말을 감안한다면 당연한 결과였다.

가네코의 영혼은 11월 5일에야 박열의 고향인 경상북도 문경군 마성면 오천리에 있는 팔령리 산중턱에서 안식을 취했다. 총독부 관리들은 역적이란 이유로 묘를 높이 쌓지 못하게 하고, 국적國賊에 대한 성묘는 부당하다며 박씨 집안 사람들의 성묘도 금지했다. 그녀가 '金子文子女史之墓'라는 묘비를 얻은 것은 사후 47년째인 1973년이었다.

그날 이후

가네코 후미코가 죽은 뒤 박열과 함께 옥중에서 찍은 사진이 공개되자 일본 의회가 발칵 뒤집혔다. 야당 의원들은 정부가 대역 범죄자들을 우대했다며 와카쓰키 레이지로若槻禮次郎 내각의 총사퇴를 요구했고 그로 인해 사흘 동안 의회가 열리지 못했다. 결국 그녀의 사건을 담당했던 다테마쓰 예심판사가 그 책임을 지고 법복을 벗었다.

연인을 잃고 혼자 살아남은 박열은 일제가 패망한 1945년 10월, 연합군사령부의 지령에 따라 아키타 형무소에서 석방되었다. 그 동안 무정부주의 사상에서 우익으로 전향한 그는 1946년 10월 3일, 재일본조선거류민단을 결성한 다음 단장에 취임했다. 재일본조선거류민단은 훗날 대한민국 정부로부터 재일교포를 대표하는 유일 단체로 공인받았다.

박열은 1947년에 장의숙과 재혼하지만, 가네코 후미코의 기일이 오면 하루 종일 집안에서 정좌한 채 묵상했다고 한다. 1949년 한국으로 돌아온 그는 한국전쟁 때 납북되었는데, 1956년 전후 재북평화통일촉진협의회 상임위원장으로 활동했고, 1974년 1월 17일 72세의 나이로 사망했다고 알려졌다.

가네코 후미코는 그 동안 일본에서 조선인 연인의 사상을 맹종한 인물로 알려져 왔다. 또 한국에서는 남편의 조국과 민족을 위해 투쟁한 여걸로 해석해왔다. 그러나 최근의 연구결과에 따르면 그녀는 짧은 생애 동안 사회의 변경에 놓인 버림받은 자들과 함께 했고, 천황이란 권력의 상징을 철저하게 부정한 아나키스트였다. 조선인과의 연대와 박열과의 사랑도 그 연장선이었다. 그것은 현재 일본에서 차별과 편

목숨을 걸고 조선인을 사랑한 아나키스트, 가네코 후미코 335

가네코 사후. 수감된 두 사람이 다정한 포즈를 취한 사진이 신문에 실려 일본 조야가 발칵 뒤집혔다. 담당판사 다테마쓰는 의미 있는 진술을 이끌어내기 위해 30분간 두 사람만의 시간을 줬고 자신이 사진을 찍었다고 말했다. 이 사건으로 내각이 총사퇴했고 다테마쓰도 법복을 벗었다.

견에 시달리고 있는 재일교포들, 또 군사독재 시절 우리가 느꼈던 그 억압의 사슬에 대한 저항이었다. 다음은 가네코 후미코의 옥중 시다.

> 웃을 틈도 없이
>
> 또 다시 떠오르는 B의 모습
>
> 나는 열아홉, 그는 스물하나
>
> 둘이 함께 살다니 조숙했다 할 수밖에.
>
> 집을 나와 그를 만나

밤늦도록 길을 걸은 적도 있었지.
너무도 뜻이 높아
동지들에게마저 오해를 산 니힐리스트 B
적이든 우리 편이든 웃을 테면 웃어라.
나 기꺼이 사랑에 죽으리니.

살아서는 민중과 함께,
죽어서도 민중을 위해

고통 받는 조선인의 영원한 친구, 후세 다쓰지

근대 일본의 지식인 중에 자신의 양심에 따라 핍박받는 민중이나 식민지 백성들의 설움을 진심으로 이해하고 행동했던 사람은 드물었다. 그런 면에서 변호사이며 사회운동가인 후세 다쓰지布施辰治 (1880~1953)의 삶은 매우 특별했다.

> 내가 조선인과의 인연이 깊어질수록, 조선인에 대한 마음이 절실해질수록 관헌들은 나를 싫어하고 방해한다. 이번에 나는 조선인을 만날 기회가 거의 없었지만 그들에 대한 친근감은 더욱 커져만 간다. 그들을 만나 친숙해지는 것보다 만나지 않고 친숙해지는 쪽이 더 무서운 것이다.

극한의 차별이 난무하던 시대 상황 속에서 그는 동포인 일본인과 대만인, 조선인을 오직 평등한 인간으로 대접했다. 특히 그는 조선인의 친구를 자처하며 조선인 관련 사건을 도맡아 변호한 인물이었다.

후세 다쓰지는 민족이나 국가를 떠나 완전한 인도주의적 입장에 서

후세 다쓰지. 사회적으로 주목을 끌었던 사상범을 주로 변호한 인권변호사. 특히 조선인이 법정에 설 때는 언제나 그가 함께 있었다. 핍박 받는 민중과 식민지 백성의 서러움을 진정으로 이해한 변호사다. 한국 정부는 2005년 독립유공자에게 주는 건국훈장을 일본인 최초로 그에게 수여했다.

서 자신의 사상을 몸소 실천했다. 그렇지만 해방 이후 한국인은 후세 다쓰지란 이름을 외면했다. 시대적으로 고양된 반일감정과 함께 그가 좌파 변호사라는 선입견이 복합적으로 작용한 결과였다. 하지만 그는 제국주의자나 공산주의자도 아니었다. 다만 민족과 이데올로기에 관계없이 사회적 약자와 피식민지 민족을 대변한 의인이었을 뿐이다.

나는 항상 마음속에 겸애주의를 끌어안고 있다. 자신과 타인을 동등하게 사랑하는 겸애주의야말로 나를 식민지 민중의 진정한 벗이 되게 한 토양이었다.

의인의 길을 걸으리라

후세 다쓰지는 1880년 11월 13일 도쿄 동북방에 위치한 미야기현(宮城縣)에서 태어났다. 어린 시절 서당에서 한문을 배웠고, 아버지로부터 자유민권사상과 기독교, 묵자를 익히면서 이타적인 삶을 체화시켰다. 그가 처음으로 조선인의 처참한 환경을 알게 된 것은 동학농민운동을 토벌하러 조선에 건너갔다 돌아온 마을 사람들의 무용담을 들으면서였다. 타국에 가서 살인을 저지르고도 의기양양해 하는 일본인과 그 잔혹한 폭력의 희생자인 조선인을 비교하면서 그는 환멸과 연민의 정을 동시에 느꼈다.

1899년 도쿄의 메이지 법률학교 법학부에 입학한 후세 다쓰지는 조선인 유학생들과 어울리며 조선에서 벌어지고 있는 일제의 만행과 꿋꿋하게 저항하는 조선인의 실상을 자세하게 알게 되었다. 1902년 대학을 마친 그는 1903년 검사가 되어 우쓰노미야 지검에 배속되었다. 어느 날 후세는 가난에 시달려 자식과 동반자살을 시도했다가 자식만 죽고 혼자 살아남은 어머니를 살인미수로 기소해야 하는 입장에 처했다. 그때 후세는 인간적인 고통을 외면해야 하는 법조계의 비정한 현실에 염증을 느끼고, 사회적 약자들을 배려하지 않는 정부의 정책에 분개했다.

> 나는 호랑虎狼(욕심 많고 잔인한 사람을 비유적으로 이르는 말)의 길을 버리고 의인義人의 길을 걷겠다.

그렇게 결심한 후세 다쓰지는 모두가 선망하는 검사 자리를 박차고 나와 하층민의 권리를 보호하고 식민지 백성을 대변하는 변호사로 맹렬하게 활동했다. 도쿄시 전기회사 요금인상 반대시위건, 야하타 제철소 파업사건, 제1차 공산당 사건, 박열 대역죄 사건, 조선공산당 사건, 타이완 농민조합 봉기사건 등 그 무렵 사회적으로 이슈가 되었던 사건들이 모두 그의 손을 거쳤다. 그는 또 조선에서 벌어진 의열단 사건, 조선공산당 사건, 궁삼면 토지 거래 문제의 변호도 맡았다. 당시 그는 조선 병합을 일본 제국주의의 자본주의적 침략으로 결론짓고 조선인의 독립투쟁과 민중운동을 적극 지지했다.

그런 이유로 후세 다쓰지는 일본과 조선총독부의 심한 견제를 받으며 요시찰 대상에 올랐지만 개의치 않았다. 1911년에는 '조선의 독립운동에 경의를 표함'이라는 글을 발표했다가 경찰의 조사를 받았다. 그러자 조선의 동아일보와 조선일보는 가혹한 언론 통제 아래서도 그의 활약상을 수시로 보도했다. 그는 1919년 2·8 독립선언의 주역인 최팔용, 송계백 등 조선청년독립단의 변호를 담당하면서 법정에서 이렇게 소리쳤다.

"만약 재판관이 이들을 내란음모 등 중죄로 다스린다면 일본은 그야말로 무법의 야만국가로 전 세계의 웃음거리가 될 것이다."

법정에서 사회로 뛰어들다

1920년 6월 1일, 후세 다쓰지는 자신이 창간한 잡지 〈법정에서 사회로〉에 발표한 '자기 혁명의 고백'이라는 글을 통해 법정의 전사인 변호사에서 사회운동에 헌신하는 변호사로서 살아가겠다고 밝혔다. 그와 같은 자신의 행동 철학을 뒷받침하기 위해 후세는 다음과 같은 여섯 가지 경우의 사건만을 변론하겠다고 선언했다.

첫째, 관원에게 부실한 죄, 부당한 부담을 강요받은 사람의 사건.

둘째, 자본가와 부호의 횡포에 시달리는 사람의 사건.

셋째, 관헌이 진리의 주장에 간섭하는 언론 사건.

넷째, 사회운동에 대한 탄압과 투쟁하는 무산계급 사건.

다섯째, 인간차별에 맞서 투쟁하는 사건.

여섯째, 조선인과 타이완인의 이익을 위해 투쟁하는 사건.

그와 함께 뜻있는 친구 변호사들을 끌어 모아 자유법조단을 결성한 후세 다쓰지는 갖은 어려움 속에서도 그 소신을 바꾸지 않았다. 특히 여섯째 경우인 조선인과 관련된 사건이라면 독립운동이든 사회주의 운동이든 아나키스트운동이든 성격을 가리지 않았다.

1923년 8월, 처음으로 조선을 방문한 후세 다쓰지는 부산에서 기차를 타고 서울로 오면서 근대식 정류장이나 멋진 주택들을 보고 조선인의 삶이 나아졌다고 여겼다. 하지만 곧 그 건물과 집들이 대다수 조선인을 위해 지어진 것이 아니라는 점을 알아챘다. 그렇다면 그것들은 비참한 상태에 빠져있는 조선인을 더욱 절망으로 이끌어가는 표본일 것이었다. 그가 경성역에 모습을 드러내자 조선의 수많은 시민단체들이 몰려들어 그를 환영했다. 동아일보는 그 새벽의 모습을 '성대출영, 새벽의 경성역'이라는 제호로 대서특필했다.

그날 밤 서울 경운동 천도교당에서 열린 북성회 주최의 강연회에 나타난 후세는 '조선 해방은 조선인만의 문제가 아닌 세계 평화를 위한 일'이라고 열변을 토했다. 연설 도중 단상에 앉아있던 일본 고등계 형사가 수차례 경고를 보냈지만 개의치 않았다.

며칠 뒤 그는 의열단원 김시현 사건의 재판에 변호인으로 참석했다. 김시현은 1923년 3월 15일 김지섭 등 12명의 동지들과 함께 총독부, 경찰서, 동양척식회사 등 주요 건물을 폭파하기 위해 사전준비를 하던 중 밀정의 신고로 체포되었다. 후세는 흉계로 포박하는 것은 정치 도덕에 위반하는 것이라고 변호했지만 일제의 재판부에게는 우이독경이었다. 재판 도중 피고인 하나가 '자기는 총독부의 현직 경찰인데 상관의 명령으로 음모에 가담했고 실행 직전까지 계획을 진행하였다.'고 진술하는 바람에 공판정이 아수라장이 되기도 했다. 하지만 김시현은 징역 10년형을 언도받았고 5년 5개월 동안 복역해야 했다.

그 후 지방순회강연에 나선 후세는《사기》의 '덕에 의거하는 자 흥하고 힘에 의지하는 자 망한다.'라는 구절을 인용하면서 총독부의 강압통치를 비꼬아 많은 조선인의 호응을 얻었다. 후세는 강연 틈틈이 형평사衡平社 지도자들을 만나 그들의 역동적인 권익투쟁에 격려를 아끼지 않았다. 형평사 운동은 이 땅의 마지막 차별적 존재였던 백정들이 그들의 권익을 확보하고자 전개했던 차별 철폐 운동으로 1923년 4월 25일 경남 진주에서 발족된 후, 보수적인 양반과 일부 농민들의 반대 속에서도 세를 규합해 나가고 있었다. 첫 조선 방문에서 나름대로 성과를 거두었다고 판단한 후세는 한 달여 만에 일본으로 돌아갔다.

일본인의 반역자, 조선인의 벗이 되다

후세가 귀국하고 나서 며칠 후 전대미문의 천재지변이 도쿄 일원을 급습했다. 바로 1923년 9월 1일에 발생한 간토대지진이었다. 지진은 수많은 일본인의 목숨을 앗아갔고 일본의 도로와 가옥을 초토화시켰다. 일본 전역이 공포에 휩싸였지만 그보다 더 큰 참화를 입은 것은 재일 조선인이었다.

지진이 잠잠해지면서 갑자기 조선인이 우물에 독을 탔다거나 불을 질렀다는 등 조선인을 모함하는 유언비어가 떠돌았다. 그러자 흥분한 일본인들은 삼삼오오 일본도와 죽창으로 무장하고 거리를 떠돌다가 조선인을 발견하면 잔혹하게 살해했다. 군인과 경찰도 '불령선인 단속'을 핑계로 학살극에 가세했다. 그것은 국민의 불만을 희석시키려는 일본 정부의 모략과 일본인 특유의 조선인에 대한 편견이 빚어낸 일대 참변이었다.

그때 후세 다쓰지는 겁에 질려 집에 찾아온 100여 명의 조선 유학생들을 숨겨주고 숙식을 제공하는 한편 계엄당국과 경찰서를 찾아가 유언비어의 유포와 야만적 살인 행위에 대하여 격렬히 항의했다. 그러면서 간토대지진을 일컬어 오만불손한 일본 권력층에 대한 하늘이 주는 제1차 천벌이라고 소리쳤다.

그 일로 일본인에게 크게 실망한 후세는 재일 조선인의 월간지 〈현사회〉에 '프롤레타리아의 친구, 변호사계의 반역자 후세 다쓰지'라는 광고를 게재하고 자신은 일본인에게는 반역자가 되겠지만 조선인의 벗이 되겠다는 의지를 밝혔다. 1926년 3월 4일에는 일본인으로서 전

조선인에게 간토대지진 당
시 벌어진 조선인 학살 문
제를 정중히 사죄한다는
글을 써서 동아일보와 조
선일보에 보내기도 했다.

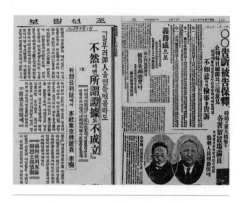

후세 다쓰지는 또 대지
진 발생 이틀 뒤인 9월 3일
경찰에 의해 검속된 박열
의 변호를 맡았다. 박열은

1926년 3월 1일자 조선일보에 실린 후세 다쓰지의
박열 사건 변호 기사

불령사의 대표로서 일본 천황을 폭살하려 했다는 혐의로 애인 가네코
후미코와 함께 1924년 1월 대역죄로 기소되었다. 박열은 검찰 조사에
서 묵비권을 행사했지만 얼마 후 함께 체포된 불령사 회원 14명의 전
원 면소를 위해 법정에서 17차에 걸쳐 당당하게 자신의 소신을 밝혔다.

내가 입을 연 것은 내 조국 조선을 강탈한 강도 일본에 대한 증오를 그
대의 질문에 따라서 일본 국민과 일본 천황에게 알리고자 함이다. 우리
민족은 이와 같은 일본의 강도행위를 증오하기 때문에 차후로도 언제
누가 우리와 동일한 사건을 기획하지 않는다고 보장할 수 없다는 것을
판사를 통해 일황에게 통고한다. 하루라도 빨리 우리 조국 조선을 반환
하지 않으면 언젠가 반드시 크게 후회하게 될 것이다.

이런 박열의 대역 혐의에 대해 후세는 법정에서 조선인 학살이라는
범죄행위를 감추기 위해 조선인의 범죄를 조작해낸 것이라며 무죄를
주장했다.

왔소! 왔소! 후세 씨 우릴 살리러 또 왔소!

1924년 1월, 서울에서 일제의 주요 건물을 폭파하려다가 사전에 발각돼 상하이로 탈출했던 의열단원 김지섭이 천황을 폭살할 계획으로 도쿄에 잠입했다. 김지섭은 1월 5일 황궁과 가까운 니주우바시[二重橋]에 폭탄을 투척한 후 체포되었다. 후세가 그를 극력 변호했지만 무기징역이 선고되었다. 김지섭은 복역 중 단식투쟁으로 일제에 항거하다 1928년 2월 20일 일본 땅에서 순국했다.

1926년 초 동양척식회사의 토지수탈에 항의하는 전남 나주군 궁삼면 농민 대표들이 직접 일본으로 후세를 찾아와 혈서와 소송의뢰서를 건네며 도와달라고 간청해왔다. 그리하여 3월 5일, 후세 다쓰지는 두 번째로 조선에 건너왔다. 그가 광주를 거쳐 영산포에 도착하자 궁삼면 주민들은 너나 할 것 없이 뛰쳐나와 그를 환영했다. 길가에는 '왔소! 왔소! 후세 씨 우릴 살리러 또 왔소!'란 현수막이 걸리기도 했다.

농민들이 건네준 자료에 따라 후세는 나주 인근의 토지수탈 현장을 정밀 조사한 다음 언론매체를 통해 동양척식회사의 합법적인 사기사건을 성토함으로써 총독부를 협상 테이블로 끌어냈다. 그 일로 동양척식회사의 토지 수탈에 대한 반대여론이 한층 높아지자 총독부는 궁삼면 농민들에게 소량의 토지를 반환하는 등 유화적인 제스처를 취할 수밖에 없었다.

1927년 9월 13일, 후세는 도쿄 한복판에 있는 하비야 공원에서 조선총독 정치 비판 연설회를 개최했고, 그해 10월 18일 조선에 들어와 김병로·이인·허헌 변호사 등과 함께 제2차 조선공산당 사건을 변호했다. 이 사건은 궤멸되었던 조선공산당을 재건을 목표로 강달영과 권오설 등이 민족 진영의 천도교 중진들과 접촉하여 민족 기반의 좌우연합당을 결성하려 했던 사건이었다. 그들은 1926년 6·10만세운동을 통하여 3·1운동을 재현하려다가 거사 직전에 누설되어 모두 검거되었다. 후세는 사건 관련자들을 변호하면서 이렇게 말했다.

설사 성과가 없다 할지라도 국가권력의 위법한 검거와 취조에 항의하는 당신들의 투쟁에 협력하는 것이 나의 의무라고 생각한다.

후세는 이 사건을 '반항할 수밖에 없는 조선 민족 전체의 사건'으로 규정하고 재판소는 양심에 따라 조선 민중의 비통한 소리를 들어야 한다고 열변을 토했다. 하지만 재판부는 1928년 2월 13일 김재봉과 강달영에게 6년을 선고하고 다른 수십 명에게도 징역형을 선고했다. 이때도 조선일보와 동아일보는 후세 다쓰지의 활약을 상세하게 보도하면서 조선 민족의 은인이라며 감사했다.

후세 다쓰지는 일본이 전시 체제로 전환된 1930년대부터 정부와 정면 대결을 펼쳤다. 1932년 일본공산당을 파괴하려는 3·15 사건에서 정부의 무소불위한 권력을 강력히 비판하다가 법정모독혐의로 1년 동안 변호사 자격을 박탈당했고, 1933년엔 신문지법 위반으로 3개월 동안 투옥되었다가 그해 12월 황태자의 탄생 은사를 입어 변호사 자격을 회복했다. 1939년에는 치안유지법 위반 명목으로 체포되어 변호사 자격을 말소당하고 2년 동안 복역했다.

그 무렵 악명 높았던 치안유지법은 1944년 2월 후세 다쓰지의 셋째 아들까지 죽음으로 몰아넣었다. 교토대학 학생이던 그는 전쟁 반대 시위를 벌이다 체포되어 교토형무소에 수감되었다가 의문의 죽음을 당했다. 그로 인해 평소 그의 활동에 반대하던 맏아들로부터 자식까지 죽인 아버지라는 원성까지 들었다. 하지만 후세는 애끓는 슬픔 속에서도 소신을 버리지 않았다.

내 아들이 전쟁터에서 죽은 것보다는 전쟁을 반대하면서 감옥에서 죽은 것이 참으로 장한 일이라고 생각한다.

살아서는 민중과 함께, 죽어서도 민중을 위해

1945년 일본의 패전 이후 변호사 자격을 회복한 후세 다쓰지는 미타카 사건, 마츠카와 사건 등 사회운동 사건에 적극 개입했고 한신교육투쟁 사건, 도쿄 조선고등학교 사건 등 재일조선인 관련 사건에도 빠지지 않았다. 그와 함께 후세는 1946년 4월, 석방된 박열에게 태평양전쟁 말기부터 써온 7장 63조의 〈조선 건국 헌법초안 사고私考〉를 건네주었다. 이처럼 후세는 조선의 자주 독립을 진심으로 성원했다.

전후 일본에 남은 조선인은 남북으로 갈라진 조국의 현실과 마찬가지로 조총련과 재일거류민단으로 맞서 격렬히 대립했다. 하지만 그들은 해방 전 후세가 보여준 조선 사랑을 잊지 않았다. 1949년 11월 12일 메이지대학 대강당에서는 '후세 다쓰지 탄생 70년 축하 인권옹호 선언대회'가 열렸다. 그때 3000여 명의 인파가 몰려들었는데 그 중에 800여 명이 조선인이었다. 그러나 얼마 지나지 않아 반공주의에 매몰된 조선인은 후세를 공산주의자로 매도하며 냉정하게 외면했다. 하지만 그는 결코 공산주의자가 아니었다. 언젠가 법정에서 그는 자신의 이데올로기에 대하여 분명하게 입장을 표명하기도 했다.

나는 약한 자를 변호하는 해방 운동가이지 결코 마르크스나 레닌을 따르는 공산주의자가 아니다.

그가 조선인을 위해 만든 헌법 초안이 대통령중심제와 양원제를 골자로 한다는 사실 하나만으로도 그가 공산주의와는 거리가 멀다는 것을 알 수 있다. 후세 다쓰지는 1953년 5월, 자신을 찾아온 시민운동가들에게 이렇게 말했다.

앞으로, 앞으로 가라고 호령하기보다 일어나서 함께 뛰지 않으면 대중의 진정한 고통을 모른다. 사회적 약자, 피압박자들과 함께 투쟁하는 것이 진정한 민중운동이다.

1953년 9월 13일, 대장암으로 신음하던 후세 다쓰지는 73세를 일기로 세상을 떠났다. 1963년 그의 장남 후세 간지布施柑治는《어느 변호사의 생애》를 통해 아버지의 치열하고 감동적인 삶을 증언했다. 도쿄 이케부쿠로 죠우자이지〔常在寺〕에 있는 후세 다쓰지의 묘비에는 다음과 같은 생전의 좌우명이 새겨져있다.

살아서는 민중과 함께, 죽어서도 민중을 위해.

그 분은 정말 조선 사람이었어요

조선의 흙으로 남은 아사카와 다쿠미

길에 나와 보니 예쁘게 차려입은 아이들이 즐거운 듯 오가고 있었다. 조선인 아이들은 특별히 예쁘다. 왠지 모르게 신비스러운 아름다움이 있다. 오늘은 왠지 조선인의 세상 같은 기분이 든다. 일본의 행위가 이 아름다운, 천사 같은 사람들의 행복을 어딘가에서 방해하고 있다면, 하느님, 부디 용서해 주십시오. 내 마음에는 조선 민족이 분명하게 보인다. 그들이 축복받은 민족이라는 것도 느껴진다.

―1922년 1월 28일(설날)의 일기

한국인에게 일본인은 아직도 가깝고도 먼 이웃일 뿐이다. 우리들의 핏줄기 속에는 침략자 일본인의 학살과 약탈, 압제와 만행의 기억이 생생하게 살아있기 때문이다. 오늘날 일본과 한국은 이웃으로, 때로는 협력과 동반자 관계로 세계 질서에 속해 있다. 그러나 여전히 추악한 과거를 반성하지 않고 은폐하기에 급급한 저들에게서 우리는 으스스한 일본도의 감촉을 떠올리게 된다.

그렇지만 식민지 시절 저들과 똑같은 일본인이면서도 조선의 하

아사카와 다쿠미. 조선의 하늘과 산과 바람을 사랑했던 일본인. 일제의 노예가 된 조선의 처지를 자신의 일처럼 안타까워했고, 파괴되고 잊혀져가는 조선의 전통과 문화를 지키기 위해 혼신의 노력을 했다.

늘과 산과 바람과 별을 사랑했던 사람들이 있었다. 그들은 폭압의 노예가 된 조선인의 비참한 처지를 자신의 일처럼 안타까워했고, 파괴되고 잊혀져가던 조선의 전통과 문화를 온몸으로 지켜냈다. 그 가운데 누구보다도 순수하고 따뜻했던 일본인 아사카와 다쿠미淺川巧 (1891~1931)가 있다. 그는 친형 아사카와 노리타카를 따라 조선에 건너온 뒤 이 땅의 공예품을 수집하고 보호하면서 조선인보다 더 조선인을 사랑했고 조선인처럼 살다가 조선의 흙으로 남은 사람이다. 훗날 다쿠미가 세상을 떠난 뒤 평생의 예술적 동반자였던 야나기 무네요시의 아내 가네코는 이렇게 말했다.

"그분은 정말 조선 사람이었어요."

조선의 민예에 빠져들다

아사카와 다쿠미는 1891년 1월 15일 일본의 야마나시 현에서 농업과 염색업에 종사하던 아사카와 조사쿠의 유복자로 태어났다. 아버지가 없었으므로 하이쿠를 좋아하며 봉사활동에 열심이었던 할아버지의 영향을 많이 받았다. 하지만 어린 시절 그에게 가장 큰 영향을 준 사람은 형 아사카와 노리타카였다.

다쿠미는 자신보다 일곱 살이나 많은 형 노리타카의 손에 이끌려 교회에 다녔으며, 세례도 받았다. 이 교회에서 아사카와 형제는 민예 전문가였던 고미야마 세이조小宮山清를 만났다. 그 후 노리타카는 1910년 창간된 〈시라카바〉의 애독자가 되었고, 1912년 신카이 다케타로新海竹太郎의 문하에서 조각을 배웠다. 1913년 그는 조선으로 건너가 남산소학교의 교사로 일하면서 조선의 도자기에 깊이 빠져들었다.

한편 무라야마니시 심상소학교를 거쳐 아키다 심상고등소학교를 졸업한 다쿠미는 1906년 야마나시 현립 농림학교에 입학했다. 1909년 3월 농림학교를 2등으로 졸업한 그는 아키다 현 오타테의 영림서에 들어갔다. 그러나 성격이 내성적이어서 친구가 별로 없었던 그는 늘 조선으로 떠난 형 노리타카를 그리워했다.

1914년 5월, 24세의 다쿠미는 형을 찾아 현해탄을 건넜고 조선총독부 농상공부 산림과에 취직했다. 그곳에서 다쿠미는 조선잎갈나무와 잣나무의 양묘에 성공했고, 잘 자라지 않는 종자를 노천에 매장하는 방법으로 숙성시켜 싹을 틔우는 '노천매장법'을 개발하는 개가를 올렸다. 평소 산과 숲은 자연에 맡겨야 한다는 사고방식을 가졌던 그는 묘목을 기르는 자신의 직업에 만족했고, 그 과정에서 종자를 채집하기 위해 만난 조선인의 소박한 삶에 깊이 빠져들었다.

얼마 후 다쿠미는 일본인 사이에 '조선 도자의 귀신'으로 통하던 형의 영향을 받아 조선의 민예에 빠져들었다. 다쿠미는 한복을 즐겨 입었고, 온돌방에 조선식 장롱을 사용했으며, 일본어만 사용하는 다른 일본인과 달리 조선어를 능숙하게 구사했다. 조선인은 그와 대화를 나누면서도 일본인이란 사실을 알아채지 못할 정도였다.

1916년 2월 7일, 아사카와 다쿠미는 농림학교 동창생 아사카와 마사토시의 누나 미쓰에와 결혼했다. 그러나 딸 소노에를 얻은 기쁨도 잠깐, 1921년 9월 29일에 아내가 서른 살의 젊은 나이로 병사하는 아픔을 겪었다. 그때 홀로 된 그를 위로해주고 다독인 사람은 평범한 조선인 동료 점쇠의 가족들이었다. 그 무렵 다쿠미가 쓴 일기에는 그들에 대한 깊은 사랑이 배어나온다.

밤에 점쇠의 어머니와 여동생 셋이 와서 셔츠와 바지를 손질해 주었다. 따뜻한 온돌에 앉아 여자들이 등불 밑에서 조용히 바느질을 하고 있다. 마치 내 가족 같다. 평화롭다. 따뜻한 가족 외에는 아무 것도 모르는 조선의 딸들. 조선을 구원할 힘은 당신들 손에 있는 듯한 느낌이 든다.

1925년 10월 20일, 다쿠미는 야나기 무네요시의 권유로 오키타 사키코와 재혼한 다음 딸과 함께 서울에 터전을 잡았다. 가족들에게 매우 다정다감했던 그는 여행지에서도 아내와 딸에게 자주 편지를 보냈다. 그는 또 귀가 길에 과자나 사탕을 사들고 와서 근처 조선인 아이들에게 나누어주어 인기가 높았다.

조선에 정착한 뒤 18년 동안 그는 조선총독부 산림과와 조선임업시험소의 평직원으로 근무했다. 하지만 박봉에도 불구하고 그는 민예품 수집을 게을리하지 않았고 임업시험장의 가난한 조선인 자녀들에게 장학금까지 대주었다. 봉급의 대부분을 민예품 구입과 장학금 등으로 썼기 때문에 가족에게는 원성을 들어야 했다.

야나기와 함께 조선민족미술관을 만들다

아사카와 다쿠미는 야나기 무네요시, 가와이 간지로河井寬次郞(1890~1966), 도예가 도미모토 겐키치富本憲吉(1886~1963) 등 일본의 민예 전문가들, 또 고려청자의 재현에 일생을 바친 지순탁이나 유근형 등 조선인과 깊은 교분을 나누었다.

서울에 자리 잡은 지 3년째 되던 1916년 8월 그는 일생의 동반자 야나기 무네요시를 만났다. 일본의 대표적인 민예학자인 야나기 무네요시는 아사카와 노리타카의 권유로 조선을 방문한 뒤 다쿠미의 집에 머물렀다. 그때 다쿠미는 야나기의 민예에 대한 높은 식견에 감복했고, 야나기는 다쿠미가 수집한 민예품의 아름다움에 놀라움을 감추지 못했다. 의기투합한 두 사람은 2주일 동안 조선의 골동품 가게를 순례하면서 더욱 가까워졌다.

이때부터 다쿠미는 야나기의 조선 미술품 수집에 자진하여 도우미가 되었고, 조선민족미술관 설립에 큰 도움을 주었다. 그는 주로 일본에 머물고 있던 야나기를 대신해 미술관 설립에 필요한 자질구레한 일을 대신해 주었고, 돈이 모일 때마다 미술관에 전시할 작품을 구입했다. 심지어 재혼할 때 어머니가 양복을 사 입으라고 준 돈까지도 모두 골동품을 구입하는 데 썼다. 야나기는 그런 다쿠미의 열정에 탄복하면서 다음과 같은 편지를 보내기도 했다.

아사카와 노리타카. 아사카와 다쿠미의 형이다. 야마나시 사범학교를 졸업하고 교직생활을 하던 도중 1913년 조선으로 건너가 조선 도자기 수집과 가마터 조사에 전념했다. 그가 발견한 가마터는 무려 700개소에 달한다.

자네의 이해와 애정과 노력이 없었더라면 아무 것도 이루어내지 못했을 걸세. 나는 일본에 있었기 때문에 귀찮은 일은 자네가 다 도맡아 주었지. 장차 여기 수집된 그런 공예품들을 보고 누군가 기뻐하는 사람이 생긴다면 무엇보다도 자네의 노력에 감사할 것이네. 어떤 물건은 고물상의 컴컴한 구석에 있다가 자네의 눈에 띄기도 했지. 또 어떤 것은 산속 민가에서부터 자네 등에 업혀 멀리 운반되어 온 것이고, 어떤 것은 생활비까지 털어 사들이기도 했지. 말하자면 자네가 이 물건들을 재탄생시킨 셈이네.

다쿠미와 야나기 두 사람의 노력으로 1924년 4월 9일 경복궁 집경당에서 조선민족미술관이 정식으로 개관되었다. 그 후 미술관에서는 매년 봄가을에 한 차례씩 전시회를 가졌는데, 그 중에 1925년 4월의 '모쿠지키 불상 사진전', 1927년 10월의 '조선의 미술공예품전',

1928년 7월의 '조선 시대 도자전'이 특히 주목을 받았다.

조선 민예에 대한 이해와 사랑

아사카와 다쿠미는 단순히 조선의 민예품을 수집한 것이 아니라 그 기원과 역사, 용도를 추적하는 데 심혈을 기울였다. 서양 문물이 물밀듯이 들이닥치던 그 시절, 조선인의 생활사가 담긴 소중한 문화유산이 영영 사라질 것을 염려했다. 1929년 3월 도쿄에 있는 공정회工政會 출판부에서 발간된《조선의 소반》*은 그 소중한 결실이었다. 이 책의 서문에서 다쿠미는 이렇게 썼다.

> 조선의 목공품은 도자기 등과 마찬가지로 특수한 멋을 가졌다. 요즘 들어 목공품에 대한 가치를 새로이 인식하는 사람들이 늘고 있지만 앞으로 더 인정받을 날이 올 것이다. 사방탁자·책상·문갑·장롱·경대·반닫이·베개·편지꽂이 등과 같이 다양하고 우수한 작품을 볼 수 있다. …(중략)… 이 책은 보거나 들은 사실을 충실하게 기록한 것이다. 잘못 전해 들은 것과 설명이 모자라는 부분도 있지만, 지금 하지 않으면 더 많은 소반이 사라지게 될 것을 염려하여 일단 기록하게 되었다.

모두 8장으로 구성된 이 책의 초반부에 다쿠미는 공예는 사람의 손때를 타야만 진정한 아름다움을 담게 된다는 자신만의 공예관을 피력

---

* 이 책의 원제는《조선의 선膳》이다. 선膳은 반찬, 혹은 그것을 담는 그릇을 말한다.《조선의 소반》이란 제목은 민속학자 심우성 교수의 번역으로 1995년 학고재에서 출간했을 때 붙인 것이다.

했다. 그에게 있어 순박하고 단정한 자태를 지닌 조선의 소반은 일상생활에 쓰이면서 세월과 함께 우아한 멋을 더하는 공예품의 표본이었다. 그처럼 다쿠미는 '사용자 예술가'라는 개념으로 조선의 민예품을 분석했던 것이다.

올바른 공예품은 친절한 사용자의 손에서 차츰 그 특유의 아름다움을 발휘하는 것이므로 어떤 의미에서 사용자는 완성자라고도 할 수 있다.

다쿠미가 찬탄을 아끼지 않았던 12각 호족반. 그는 소반을 온돌방에 앉아 밥을 먹는 문화를 가진 조선만의 고유한 문화로 보았다.

이어서 그는 소반의 범위와 역사, 희귀한 소반과 그 재료인 목재, 칠漆, 장인의 작업방식, 조선 소반의 변천사 등을 소개했다. 이 책에서 그는 조선의 소반에서 실용 속에 깃든 예술미를 찾아냈고, 생활도구로 사용되는 목제나 석제 물품들에서도 위대한 범용의 경지가 있다고 상찬했다. 그는 모국인 일본 미술에서 볼 수 있는 가공과 인위적 조형미에 비해 실용성과 예술성이 하나가 된 조선 미술의 특징을 직감했던 것이다. 그렇듯 조선의 소박하면서도 강인한 생명력에 감동한 다쿠미는《조선의 소반》말미에서 식민지 조선의 자주독립을 염원하기까지 했다.

블레이크는 말했다. '아무리 바보라도 그 멍청한 행동을 고집하면 현명한 자가 된다.'라고. 피곤에 지쳐있는 조선이여, 남의 흉내를 내기보다 자신이 지니고 있는 소중한 것을 잃지 않는다면 머지않아 자신에 찬 날이 올 것이다. 이는 공예의 길에만 국한되지 않는다.

일본 와세다대학 출신으로 경신고등보통학교 교사였던 홍순혁은 1931년 10월 19일자 동아일보에 '아사카와 다쿠미 지음《조선의 소반》을 읽고'라는 글에서 다쿠미의 연구 업적을 상찬하면서 조선의 미술공예에 관심이 있는 학생은 물론 일반인들에게도 일독을 권했다. 그것은《조선의 소반》이란 책이 그 내용의 가치뿐만 아니라 조선인의 민족의식을 고무하는 내용으로 가득 차 있었기 때문이다.

조선 도자기에 대한 사랑

아사카와 다쿠미는 1922년 〈시라카바〉 9월호에 실린 '가마터를 순례하던 어느 하루', 1925년 〈아틀리에〉 4월호와 5월호에 연재한 '가마터 순례 여행을 끝내고', 1927년 〈다이쵸우와(大調和)〉 12월호에 실린 '분원요적고', 1930년 〈테이코쿠고게이(帝國工藝)〉 2월호에 실린 '조선의 선반과 장롱류에 대하여', 1931년 사망한 뒤 〈고게이(工藝)〉 5월호에 실린 '조선 다완', 7월호에 실린 '조선요업진흥에 관한 의견', 1934년 〈고게이〉 4월호(아사카와 다쿠미 추도호)에 실린 '김해' 등 7편의 글과 편지를 남겼다.

생애 마지막 불꽃을 태우던 1931년, 다쿠미는 조선어와 일본어로 쓴 《조선도자명고朝鮮陶磁名考》를 완성했다. 184장의 일러스트, 색인 22쪽의 역작인 이 책에서 다쿠미는 기물의 종류에 따른 명칭, 도자기

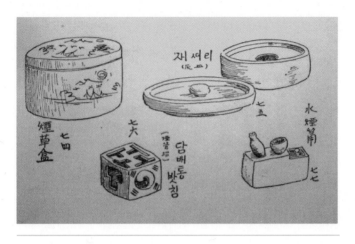

《조선도자명고》에 실린, 다쿠미가 직접 한글로 쓰고 그린 삽화. 그가 조선의 문화에 얼마나 애정을 가졌는지 알 수 있다.

를 만드는 도구와 원료 그리고 가마터의 조사 과정 등을 세밀하게 수록하여 조선 민예 연구에 커다란 업적을 쌓았다. 이 책의 서문에서 그는 겸손한 태도로 일본인인 자신의 한계를 자임하면서 조선 도자기에 대한 체계적인 연구가 이어지기를 소원하고 있다.

> 오늘날 조선 사람들은 기물을 되돌아볼 여유가 없을 뿐더러 소중하게 보존하는 일조차 등한히 하고 있어, 한 시대 이전의 기물은 명칭과 쓰임새조차 차츰 차츰 잊혀져 가고 있다. 이런 상태이므로 다른 나라 사람이 보기에는 형태와 쓰임새가 진기한 것이 많기 때문에 그들이 이 작품을 다룰 경우, 종종 쓰임새를 잘못 판단해서 전혀 비슷하지도 않은 제멋대로 된 이름을 붙이는 경우가 많다.
> …(중략)… 이 책은 10여 년 간 주의를 기울여 배운 조선 시대 도자기의

명칭을 모은 것인데, 난데없이 불쑥 뛰어든 일본인으로서는 정확성을 기대하기가 상당히 어려웠다. 그 점을 염려하여 책을 펴내는 것을 망설였다. 그러나 더 이상 방치해 둘수록 도자기의 이름들은 차츰 사라지게 될 형편이어서, 일단 한데 모아둠으로써 안목 있는 사람의 가르침을 받는데도 편리하리라 생각하여 책으로 엮었다.

다쿠미는 그릇 본래의 이름과 쓰임새를 앎으로써, 그것의 주인인 민족의 근본이 무엇인가를 알 수 있을 것이라고 주장했다. 그는 도자기의 성쇠는 민족의 성쇠와 깊은 관계가 있는데, 조선의 도자기야말로 한민족이 한때 크게 융성했던 시기가 있었음을 증명해주는 것이라고 말했다. 이는 당시 조선의 식민지화를 합리화하는 일본의 조선 깎아 내리기와는 전혀 다른 시각이었다. 이런 다쿠미의 연구는 조선이 비참한 역사를 가지고 있고, 그로 인해 조선의 예술작품이 '비애의 미'를 품었다고 주장했던 야나기 무네요시가 자신의 이론을 극복하게 된 커다란 계기가 되었다. 당시 야나기 무네요시는 조선 도자기에 대한 다쿠미의 연구 성과를 크게 칭찬하면서 발문에서 이렇게 격려했다.

어떤 저술이든 간에 다소의 차이는 있지만 선행 연구자의 책에 도움을 받게 마련이다. 그러므로 이 책처럼 저자 스스로 기획해서 저술한 예는 실로 드물다. 여태까지 아무도 생각해내지 못했고 시도하지도 않았으며, 앞으로도 아마 해낼 수 없는 일이다. 심지어 이 도자기를 만들어 낸 조선인에게조차 기대하기 힘든 책이다. 왜냐하면 젊은 사람은 옛 그릇을 모르고, 나이든 사람은 그릇을 아끼는 습관을 갖고 있지 않기 때문이다. 또 어떤 일본인에게도 이와 같은 책을 기대하기 어렵다. 왜냐하면

이 책의 저자를 제외하고는 그 어디에서도 조선의 도자기에 대한 사랑과 이해, 지식과 경험 그리고 어학 능력까지 골고루 겸비한 사람을 찾을 수가 없을 것이기 때문이다. 이것은 참으로 아사카와에게 걸맞은 일이며 또 가장 아사카와다운 일이다.

아사카와 다쿠미는 평생 조선인조차 깨닫지 못한 조선의 아름다움을 발견하고 그것을 세상에 알리려 노력했다. 그러면서 문화의 본향인 조선을 파괴하고 짓밟은 일본인을 용서해달라고 기도하기까지 했다. 이런 다쿠미의 선한 심성에 감동한 도쿄대학의 하루키 교수는 훗날 그를 이렇게 평했다.

그는 캄캄한 밤중에 땅에 몸을 붙이고 빛을 내어 주위를 밝히는 사람이었다.

조선의 흙이 되다

1931년 4월 2일, 아사카와 다쿠미는 급성 폐렴을 이기지 못하고 마흔한 살의 젊은 나이에 짧은 유언을 남기고 세상을 떠났다.

나는 죽어서도 조선에 남고 싶소. 부디 조선식으로 장사 지내 주시오.

그의 부음이 알려지자 수많은 조선인이 몰려들어 눈물을 흘렸다. 흰 두루마기에 싸인 그의 시신을 장지로 옮길 때는 30여 명의 조선인이 앞 다투어 관을 메겠다고 나서기까지 했다. 다쿠미의 유해는 최후의 유언대로 그가 살던 이문리 마을 뒷동산에 묻혔다. 11년 뒤인 1942년 묘지 근처에 도로가 새로 뚫리게 되자 사람들이 망우리 공동묘지로 이장했다.

1927년부터 다쿠미와 만나 죽을 때까지 교분을 쌓았고 전후 시데하라 내각의 문부대신을 지낸 경성제국대학 교수 아베 요시시게安倍能成는 '아사카와 다쿠미를 애도한다.'라는 추도문을 통해 그의 죽음을 인류의 큰 손실이라며 슬퍼했다. 아베의 추도문은 경성일보에 5회에 걸쳐 게재되었는데, 그 중에 '인간의 가치'라는 글에서는 이런 대목이 보인다.

> 다쿠미의 생애는 '인간의 가치는 실제로 그 인간에 있으며 그 이상도 이하도 아니다.'는 칸트의 말을 입증했다. 나는 마음으로부터 인간 아사카와 다쿠미 앞에 고개 숙인다.

갑작스런 그의 죽음을 제일 안타까워한 사람은 역시 야나기였다. 그는 다쿠미가 해야 할 일을 다 못하고 세상을 떠났다며 몹시 아쉬워했다. 다쿠미의 장례를 마치고 일본에 돌아간 뒤에도 야나기는 내내 그의 죽음이 아쉬웠던지 다음과 같은 글을 남겼다.

> 아사카와가 죽었다. 돌이킬 수 없는 손실이다. 그렇게도 속속들이 조선을 알고 있었던 사람을 나는 달리 알지 못한다. 그는 정말로 조선을 사랑하고 조선 사람을 사랑했다. 그리고 조선 사람들에게서 정말 사랑을 받았다. 그가 죽었다는 소식이 전해졌을 때 조선인이 보여준 뜨거운 정

을 어디에도 비길 수 없었다. 자진해서 나선 조선인이 상여를 메고 조선 공동묘지에 그를 묻어 주었다. 나와는 오래 사귀어 온 벗이다. 그가 없었더라면 조선에 대해 내가 한 일의 절반도 이루지 못했을 것이다.

1945년 해방을 맞아 성난 군중들에 의해 망우리의 일본인 묘지가 파괴될 때 그의 무덤도 함께 훼손되었다. 1964년 6월 20일 한국임업시험장(현 국립산림과학원) 직원들은 훼손된 그의 묘를 복원하고 수복제修復祭를 올렸다. 그해 8월 25일에는 한글 묘비를 세웠고, 2년 뒤인 1966년 6월에는 그의 공덕비를 세웠다. 그의 묘비에는 이렇게 새겨져 있다.

한국의 산과 민예를 사랑하고 조선인의 마음속에 살다간 일본인 여기 한국의 흙이 되다.

간단한 일본사, 고대에서 현대까지

오늘날 세계인은 과거 일본인이 약속했던 평화와 민주주의에 대하여 의구심을

품고 있다. 전후 나치의 만행을 깨끗이 사과하고 사후 조치를 말끔히 이행한

독일과 달리 일본은 막강한 경제력과 군사력을 배경으로 침략주의 역사를 미

화하는 한편, 한국의 독도와 중국의 자오위다오 등 인접국들과 영토분쟁을 일

으키는 등 여전히 제국주의 역사의식에 함몰되어 있기 때문이다.

일본인의 사고방식, 어디에서 왔는가

일본은 7세기 경 다이카 개신〔大化改新〕으로 당唐의 제도를 도입하고 천황 중심의 중앙집권 체제를 마련한 야마토〔大和〕 시대와 율령정치를 시행했던 나라〔奈良〕 시대를 통해 대륙의 선진문화를 적극적으로 받아들였다. 8세기 들어 천황 가문의 정통성을 역사적으로 뒷받침하기 위해《고사기》와《일본서기》를 편찬했다. 794년 간무 천황桓武天皇*이 지금의 교토인 헤이안쿄로 천도한 뒤 가마쿠라 막부가 시작되기까지 약 400년 동안의 헤이안〔平安〕 시대가 펼쳐졌다.

헤이안 시대 초기에는 외척인 후지와라 씨들이 정권을 장악하면서 귀족 문화이면서 당풍을 토대로 한 국풍문화가 꽃을 피웠다. 그때 가

---

* "나 자신으로서는 50대 간무 천황(737~806)의 생모가 백제 무령왕의 자손이라고《속일본기續日本紀》에 기록돼 있어 한국과의 인연을 느끼고 있습니다." 2001년 12월 23일 아키히토明仁 천황이 68세 생일을 맞아 왕실에서 한 발언이다. 진구황후가 삼한을 다스렸다고 주장하는 일본 우익들은 기겁을 했고, 벨 없는 한국 언론도 조용했다. 3년 뒤인 2004년 8월 3일에는 아키히토 천황의 5촌 당숙이자 왕족 아사카노 마사히코朝香誠彦가 비공개로 무령왕릉을 참배했다. 간무 천황의 생모는 다카노노 니가사高野新笠.《속일본기》의 기록은 '황태후의 성은 화씨和氏이고 이름은 신립新笠이다. 황태후 선조는 백제 무령왕의 아들 순타 태자다. 황후는 용모가 덕스럽고 정숙하여 일찍이 명성을 드러냈다. 고닌光仁 천황이 즉위하기 전에 혼인했다.'고 되어 있다. 고닌 천황은 물론 간무 천황 아버지. 백제 왕가의 후손이라는 것을 천황가가 인정하고 있는 것이다.

나문자(仮名文字)의 발명으로 인해 일본문학이 발전했는데 남성들은 주로 가타가나(片仮名)와 한문을 사용했고 여성들은 히라가나(平仮名)를 사용해 와카와 일기, 수필, 소설 등을 써서 감정을 발산했다.

얼마 후 지방에서 유력한 호족을 중심으로 무사단이 만들어졌다. 12세기 중엽 시라카와 상황과 천황 간의 대립으로 발생한 후지와라藤原 일가의 분쟁은 지방의 무사 세력 가운데 가장 강력했던 미나모토源 가문과 다이라平 가문의 대리전 양상으로 바뀌어 호겐의 난(1156)과 헤이지의 난(1159)으로 번졌다. 이 전쟁에서 미나모토 가문을 물리치고 실권을 잡은 다이라 기요모리는 막강한 권력을 휘둘렀다. 그러나 남아 있던 미나모토 가문과 고시라카와 법황이 손잡고 1185년 단노우라 전투에서 다이라 가문을 공격해 전멸시켰다.

이로써 전국을 제패한 미나모토 요리토모源賴朝(1147~1199)는 1192년 쇼군에 임명되어 가마쿠라(鎌倉)에 막부를 설치했다. 그때부터 가마쿠라 막부는 쇼군과 그 휘하 무사를 나타내는 고케닌御家人과 토지를 매개로 결합된 주종관계를 바탕으로 약 140년간 지속됐다. 막부에서는 고케닌 가운데 유력한 인물을 지방관인 슈고(守護)와 장원에 세금을 부과하고 치안을 유지하는 지토(地頭)에 임명하여 전국을 지배했다. 물론 그 시대에도 교토에는 무기력하나마 천황과 귀족 중심의 정부가 존재하고 있었다.

미나모토 요리토모가 죽은 뒤 부인 마사코의 친정인 호오죠 가문이 실권을 장악했지만 막부의 세력은 약화되었다. 13세기 후반 원나라의 두 차례 일본정벌에 막부가 제대로 대응하지 못하자, 고케닌이 막부를 외면하는 사태가 벌어졌다. 그 결과 1333년 고다이고後醍酉胡 천황에 의해 가마쿠라 막부의 명맥이 끊어졌다.

무로마치 시대

고다이고 천황은 고대의 천황제와 귀족정치를 이상으로 하는 천황 중심의 정치를 부활하는 데 성공했다. 그러나 얼마 후 아시카가 타카우지足利尊氏(1305~1358)의 반란이 일어나자 패주한 고다이고 천황은 요시노로 물러나 조정을 세웠다. 그러자 타카우지는 교토에 새로운 천황을 세우고 쇼군이 되어 새로운 막부를 일으켰다. 그때부터 두 개의 조정이 양립하는 남북조 시대가 시작되었다. 당시 아시카가의 손자인 요시미츠가 무로마치〔室町〕에 하나노고쇼로 불리는 대저택을 짓고 이를 막부로 사용했기 때문에 그 시대를 무로마치 막부 혹은 무로마치 시대라고 부른다. 무로마치 막부는 가마쿠라 막부에 비해 쇼군과 무사들의 결속력이 약했기 때문에 슈고다이묘들은 영지를 확장하고 군사력을 강화하여 강력한 지배권을 행사했다.

무로마치 시대에는 농업 기술이 발달하여 이모작이 행해졌으며, 마을마다 회합을 열어 농민들끼리 세금이나 농업기술 등에 대해 의논했다. 그 과정에서 결속력이 강화된 농민들이 세금 문제 등으로 막부에 대항했다. 이와 같은 농민반란을 '쓰치잇키'라고 한다. 달리 종교적인 문제로 일어난 저항은 '잇코잇키'라고 부른다. 이 시기에는 다이묘〔大名〕들이 무기조달을 위해 상공업자를 보호하여 상품유통과 함께 운송업을 통해 거부들이 출현했다.

1467년, 8대 쇼군 아시카가 요시마사 집권 당시 후계자 문제로 무사들끼리 파가 갈려 11년 동안 전쟁이 벌어졌다. '오닌의 난應仁の亂'이라 불리는 당대의 혼란으로 장원제 질서가 파괴되고 하극상이 만연했다. 그때부터 100여 년간의 혼란기를 센코쿠 시대戰國時代라 부른다.

아즈치모모야마 시대

전란이 이어지던 16세기 후반 일본에서는 오다 노부나가織田信長(1534~1582)란 영웅이 등장했다. 그는 1543년에 규슈 남방 타네가시마에 표착한 포르투갈인들로부터 얻은 소총을 국산화한 뒤 전투양식을 현대적으로 바꾸었다. 그때부터 오다 노부나가는 전국 통일에 나서는 한편, 상업과 수공업, 기독교를 보호 육성하고 포르투갈, 스페인과 교역하며 유럽의 문물을 받아들였다.

그러나 오다 노부나가는 대업 일보직전에 '혼노지의 변本能寺の変'으로 불리는 심복 아케치 미쓰히데의 반란으로 목숨을 잃었다. 그의 유지를 이어받은 도요토미 히데요시는 1590년 아케치 미쓰히데를 격파하고 오사카 성을 근거로 천하통일의 대업을 완수했다. 이처럼 오다 노부나가로부터 도요토미 히데요시까지의 시대를 아즈치모모야마 시대安土桃山時代(1574~1600)라고 한다. 이 명칭은 노부나가와 히데요시의 성城인 아즈치 성과 모모야마 성에서 따온 것이다.

빈농의 자식으로 천하통일에 성공한 도요토미 히데요시는 지배 체제를 확고히 하기 위해 토지조사를 단행하고, 전답의 수확고를 조사하여 세율을 정하는 '다이코겐치'를 실시했다. 또 농민들의 반란을 막기 위해 무기 회수령인 '가타나가리〔刀狩〕를 단행했다. 이때부터 일본에서는 병농兵農이 분리되고 긴 분란의 씨앗인 장원제가 막을 내렸다. 한편 도요토미 히데요시는 다도茶道를 적극 권장, 센노 리큐를 다도 스승으로 두고 전폭 지원하여 일본 다도를 완성했다. 말년에 도요토미 히데요시는 통일의 논공행상에 불만을 품은 무사들의 여력을 발산하고 자신의 권력을 강화하기 위해 조선을 침공했다가 조명연합군에 패배한 뒤 세상을 떠났다.

에도 시대

1603년 도쿠가와 이에야스德川家康(1543~1616)는 세키가하라 전투에서 도요토미의 추종세력을 격파하고 쇼군이 되어 에도, 지금의 도쿄에 막부를 설치했다. 그때부터 도쿠가와 이에야스는 전국의 4분에 1에 해당하는 지역과 교토, 오사카, 나가사키 등의 주요도시를 직접 다스렸다. 이때부터 가족과 가신에게 나누어준 영지를 번藩, 영주를 다이묘〔大名〕라고 불렀다.

에도 막부는 전국의 번을 효율적으로 지배하기 위해 조직을 정비하여 막번 체제를 구성했다. 막부는 다이묘가 지켜야할 규칙을 정하고 이를 어겼을 때에는 영지를 몰수하는 등 엄하게 다스렸다. 하지만 영주에게는 독자적으로 영지를 지배할 수 있는 권한을 부여했다. 당시 막부는 조정과 사원에까지 막강한 권력을 행사했다.

3대 쇼군 도쿠가와 이에미츠德川家光(1604~1651)는 참근교대제를 만들어 영주의 처자식들을 볼모로 잡고 강력한 중앙집권제를 실시했다. 또한 전체 인구의 8할에 육박하는 농민들을 지배하기 위해서 사농공상士農工商의 신분제도를 만들어 최상계급인 무사들로 하여금 농민과 쵸닌(주로 상인)들에 대한 생사여탈권을 주었다. 그때부터 소수의 무사들이 다수인 농민과 쵸닌을 지배하는 봉건사회가 시작되었다.

도쿠가와 이에야스는 집권 초기 해외 도항 무역과 해외 이주를 허락하였으나 기독교가 일본사회 깊숙이 파고들자 기독교 금지령을 내렸다. 이에미츠는 한술 더 떠 해외 도항과 해외 이주를 법으로 금지하고 이를 어기는 자는 사형에 처하도록 했다.

1637년 규슈의 시마바라에서 과중한 세금과 기독교 금지에 대항하여 잇키〔一揆〕(무사와 농민이 함께 들고일어나는 소요)가 일어났다. 4개월에 걸쳐 겨우 난을 수습한 막부는 기독교에 대한 탄압을 강화하고 1639년 쇄국령을 공포했다. 하지만 기독교와 관련이 없는 네덜란드인과 중국인에게는 나가사키와 데지마를 개항했다. 이로 인해 일본의 독자적인 문화와 산업이 발달하였으나 서양 문명과의 교류가 단절되어 문화적 고립을 자초했다.

1688년부터 1703년에 이르는 켄로쿠 시대에 막부가 불량 화폐를 남발하여 재정이 파탄 지경이 이르자 세 차례의 경제개혁을 단행했다. 에도 시대 3대 개혁으로 불리는 교호〔亨保〕, 간세이〔寬政〕, 텐보〔天保〕 개혁을 통해 막부는 무사들의 사치를 금하는 등 경제 회복에 총력을 기울였지만 모두 실패하고 말았다. 한편 에도 시대에는 일본의 고전을 연구하는 국학과 의학을 중심으로 한 양학이 발전했는데, 국학은 훗날 존왕양이 운동으로, 양학은 개국과 막부 타도 운동으로 이어졌다.

18세기 중엽부터 근대국가의 기틀을 마련한 구미 열강들이 일본에 개항을 요구해왔다. 막부는 끈질기게 개항을 거부하였으나 결국 미국의 무력에 밀려 1854년 미일화친조약을 체결하고 시모다 항과 하코다테 항을 개항했다. 1858년에는 막부의 대로大老 이이 나오스케가 조정의 재가 없이 미일수호통상조약을 체결했다가 존왕양이론자들에게 암살당했다.

개항 이후 수출의 급증으로 일본 자국 내에서는 물자 부족 현상으로 물가가 급등하는 경제혼란이 일어났다. 이에 사쓰마와 조슈 번의 하급무사들이 존왕양이 운동을 일으키고 영국과 네덜란드, 프랑스, 미국 등의 열강의 함대들과 교전 상태에 들어갔으나 열강의 힘에 밀려 결국 양이洋夷를 포기하고 존왕도막尊王倒幕, 즉 막부를 타도하는 쪽으로 방향을 수정했다.

사쓰마와 조슈 번은 삿초동맹을 맺고 신정부 수립을 목표로 영국의 지원 아래 서양식 신식 군비를 정비했다. 이에 막부도 프랑스의 원조를 받아 조슈 번을 정벌하는 등 치열한 대립상황에 빠졌다. 여기에 폭동과 농민봉기까지 일어나 일본사회는 극도의 혼란상황에 빠졌다.

상황이 점차 악화되자 15대 쇼군 도쿠가와 요시노부는 왕정복고를 선언하고 정권을 천황에게 반납했지만 신정부는 요시노부의 영지와 관위까지 빼앗아 버렸다. 이에 반발한 막부의 무사들이 교토에서 도바·후시미 전쟁을 일으켰지만 신정부군에게 패하면서 260여 년 동안 지속되었던 도쿠가와 막부 시대가 종언을 고했다.

메이지 시대

1868년 메이지 천황은 신정부 정치방침인 5개조 선언문을 발표, 연호를 메이지로 정하고 1867년 교토에서 도쿄로 천도했다. 에도 막부 멸망 이후에도 1년 6개월에 걸쳐 무사들의 반란이 계속되었으나 모두 진압하고 메이지 신정부는 일본 통일에 성공했다.

신정부는 천황을 중심으로 하는 새로운 정치체계를 수립하고자 메이지 유신을 단행하여 다이묘들의 영지와 영민을 천황에게 복속시키고 세금을 정부에서 받았으며, 모든 지방관을 중앙정부에서 파견했다. 또한 사민평등을 선언하여 신분제를 폐지하였고 평민들도 성姓을 가질 수 있게 하였으며, 직업 선택과 거주 이전의 자유를 주었다. 또한 부국강병책을 시행하여 정부가 직접 관영공장을 세우고 광산을 개발하는 등 근대산업의 발전을 추진하였으며 전신, 우편, 화폐, 철도 교통 등의 근대적인 제도개혁에도 힘썼다.

메이지 정부는 1873년 징병령을 내려 군대를 조직하고, 1882년 일본은행을 설립하는 등 지속적으로 개혁에 힘썼다. 이어서 개혁정치를 위한 자금마련에 나선 메이지 정부는 '지조개정地租改正'을 실시하여 땅을 소유한 만큼 세금을 부과하고 현금으로 징수했다. 이 조세개혁으로 인해 많은 빈농출신 젊은이들이 농촌을 떠나 도시의 공장 노동자와 일본 군대의 주요 병력 자원이 되었다.

1872년 메이지 정부는 근대적인 교육을 위해 학제를 개정, 모든 국민이 교육을 받을 수 있게 했다. 초등 교육의 확산과 도쿄의학교, 게이오의숙, 도쿄전문학교 등 고등교육기관도 속속 세워졌다. 이러한 메이지 정부의 서구화 정책은 태양력과 7요일 제도, 1일 24시간제, 단발과 양복, 기독교의 인정, 신문 간행 등 국민생활 전반에 걸쳐 그 영향력을 발휘하면서 이른바 문명개화가 이루어졌다.

그 무렵 후쿠자와 유키치 등에 의해 자유주의와 개인주의 등 근대 구미의 사상이 소개되면서 일본 전역은 자유와 평등, 인권주의 사상으로 물결치게 되었다. 그리하여 1881년 최초의 정당인 자유당이 생겨났고, 곧 이어 영국식 의회정치를 주장하는 입헌개진당이 창당했다. 1889년 이토 히로부미 등은 독일 헌법을 본뜬 대일본제국 헌법을 공포하고 1890년 제국의회를 개설했다. 그 해에 일본 최초로 실시된 중의원 선거는 선거권이 제한적으로 주어졌기 때문에 전 국민의 1퍼센트 정도만이 투표할 수 있었다.

근대산업의 발달이 어느 정도 궤도에 오르자 일본은 서구 열강과 마찬가지로 해외시장 개척에 나서면서 첫 목표로 조선을 노렸다. 그러나 당시 조선은 사실상 청의 비호 아래 있었으므로 일·청 간 대립은 피할 수 없었다. 1894년 동학농민전쟁에 개입하기 위해 청군이 출병하자 일본도 군대를 몰고 와 청일전쟁이 벌어졌고, 이 전쟁에서 승리한 일본은 시모노세키조약을 체결, 동북아시아의 새로운 패권자로 등장했다.

일본은 1904년 러시아와의 전쟁에서도 승리하여 사할린 일부와 남만주 철도의 이권을 얻었다. 이후 일본은 중국에 남만주철도회사를 세우고, 조선을 병합하여 식민지화하는 등 본격적인 식민지 쟁탈전에 돌입했다 그 와중에 미국과의 불평등조약인 치외법권을 폐지하고 관세자주권을 회복하는 등 외교적 현안을 해결했다.

청일전쟁과 러일전쟁을 거치며 아시아의 풍부한 원료 시장을 손에

넣은 일본은 기계·제철·조선·제사·직물·방적업 등 근대 산업을 육성했다. 그때부터 대지주와 자본가들이 의회를 통해 정치권에 진입했다. 한편 자본주의에 따른 부작용으로 인해 사회주의 사상이 유행하여 노동자, 농민, 학생들의 소작쟁의, 노동운동이 빈발했다.

군국주의 일본에서 현대까지

1914년에 일어난 제1차 세계대전에서 영국의 동맹군으로 출병한 일본은 중국에서 독일군을 격파하는 전과를 거두고, 1920년 국제연맹의 상임이사국으로 선임되었다. 전쟁 기간에 일본 경제는 엄청난 호황을 누렸다. 아시아 시장을 상대로 한 공업용품 수출로 생긴 막대한 이익을 챙겨 대재벌이 등장하기도 하였으나, 쌀과 생필품 가격의 폭등으로 대부분의 국민들은 생활고에 시달려야했다.

1919년 도야마 현에서 쌀가게를 습격하는 등 쌀 소동이 벌어졌으며 노동운동과 농민운동이 전국적으로 확산되었다. 도야마 현의 쌀소동 이후 평민 출신 재상 하라 다카시가 일본 최초로 정당내각을 구성하였고, 1925년 선거법을 개정하여 25세 이상의 모든 남자에게 선거권이 주어졌다. 또 치안유지법을 제정하여 각계의 사회운동을 원천봉쇄했다.

1923년 일본 경제가 한창 호황을 누리고 있을 때, 간토 지방을 중심으로 대규모 지진이 발생했다. 이 간토대지진은 일본인의 재일 조선인 학살을 불러왔다. 그 후 재건 사업에 들어간 일본에서는 전화와 자동차, 지하철 등이 생기고 도쿄를 중심으로 고층 빌딩이 건설되었다. 또

라디오 방송과 신문, 잡지 등의 매스미디어가 나날이 발달했다.

1929년 미국에서 시작된 대공황이 전 세계로 확산되면서 일본 경제도 위기 국면에 도달했다. 이에 정부와 군부, 대재벌들은 사태를 수습하고자 중국 진출을 꾀해 1931년 만주사변을 일으켰다. 1933년 일본은 만주국 인정 문제로 국제연맹을 탈퇴했고 국내에서는 쿠데타가 잇달아 터지면서 사회가 일대 혼란에 휩싸였다. 그 와중에도 호전적인 일본 군부는 중일전쟁을 일으켰다.

1939년 제2차 세계대전이 발발하자 독일, 이탈리아와 군사동맹을 맺은 일본은 1941년 미국과 영국에 선전포고를 했다. 전쟁 발발 초기에는 동남아시아 일대를 점령하는 등 일본이 연합군에 우세하였으나 곧 전열을 가다듬은 미국에 의해 전세가 뒤바뀌었다. 결국 히로시마와 나가사키에 원자폭탄이 떨어지고 소련까지 대일선전포고와 함께 참전하자 1945년 8월 15일 일본 군부와 천황은 연합군에 항복했다. 1931년 중일전쟁으로 시작한 15년간의 전쟁이 마침내 막을 내렸다.

전후 일본은 연합군 최고 사령관인 미국의 맥아더 장군 관할 하에 들어갔다. 맥아더는 극동군사재판소를 설치하여 전범을 처벌했다. 그는 또 치안유지법을 폐지하고 20세 이상의 남녀 모두에게 참정권을 주었다. 그와 함께 미쓰비시와 미쓰이, 스미토모 등 군부에 협력했던 대재벌들을 해체하고 농지개혁을 단행했다.

1946년 민주주의를 기본으로 하여 천황을 국가의 상징으로 하는 주권재민, 평화주의, 인권존중의 일본국 헌법이 공포되었다. 당시 일본은 국토와 산업시설이 모두 파괴되어 식량부족과 물가폭등 등 최악의 상태였다. 그러나 1950년 한국전쟁이 발발하자 일본은 미국의 병참기지 역할을 하며 부를 축적했고, 베트남 전쟁에서도 군수기지 역할을 함으로써 재도약의 계기를 마련했다.

현재 일본은 세계 3대 경제 대국이자, 세계 2위의 국방예산 국가이다. 그러나 오늘날 세계인은 과거 일본인이 약속했던 평화와 민주주의에 대하여 의구심을 품고 있다. 전후 나치의 만행을 깨끗이 사과하고 사후 조치를 말끔히 이행한 독일과 달리 일본은 막강한 경제력과 군사력을 배경으로 침략주의 역사를 미화하는 한편, 한국의 독도와 중국의 자오위다오 등 인접국들과 영토분쟁을 일으키는 등 여전히 제국주의 역사의식에 함몰되어 있기 때문이다. 아직까지도 군국주의의 일소와 민주화에 미적거리고 있는 일본, 과연 그들은 언제나 가깝고도 먼 이웃 한국의 믿음직한 친구가 될 수 있을까.

참고도서 ■

가와무라 신지, 이혁재 옮김,《후쿠자와 유키치》, 다락원, 2002.

고바야시 게이지, 홍영의 옮김,《한일 역사의 현장》, 시간과공간사, 2006.

곤니치안, 박민정 옮김,《일본다도의 이론과 실기》, 다도사, 2007.

국방부 전사편찬위원회 엮음,《의병항쟁사》, 1984.

금병동, 최혜주 옮김,《조선인의 일본관》, 논형, 2008.

금병동, 최혜주 옮김,《일본인의 조선관》, 논형, 2008.

김창숙,《심산유고心山遺稿》, 국사편찬위원회, 1973.

김희영,《이야기 일본사》, 청아출판사, 2007.

나카미 마리, 김순희 옮김,《야나기 무네요시 평전》, 효형출판, 2005.

노성환 역주,《고사기》, 민속원, 2009.

니토베 이나조, 추영현 옮김,《무사도》, 동서문화사, 2007.

다카사키 소지, 김순희 옮김,《아사카와 다쿠미 평전》, 효형출판, 2006.

다카사키 소지, 이대원 옮김,《조선의 흙이 된 일본인》, 나름, 1996.

도면회, '한국 근대 역사학의 창출과 통사 체계의 확립',《역사와 현실》제70호, 2008.

독립운동사편찬위원회,《독립운동사1,2,3》, 보훈처, 1971.

루스 베네딕트, 박규태 옮김,《국화와 칼》, 문예출판사, 2008.

마리우스 잰슨, 김우영 외 3인 옮김,《현대일본을 찾아서》1, 2, 이산, 2006.

박노자,《우리가 몰랐던 동아시아》, 한겨레출판, 2007.

박노자, 허동현,《우리 역사 최전선》, 푸른역사, 2007.

박지향,《일그러진 근대》, 푸른역사, 2003.

신일철,《신채호의 역사사상연구》, 고려대학교출판부, 1980.

심헌용,《한말 군 근대화 연구》, 국방부 군사편찬연구소, 2005.

아사오 나오히로 외 4인, 이계황 외 3인 옮김,《새로 쓴 일본사》, 창비, 2000.

아사히신문 취재반, 백영서, 김항 옮김,《동아시아를 만든 열 가지 사건》, 창비, 2008.

야나기 무네요시, 김순희 옮김,《다도와 일본의 미》, 소화, 2004.

야마다 쇼지, 정선태 옮김,《가네코 후미코》, 산처럼, 2003.

오카모토 다카시, 강진아 옮김,《미완의 기획, 조선의 독립》, 소와당, 2009.

윌리엄 E. 그리피스, 신복룡 옮김,《은자의 나라 한국》, 집문당, 1999.

유모토 고이치, 연구공간 수유+너머 동아시아 근대 세미나팀 옮김,《일본 근대의 풍경》, 그린비, 2004.

이사벨라 B. 비숍, 신복룡 옮김,《조선과 그 이웃 나라들》, 집문당, 2000.

이순우,《그들은 정말 조선을 사랑했을까?》, 하늘재, 2005.

이순우,《데라우치 총독, 조선의 꽃이 되다》, 하늘재, 2005.

이시이 다카시, 김영작 옮김,《메이지 유신의 무대 뒤》, 일조각, 2008.

이영화,《최남선의 역사학》, 경인문화사, 2003.

이인범,《조선예술과 야나기 무네요시》, 시공사, 2006.

이창위,《우리의 눈으로 본 일본 제국 흥망사》, 궁리, 2005.

이현희,《정한론의 배경과 영향》, 한국학술정본, 2006.

이훈옥,《위암 장지연의 사상과 활동》, 민음사, 1993.

임종국, 반민족문제연구소 엮음,《실록 친일파》, 돌베개, 1991.

자와할랄 네루, 장명국 편역,《세계사편력》, 석탑, 1990.

전용신 옮김,《완역 일본서기》, 일지사, 2002.

정일성,《야나기 무네요시의 두 얼굴》, 지식산업사, 2007.

정재정,《교토에서 본 한일통사》, 효형출판, 2007.

정혜선,《조선인의 일본사》, 현암사, 2008.

존 다우어, 최은석 옮김,《패배를 껴안고》, 민음사, 2009.

존 캐리, 김기협 옮김,《역사의 원전》, 바다출판사, 2006.

최승범,《일본 기행 조선도공을 생각한다》, 신영출판사, 1994.

프레더릭 A. 매켄지, 신복룡 옮김,《대한제국의 비극》, 집문당, 1999.

프레더릭 A. 매켄지, 이광린 옮김,《한국의 독립운동》, 일조각, 1969.

하우봉,《조선 후기 실학자의 일본관 연구》, 일지사, 1989.

한상일,《일본지식인과 한국;한국관의 원형과 변형》, 오름, 2000.

한상일, 한정선,《일본, 만화로 제국을 그리다》, 일조각, 2006.

호머 B. 헐버트, 신복룡 옮김,《대한제국 멸망사》, 집문당, 1999.

황현, 국사편찬위원회 엮음,《매천야록梅泉野錄》, 1955.

후쿠자와 유키치, 양문송 옮김,《학문을 권함》, 일송미디어, 2004.

《조선왕조실록》, 한국고전번역원 웹사이트.

국립중앙도서관 출판시도서목록(CIP)

조선정벌 : 기획에서 병탄, 패전까지 1854~1945 / 지은이:
이상각. — 파주 : 유리창, 2015
    p. ;   cm

한자표제: 朝鮮征伐
권말부록: 그들과 다른 일본인들 ; 간단한 일본사, 고대에서
  현대까지
참고문헌 수록
ISBN 978-89-97918-16-4 03910 : ₩18000

일제 침략[日帝侵略]
조선 후기[朝鮮後期]

911.059-KDC6
951.902-DDC23   CIP2015020826

이 도서의 국립중앙도서관 출판예정도서목록(CIP)은 서지정보유통지원시스템 홈페이지
(http://seoji.nl.go.kr)와 국가자료공동목록시스템(http://www.nl.go.kr/kolisnet)에서
이용하실 수 있습니다.(CIP제어번호: CIP2015020826)

조선정벌
기획에서 병탄, 패전까지 1854~1945

1판 1쇄 발행 2015년 8월 10일
1판 2쇄 발행 2015년 8월 20일

지은이 이상각
펴낸이 우좌명
펴낸곳 출판회사 유리창
출판등록 제406-2011-000075호(2011.3.16)
주소 413-756 경기도 파주시 문발로 115 세종출판타운 402호
전화 031-955-1621
팩스 0505-925-1621
이메일 yurichangpub@gmail.com

© 이상각 2015

ISBN 978-89-97918-16-4 03910